Y ALWAD

GALWADAU I'R WEINIDOGAETH GRISTNOGOL YNG NGHYMRU

Casglwyd gan
Beti-Wyn James ac Aled Davies

CYHOEDDIADAU'R
GAIR

Yr Alwad © 2019 Cyhoeddiadau'r Gair

Casglwyd gan Beti-Wyn James ac Aled Davies
Golygydd Cyffredinol: Aled Davies
Golygydd Iaith: John Pritchard
Cynllun y clawr a chysodi: Rhys Llwyd

Dymuna'r cyhoeddwyr gydnabod cymorth Adran Grantiau Cyngor Llyfrau Cymru.

Argraffwyd yn yr Undeb Ewropeaidd.

Cyhoeddwyd gan:
Cyhoeddiadau'r Gair
Ael y Bryn, Chwilog,
Pwllheli, Gwynedd
LL53 6SH.
www.ysgolsul.com

Cynnwys

Cyflwyniad   5

Yr Alwad   Cerdd gan Tudur Dylan Jones   7

RHAN 1   **Gweinidogaeth Gristnogol heddiw:**   9
gwreiddiau a gorwelion
Noel Anthony Davies

RHAN 2   **Cyfraniad y Golygyddion**
Aled Davies   21
Beti-Wyn James   28

RHAN 3   **Cyfraniadau y Gweinidogion**
Guto Prys ap Gwynfor   37
Eileen Davies   44
Huw a Nan Powell-Davies   47
R. Alun Evans   57
Isaias E. Grandis   65
Rosa Hunt   74
Jennie Hurd   81
Denzil Ieuan John   88
Gwyn Elfyn Jones   95
John Gwilym Jones   102
Pryderi Llwyd Jones   109
Enid R. Morgan   117
Rob Nicholls   124
Carwyn Siddall   130
Peter M. Thomas   137
Alun a Gwilym Tudur   147
Megan Williams   160
J Ronald Williams a Mererid Mair   168

Cyflwyniad

Mewn dyddiau a fu, roedd bri mawr ar gofiannau gweinidogion. Yn aml iawn, roedd y cofiannau'n gyfrolau swmpus, a hyd yn oed yn fwy nag un gyfrol. Mae'r ffaith fod cynifer ohonynt i'w gweld o hyd mewn siopau llyfrau ail-law yn dangos y bu cryn werthiant arnynt yn eu cyfnod. Ond erbyn hyn, prin iawn yw cofiannau newydd o'r fath. Erbyn hyn, sêr y sgrin fach a'r cae chwarae yw gwrthrychau'r cofiannau poblogaidd a gyhoeddir yn Gymraeg. Ac er na cheir cofiannau llawn yn y gyfrol hon, y mae ynddi elfennau cofiannol wrth i'r cyfranwyr roi i ni gipolwg ar un wedd arbennig i'r profiad sy'n gyffredin iddynt, sef yr ymdeimlad o alwad Duw. Cyfrol ydyw am stori'r daith a arweiniodd at ddilyn llwybr y Weinidogaeth Gristnogol.

Plannwyd hedyn y gyfrol neilltuol hon rywle yn yr awyr rhwng Llundain ac Armenia! Roedd Aled yn teithio mewn awyren i gynhadledd yn Armenia yng nghwmni'r Parchg Judith Morris, Ysgrifennydd Cyffredinol Undeb Bedyddwyr Cymru. Yn ystod y daith, gofynnodd Aled i Judith am syniadau ar gyfer llyfrau newydd y gallai Cyhoeddiadau'r Gair eu comisiynu. Dywedodd Judith bod llyfrau sy'n seiliedig ar brofiadau unigolion ac yn agor ffenestr i fywydau pobl bob amser yn ddiddorol. Dywedodd hefyd ein bod ni'r Cymry'n hoff o glywed hanesion am yr hyn sydd wedi dylanwadu ar benderfyniadau pobl. Cyfeiriodd yn benodol at y syniad o 'alwad i'r Weinidogaeth', gan ddweud mor braf fyddai cael cyfrol a roddai gyfle i nifer o weinidogion rannu eu stori am yr hyn a'u cymhellodd i ddilyn llwybr yr alwedigaeth arbennig honno.

Erbyn dychwelyd o Armenia roedd yr hedyn wedi ei blannu'n ddiogel ac yn dechrau egino. Roedd Aled yn ymwybodol fod Beti-Wyn eisoes wedi cyhoeddi cyfrol am ei phrofiadau yn y Weinidogaeth, ac yn benodol ei phrofiad fel merch yn y gwaith arbennig hwnnw. Felly, dyma ofyn i Beti-Wyn a fyddai ganddi ddiddordeb mewn cydweithio ar gyfrol a fyddai'n gwahodd gweinidogion o wahanol draddodiadau ac enwadau i rannu eu stori arbennig hwy. Cyn pen dim, roedd gennym sgerbwd o lyfr, a rhestr o gyfranwyr posibl a fyddai'n rhoi amrywiaeth o brofiadau a hanesion. Yn eu plith roedd rhai a ymdeimlodd â'r alwad yn eu plentyndod, ac eraill a oedd o bosibl wedi gadael galwedigaeth lwyddiannus arall yn hwyrach mewn bywyd mewn ymateb i alwad ar eu bywyd. Aed ati i wahodd cyfraniadau; a ffrwyth yr ymatebion hynny a geir yn y gyfrol hon. Mae rhai o'r cyfranwyr newydd gychwyn ar eu taith yn y Weinidogaeth ac eraill wedi ymddeol. Mae yma gyfraniadau gan ŵr a gwraig, tad a mab, a thad a merch sy'n rhannu maes eu gweinidogaeth. Ceir hanes gwraig i weinidog a ymatebodd i'r alwad yn dilyn marwolaeth ei gŵr; gŵr ifanc a ddaeth o Batagonia i fod yn weinidog yng Nghymru; gwraig o Malta a ddysgodd Gymraeg er mwyn gweinidogaethu yn ein plith; gwraig fferm sy'n rhannu ei hamser rhwng ffermio a'r Weinidogaeth; heb sôn am actor a cherddor sydd bellach yn gwasanaethu fel gweinidogion llawn amser.

Dau gwestiwn sy'n codi, wrth gwrs, yw beth yw natur 'galwad' a beth yw seiliau Beiblaidd a diwinyddol galwad. Y Parchg Ddr Noel Davies sy'n mynd i'r afael â'r cwestiynau hyn yn y gyfrol hon, gan gynnig arweiniad clir i'r hyn yw galwad i fugeiliaeth Gristnogol.

Rydym yn ymwybodol y gallasem fod wedi gwahodd llawer un arall i gyfrannu i'r gyfrol hon. Ein gobaith yw y bydd ambell un yn mynd ati i rannu profiad ac i gofnodi ei hanes ei hunan; ac edrychwn ymlaen at weld yn y papurau enwadol ambell ysgrif yn rhannu'r storïau hynny.

Diolch i bawb a gyfrannodd at y gyfrol, i Tudur Dylan am y cywydd, i John Pritchard am ei waith gofalus yn golygu, ac i Rhys Llwyd am y cysodi a'r dylunio.

Aled Davies a Beti-Wyn James
Mawrth 2019

Yr Alwad

O'n geni, fe ddaw ganwaith
o bob cwr, holl dwrw'r daith,
nes mai sŵn i'n simsanu
yw'r geiriau, galwadau lu,
dyna o hyd a wnawn ni –
dioddef byd o weiddi.

Yna, ryw dydd, daeth rhyddhau
un llais lle bu'r holl leisiau,
llais a ŵyr beth yw llesâd,
nid gweiddi ond gwahoddiad
gan y Tad yw'r alwad hon,
galwad i glust y galon.

Tudur Dylan Jones

Noel Anthony Davies

Bywgraffiad

Mab y Mans yw Noel Davies a aned yn Nowlais, ger Merthyr yn 1942, cyn symud i Gellan a Llanfair (Ceredigion) ac yna i Bontycymer, ger Pen-y-bont ar Ogwr. Fe'i magwyd i'r Weinidogaeth yn y Tabernacl, Pontycymer, lle'r oedd ei dad, Ronald Anthony Davies, yn weinidog tan ei farwolaeth yn 1967. Derbyniodd ei addysg gynnar yn Ysgol Babanod Dowlais, Ysgol Gynradd Cellan, Ysgol Uwchradd Llambed ac Ysgol Ramadeg y Garw cyn dilyn cwrs gradd mewn Cemeg a Biocemeg yng Ngholeg Prifysgol Gogledd Cymru, Bangor ac mewn Diwinyddiaeth yng Ngholeg Mansfield, Rhydychen. Dychwelodd i Brifysgol Bangor i gwblhau ei ddoethuriaeth yn 1998. Ail gydiodd yn ei ddiddordeb mewn gwyddoniaeth yn ddiweddar gan astudio am radd anrhydedd mewn gwyddoniaeth yn y Brifysgol Agored a gradd MSc trwy Ymchwil yn Ysgol Feddygol Abertawe.

Gwasanaethodd fel gweinidog gyda'r Annibynwyr ym Mryn Seion, Glanaman, Ebeneser Newydd, Abertawe, a hefyd yn Hebron a Charmel, Clydach ac Eglwys Bresbyteraidd Salem, Faerdre o 2000 hyd 2005.

Rhwng 1977 a 1990, bu'n Ysgrifennydd Cyffredinol Cyngor Eglwysi Cymru a Chomisiwn yr Eglwysi Cyfamodol; rhwng 1990 a 1998 bu'n Ysgrifennydd Cyffredinol Cytûn: Eglwysi Ynghyd yng Nghymru; rhwng 2005 a 2009 bu'n Gydlynydd Hyfforddi'r De i Goleg yr Annibynwyr Cymraeg ac Undeb yr Annibynwyr Cymraeg. Bu hefyd yn darlithio'n rhan amser yng Ngholeg y Drindod, Caerfyrddin a Phrifysgol Caerdydd.

Mae'n awdur toreithiog, a chyhoeddodd nifer o gyfrolau: *Hanes Cyngor Eglwysi Cymru 1956-1990* (Cytûn [1998] a Gwasg Prifysgol Cymru [2008], yn Saesneg), *Cristnogaeth Fyd-eang yn yr Ugeinfed Ganrif*, dwy gyfrol Saesneg, gyda Dr Martin Conway (Gwasg SCM 2008), *Detholion o Genesis* (Gwasg Pantycelyn, 2005), *Moeseg Gristnogol Gyfoes* (Lolfa, 2013), *Cristnogaeth a Gwyddoniaeth*, gyda Dr Hefin Jones (Gwasg y Brifysgol, 2017).

Mae Noel yn briod â Pat, a aned yn Wolverhampton, ac a fagwyd hefyd yn Hockley a Rayleigh gerllaw Southend, Essex, ers 50 mlynedd. Mae hi'n flaenor yn yr Eglwys Ddiwygiedig Unedig yn Sgeti, sydd bellach wedi uno â'r Eglwys Fethodistaidd yn Sgeti i ffurfio Eglwys Unedig Sgeti, lle mae yntau hefyd yn aelod.

Gweinidogaeth Gristnogol heddiw: gwreiddiau a gorwelion

'Galwad yw'r Weinidogaeth Gristnogol. Felly mae'n wahanol i bob gwaith arall.' Ydy hyn yn wir? Os ydyw, beth mae'r honiad hwn yn ei olygu heddiw? Heb amheuaeth, mae gwahaniaeth rhwng galwad a gyrfa. Yn bennaf, mae galwad yn awgrymu bod rhywun – yn yr achos hwn, Duw yn Iesu Grist – yn galw, ac mai ymateb i'r alwad hon a wna'r sawl sy'n ymrwymo i'r Weinidogaeth. Dylid cydnabod, wrth gwrs, bod llawer wedi teimlo 'galwad' i waith arall hefyd, megis bod yn feddyg neu'n nyrs neu'n athrawes. Cymaint yw pwysigrwydd y ddealltwriaeth hon yn achos y Weinidogaeth Gristnogol, fodd bynnag, fel bod profi'r alwad hon gan yr Eglwys yn elfen ganolog yn y broses o dderbyn rhywun ar gyfer hyfforddiant i'r Weinidogaeth ordeiniedig. Os mai galwad yw'r Weinidogaeth, mae perygl fod disgwyliadau pobl, y sawl sy'n weinidogion a'r sawl sy'n derbyn gwasanaeth gweinidogion, yn wahanol i'n disgwyliadau parthed unrhyw waith cyflogedig arall. Felly, mae'n bwysig derbyn bod rhaid gweinidogaethu mewn modd proffesiynol sy'n parchu gofynion a chyfrifoldebau swydd sydd mor bwysig ym mywyd unigolion a'r gymuned Gristnogol, a bod rhaid parchu gofynion a disgwyliadau ein cymdeithas mewn perthynas â 'swydd' gweinidog. Amcan y bennod hon fydd ystyried sylfeini ein dealltwriaeth o'r Weinidogaeth Gristnogol, a dirnad beth yw cyfeiriad y Weinidogaeth honno yn ein cymdeithas gyfoes yng Nghymru.

Y Gwreiddiau: Yr alwad i weinidogaeth yn y Beibl

Y mae galwad Duw yn greiddiol yn y Beibl. Duw sy'n galw yw Duw Abraham, Duw Isaac a Duw Jacob: O Adda yng ngardd Eden ("Galwodd yr Arglwydd Dduw ar y dyn, a dweud, 'Ble 'rwyt ti, Adda?'" *Genesis 3:9*) i Abraham ("Dos o'th wlad, ac oddi wrth dy dylwyth a'th deulu, i'r wlad a ddangosaf i ti" *Genesis 12:1*), Moses ("... galwodd Duw arno o ganol y berth, 'Moses, Moses'" *Exodus 3:4*), Eseia ("Pwy a anfonaf? Pwy a â drosom ni?" *Eseia*

6:8) ac Amos ("Nid oeddwn i'n broffwyd, nac yn fab i broffwyd chwaith; bugail oeddwn i, a garddwr coed sycamor; ond cymerodd yr Arglwydd fi oddi wrth y praidd, a dywedodd yr Arglwydd wrthyf, 'Dos i broffwydo i'm pobl Israel'" *Amos 7:14–15*).

Yn yr un modd wrth gwrs, roedd Iesu'n galw ac yn penodi'r rhai "a fynnai ef" i fod yn ddisgyblion, i "fod gydag ef, ac er mwyn eu hanfon hwy i bregethu ac i feddu awdurdod i fwrw allan gythreuliaid" (*Marc 1:13–15*). Mae'n galw pobl benodol; mae'n galw yn unol â'i fwriad a'i ewyllys; mae'n galw i gwmnïaeth a phartneriaeth; mae'n galw i gyhoeddi, i iachau a chyfannu, ac i frwydro yn erbyn y grymoedd sy'n meddiannu bywyd ac i ryddhau pobl o'u gafael.

Wedi'r atgyfodiad, mae'r Crist byw yn ymddangos i'w ddisgyblion, yn cadarnhau ac yn adfer ffydd, yn eu herio i fyw'r atgyfodiad, yn eu hanfon (hyd yn oed y rhai anghrediniol), yn addo'i bresenoldeb ac yn anfon yr Ysbryd.

Wedi'r Dyrchafael, mae'r Ysbryd yn nerthu ac yn adfywio unigolion ac eglwys gan rymuso'r dystiolaeth, wrth ein traed a hyd ben draw'r byd.

Gwêl Paul y weinidogaeth, yn arbennig yn ei Ail Lythyr at y Corinthiaid, yn nhermau'r weinidogaeth apostolaidd a rennir trwy'r Eglwys gyfan. Dyma weinidogaeth y cyfamod newydd (*2 Cor 3:4 ym*), gweinidogaeth y gwirionedd (*2 Cor: 4.1 ym*), gweinidogaeth i alluogi pobl i weld goleuni Efengyl Iesu Grist, delw Duw, yn wyneb Iesu Grist. Y mae'n weinidogaeth y pethau na welir, yn weinidogaeth y cymod, sy'n ein galw i fod 'yn genhadon dros Grist ... fel pe bai Duw yn apelio atoch trwom ni. Deisyf yr ydym dros Grist, cymoder chwi â Duw' (*2 Cor. 5:16 ym*) ac yn weinidogaeth sy'n tarddu mewn cymeriad arbennig (*2 Cor. 6:4–10*). Ond trysor mewn llestri pridd ydyw, gweinidogaeth drwy offerynnau bregus (*2 Cor. 4:7 ym*). Er hynny, mae'n weinidogaeth nad yw'n digalonni (*2 Cor. 4:16ym*).

Wrth amlinellu'r cefndir Beiblaidd, dylid cofio mai adlewyrchiad yw'r agweddau diwinyddol hyn o brofiad yr Eglwys Fore o weinidogaeth. Wrth ysgrifennu ei lythyr at y Corinthiaid, mae Paul yn ymwybodol - hyd yn oed yn y dyddiau cynnar hyn yn hanes yr Eglwys Fore - bod bygythion i'w weinidogaeth ef a bod rhai yn dra amheus o'i gymwysterau ar gyfer y weinidogaeth hon. Felly, roedd rhai yn cwestiynu ac yn herio'r weinidogaeth Gristnogol. Erbyn i'r Efengylau gael eu hysgrifennu, gydag Efengyl Marc yn ymddangos oddeutu pump neu ddeng mlynedd wedi marwolaeth yr Apostol Paul, roedd yr efengylwyr yn cyflwyno'r stori am Iesu, ei alwad a'i gomisiwn i'w ddisgyblion, yng ngoleuni profiad cynyddol cymunedau bychan o Gristnogion oedd wedi eu ffurfio a'u meithrin trwy weinidogaeth yr Apostolion hynny a alwyd gan Iesu.

Mae'r seiliau Beiblaidd uchod, felly, yn adlewyrchu bywyd yr Eglwys Fore yn ogystal â bywyd a gweinidogaeth Iesu a gweinidogaeth Paul a'r apostolion eraill. Yn y ddeialog hon, gwelodd y traddodiadau Cristnogol gwahanol wirioneddau amrywiol am natur a phwrpas y weinidogaeth Gristnogol; ac ni all neb ohonom honni mai gennym ni, a ni yn unig, y mae'r gwirionedd Beiblaidd ynghylch y mater hwn. Felly, un agwedd at weinidogaeth Gristnogol a geir yn yr hyn sy'n dilyn.

Y weinidogaeth ym mywyd yr Eglwys heddiw

Yn 2013, cyhoeddodd Cyngor Eglwysi'r Byd ei adroddiad, *The Church: Towards a Common Vision*. Amcan y Cyngor wrth gyhoeddi'r adroddiad hwn oedd ceisio ateb y cwestiwn sylfaenol: 'Beth fedrwn ni ddweud gyda'n gilydd am Eglwys y Duw sy'n Dri yn Un er mwyn inni dyfu mewn cymundeb â'n gilydd, ymdrechu gyda'n gilydd dros gyfiawnder a heddwch yn y byd, a goresgyn gyda'n gilydd raniadau ddoe a heddiw? [Mae'r adroddiad] yn ystyried yn gyntaf cenhadaeth ac undod yr Eglwys, a'i bodolaeth ym mywyd Trindodaidd Duw. Wedyn y mae'n ystyried ein tyfiant mewn cymundeb - mewn ffydd apostolaidd, mewn bywyd sagrafennol ac mewn gweinidogaeth - fel eglwysi sy'n cael eu galw i fyw yn ac er mwyn y byd.' (*CEB, Mawrth 2013*).

Ymatebodd eglwysi ac enwadau'r byd mewn ffyrdd amrywiol iawn i'r hyn y mae'r adroddiad hwn yn ei ddweud am le'r weinidogaeth Gristnogol ym mywyd yr Eglwys, wrth gwrs. Bydd rhai'n pwysleisio fod gweinidogaeth driphlyg bersonol mewn esgob, offeiriad a diacon yn greiddiol i natur yr

Eglwys. Bydd eraill yn gweld y Weinidogaeth mewn ffyrdd llawer mwy anffurfiol ac annhraddodiadol. Yma yng Nghymru, bu'r drafodaeth hon yn greiddiol ymhlith yr Eglwysi Cyfamodol yng Nghymru ers y cychwyn, yn 1975. Ar un olwg, methiant i gytuno ar natur y Weinidogaeth ordeiniedig fu un o'r anawsterau pennaf yn natblygiad y Cyfamod tuag at Undeb yng Nghymru ar hyd y blynyddoedd. Yn naturiol, y mae i'r materion hyn arwyddocâd mawr parthed ein perthynas â'n gilydd fel eglwysi yn lleol. Ond i ddiben y bennod hon, cymerwn gam yn ôl o'r dadleuon hyn i weld a oes tir cyffredin rhyngom ar gyfrifoldeb y Weinidogaeth Gristnogol, hyd yn oed os oes anghytundeb rhyngom fel enwadau yng Nghymru ar natur y Weinidogaeth. Gan mai Annibynnwr yw'r awdur, gwnawn hynny, i gychwyn trwy lygaid y traddodiad Annibynnol.

Fe luniodd Undeb yr Annibynwyr Cymraeg ymateb sylweddol i'r adroddiad, *The Church: Towards a Common Vision* trwy ei Banel Ffydd a Threfn. Dyma un mynegiant diweddar o'r modd y mae Anghydffurfwyr yng Nghymru yn deall gwreiddiau gweinidogaeth Gristnogol.

Sail a sylfaen yr adroddiad oedd mai cenhadaeth sydd yn ffurfiannol. Croesawyd hyn gan yr Annibynwyr. Yn ymateb yr Undeb ceir y geiriau hyn: 'Rydym yn canfod bod yr adran ar *Bobl Broffwydol, Offeiriadol a Brenhinol Duw* yn arbennig o ddefnyddiol. Mae'r persbectif hwn yn adleisio'n glir iawn bwyslais y traddodiad Diwygiedig, yn enwedig yng ngwaith John Calvin a diwygwyr Genefa, ar alwad yr Eglwys, fel cymrodoriaeth (*fellowship*) Iesu Grist, i fod yr hyn y dylai fod. Gelwir yr Eglwys i gyflawni gweinidogaeth driphlyg Iesu yn y byd: cyhoeddi'r Efengyl heb gyfaddawd; bod yn arwydd o gymod a maddeuant yn y byd; a byw teyrnasiad Crist trwy geisio ymestyn ei arglwyddiaeth ostyngedig, ddioddefus ym mhob gwedd ar fywyd aelodau'r Eglwys trwy wasanaeth (*diakonia*) yn y byd. Mae pob aelod o'r Eglwys yn rhannu yn y weinidogaeth driphlyg hon, sy'n rhodd Iesu i'w Eglwys.

O ystyried hyn, croesawyd y pwyslais, ym mharagraff 19 yr Adroddiad, ar natur gynhwysol y weinidogaeth driphlyg hon yn yr Eglwys. 'Mae holl aelodau'r Eglwys yn rhannu'r alwedigaeth hon ... Mae holl aelodau'r corff, ordeiniedig a lleyg, yn aelodau rhyng-gysylltiedig o bobl offeiriadol Duw.'

Mae'r persbectif hwn yn ganolog i'n dealltwriaeth o weinidogaeth yn yr Eglwys ac yn yr eglwysi gan ein bod ni'n credu bod rhaid deall natur ac arfer gweinidogaeth ordeiniedig y Gair a'r Sacramentau yn nhermau 'offeiriadaeth yr holl gredinwyr'.

Felly os cymerwn y ddealltwriaeth hon o ddifri gallwn weld gweinidogaeth Gristnogol yn nhermau gweinidogaeth Iesu; neu, mewn geiriau eraill, y mae gwreiddiau gweinidogaeth Gristnogol yng ngweinidogaeth Iesu. Mae hyn yn cynnwys, o leiaf, cenhadaeth y Deyrnas, cyhoeddi digyfaddawd, bod yn arwydd cymod a maddeuant a byw brenhiniaeth Crist trwy wasanaeth gostyngedig. Mae'r weinidogaeth hon yn cynnwys pawb o bobl Dduw yn yr eglwys: '...credwn fod yn rhaid i weinidogaeth ordeiniedig y Gair a'r Sacramentau gael ei deall a'i gweithredu yn nhermau "offeiriadaeth yr holl saint". '

Â'r ymateb i *Towards a Common Vision* yn ei flaen i gyflwyno dealltwriaeth yr Annibynwyr (ac ymneilltuwyr eraill, wrth gwrs) o 'offeiriadaeth' gan ddyfynnu geiriau R.P.C. Hanson, yr ysgolhaig Anglicanaidd a fu'n esgob yn Eglwys Loegr, 'Y mae'n offeiriadaeth sy'n ganolog i, ac yn gynrychioliadol o'r Eglwys, nid oddi allan iddi; offeiriadaeth sy'n canolbwyntio ar ac sy'n fynegiant oddi fewn i'r Eglwys o'r swyddogaeth offeiriadol sy'n eiddo i'r Eglwys fel cyfangorff am ei bod yn un â Christ, yr Archoffeiriad *par excellence*' (*Christian Priesthood Examined: The Cross in the Crucible, Gwasg Lutterworth, 1979*). Er mwyn ymhelaethu ar y ddealltwriaeth hon o weinidogaeth byddai Anghydffurfwyr, fel traddodiadau Cristnogol eraill, am fynd yn ôl i'r Ysgrythurau. Yn y cyd-destun hwn, fe groesawyd barn yr adroddiad 'nad oes un patrwm o weinidogaeth sy'n gyffredin trwy'r Testament Newydd' (para 46). Y mae amrywiaeth dehongliadau o weinidogaeth yn nodweddu ysgolheictod y Testament Newydd ar hyn o bryd ac y mae hyn yn cyfoethogi ein dealltwriaeth o weinidogaeth Gristnogol.

Derbynnir fod y patrwm traddodiadol o weinidogaeth yn nhermau *episkopos, presbyteros* a *diakonos* yn dderbyniol gan fod yr elfennau hyn wedi bod yn rhan o weinidogaeth yr Annibynwyr ac Anghydffurfwyr eraill ar hyd y canrifoedd. Ond rhoddwyd pwyslais arbennig ar y drydedd elfen sef, *diakonos* neu wasanaeth: 'Y mae holl weinidogaeth yr Eglwys yn weinidogaeth o *diakonos*, y gwasanaeth o gariad, heb unrhyw oruwchlywodraethu na gorfodaeth' (par. 49).

Fodd bynnag, mae'n werth ail-bwysleisio hefyd mai'r hyn sy'n ganolog yn hyn oll yw nid y weinidogaeth driphlyg fel y'i datblygwyd trwy'r traddodiadau Cristnogol ond gweinidogaeth driphlyg Iesu fel sylfaen a phatrwm, fel gwreiddyn ein dealltwriaeth o weinidogaeth Gristnogol.

Yn y cyd-destun ecwmenaidd, wrth gwrs, mae holl fater yr olyniaeth apostolaidd yn hollbwysig a dadleuol. Mae ymateb yr Annibynwyr yn hawlio fod eu gweinidogaeth wedi ei sylfaenu ar olyniaeth apostolaidd mewn ffydd a ffyddlondeb i alwad Duw trwy'r weinidogaeth apostolaidd a ymddiriedwyd i'r Eglwys gyfan. Felly, yng ngeiriau'r ymateb, 'yr Eglwys a'r eglwysi *ynddynt eu hunain* sydd wedi gwarchod y Ffydd apostolaidd o genhedlaeth i genhedlaeth ac nid olyniaeth hanesyddol bersonol o weinidogaeth ordeiniedig'.

Os cymerwn yr elfennau hyn fel crynodeb o un modd o ddeall gwreiddiau'r weinidogaeth Gristnogol, gallwn awgrymu nifer o agweddau creiddiol:

Yn gyntaf, gweinidogaeth Iesu yw sail gweinidogaeth Gristnogol. Yn ail, mae partneriaeth holl bobl Dduw ('offeiriadaeth yr holl saint') yn rhan o hanfod y weinidogaeth. Dyna paham mai teitl y bennod hon yw 'Gweinidogaeth Gristnogol' yn hytrach nag 'Y Weinidogaeth Gristnogol'. Yn drydydd, mae'r weinidogaeth hon galw arnom i feithrin cenhadaeth, i gyhoeddi'n ddigyfaddawd, i fod yn arwydd cymod a maddeuant ac i fyw teyrnas Crist trwy wasanaeth gostyngedig.

Gorwelion gweinidogaeth Gristnogol

O gofio'r elfennau hyn, pa orwelion sy'n cael eu hagor o'n blaen heddiw? Nid oes unrhyw amheuaeth ei bod yn gyfnod heriol i'r weinidogaeth Gristnogol. Caiff ein dirnadaeth feddyliol am wirioneddau'r Ffydd a'n mynegiant cyfoes ohonynt gael eu herio gan feddylfryd ôl-wyddonol a sgeptig ein cyfnod. Caiff y diwylliant Cristnogol ei herio a'i gyfoethogi gan amrywiaeth ryfeddol diwylliannau cyfoes sy'n ffurfiannol ym mywydau ein cyfoedion, yma yng Nghymru ac yn fyd-eang. Caiff ein gorwelion eu hehangu'n ddirfawr gan y cyfryngau torfol a chymdeithasol sy'n rhan o fywyd pob dydd pobl ifanc a phlant yn fwyaf arbennig. Mae hyn oll yn cynnig her i'r weinidogaeth Gristnogol draddodiadol. Ond gallwn awgrymu rhai cyfeiriadau sydd angen eu cadw mewn golwg.

Meithrin Cenhadaeth

Dyma ble mae pum nod cenhadaeth yn dal i fod yn sylfaenol wrth feddwl am weinidogaeth sy'n meithrin cenhadaeth.

- **Dweud:** cyhoeddi newyddion da'r Deyrnas.

- **Addysgu:** bedyddio, dysgu a meithrin credinwyr newydd.

- **Gofalu:** ymateb i angen dynol trwy wasanaethu'n gariadus.

- **Trawsnewid:** ceisio trawsnewid anghyfiawnderau o fewn cymdeithas.

- **Trysori:** ymdrechu i ddiogelu cyfanrwydd y cread, a chynnal ac adnewyddu bywyd y ddaear.

Dyma osod fframwaith eang iawn i weinidogaeth Gristnogol sy'n bodoli er mwyn meithrin a hyrwyddo cenhadaeth yr Eglwys a'r eglwysi. Ffon fesur gweinidogaeth y Gair a'r Sacramentau felly yw: sut mae'r nodau hyn yn gosod blaenoriaethau a chynllun ac amcan i weinidogaeth sydd, yng ngeiriau Paul, yn 'adeiladu'r saint i waith gweinidogaeth'? Dylai pob gweinidog ei holi ei hunan: 'A ydyw fy ngweinidogaeth i'n anelu at geisio cael pobl Dduw o dan fy ngofal i gyflawni'r amcanion cenhadol hyn? Os nad ydyw, sut mae ailgyfeirio fy ngweinidogaeth er mwyn cyflawni'r amcanion cenhadol hyn yn fwy effeithiol?

Cyhoeddi Digyfaddawd

Mae'n ddiddorol ac arwyddocaol mai'r hyn a hawliodd y sylw pennaf oll ddydd priodas y Tywysog Harri a Meghan Markle oedd pregeth yr Esgob Michael Curry, Prif Esgob Eglwys Anglicanaidd yr Unol Daleithiau. Pregethodd am rym achubol cariad gan annog pawb oedd yn gwrando i ddarganfod grym y cariad hwn 'i wneud yr hen fyd hwn yn fyd newydd'. Rhoddodd sylw i themâu fel cyfiawnder cymdeithasol a hawliau sifil, a dyfynnodd Martin Luther King a Pierre Teilhard de Chardin. Mae pregethu radical – radical yn y cyd-destun tra sefydliadol a cheidwadol hwnnw, o leiaf – yn dal i fedru tanio dychymyg ac ennyn trafod brwd.

Mae hyn yn ei hatgoffa nad digwyddiad mewnol i fywyd yr Eglwys yn unig yw pregethu ond y gall fod, hyd yn oed yn ein hoes sgeptig ni, yn rymus ac yn heriol i rai sydd y tu allan i fywyd yr Eglwys. Yn ddiweddar, mae dwy gyfrol a gyhoeddwyd rai blynyddoedd yn ôl, wedi cyfoethogi fy nirnadaeth o'r alwad hon i gyhoeddi digyfaddawd.

Y gyntaf yw cyfrol Walter Brueggemann, *Cadences of Home: Preaching among Exiles* (*Westminster John Knox*). Yn y broliant i'r gyfrol, dywedir hyn am bregethu: 'Y mae'r gyfrol yn herio'r agwedd arferol tuag at bregethu gan annog gweinidogion i ddal i fyny ag awyrgylch cymdeithasol tra gwahanol ein cyfnod. Y mae i'r gyfrol weledigaeth sy'n amlinellu ffordd wahanol, ddeinamig o bregethu a fydd yn ein galluogi i helpu llawer o'r bobl sydd ar goll heddiw i ddod o hyd i'w cartref ysbrydol.' Mae llawer o'n chwiorydd a'n brodyr ar goll, mewn tir a diwylliant a meddylfryd dieithr. Ein gwaith ni oddi mewn ac oddi allan i'r Eglwys yw eu cynorthwyo i ddod adref ac ail-ddarganfod ffydd mewn Duw sydd o hyd ar waith yn Iesu yn adfer, adfywio ac achub.

Yr ail gyfrol yw *The Word before the Powers: An Ethic of Preaching* gan Charles L. Campbell (*Westminster John Knox, 2002*). Craidd y gyfrol hon yw bod pregethu ar ei orau yn herio'r pwerau sydd mewn grym ym mywyd unigolion, cymdeithas a byd; bod Crist, yn ôl Paul, yn eu 'gwneud yn sioe gerbron y byd yng ngorymdaith ei fuddugoliaeth arnynt ar y groes' (*Colosiaid 2.15*); a bod pregethu hefyd yn anelu at greu cymdeithas

Gristnogol radical sy'n gwrthsefyll grymoedd y pwerau. Yn ôl un adolygydd, 'Dylid rhybuddio darllenwyr y gallai'r gyfrol hon ypsetio'u blaenoriaethau ac ail-lunio'u pregethu'.

Mae'r ddwy gyfrol yn ail-ddyrchafu pregethu i fod yn ddigwyddiad grymus, trawsnewidiol a gobeithiol mewn cyfnod lle mae'r gymuned Gristnogol yr ydym ni'n gyfarwydd â hi yn wan, yn ddiymadferth ac yn ddiobaith.

Felly, y cwestiwn i ni yw: 'sut y gallwn ni adfer a thrawsnewid ein pregethu i fod yn rym heriol a thrawsnewidiol ym mywyd Eglwys a chymdeithas, ac osgoi gadael i bregethu fod yn ddim ond neges ddiniwed i gynnal a chysuro'r saint?

Byw Teyrnas Iesu trwy fod yn arwyddion cymod a maddeuant

I mi, Stanley Hauerwas yw un o'r lleisiau sydd wedi agor y gorwelion eang hyn i ni. Yn ei gyfrol *The Peaceable Kingdom: A Primer in Christian Ethics* (*Gwasg SCM, 1983*), a gyhoeddwyd chwarter canrif yn ôl bellach, mae'n mynd i'r afael â'r hyn y mae bod yn eglwys yn ei olygu heddiw (ac felly, wrth gwrs, pa fath o weinidogaeth sydd ei hangen i adeiladu, meithrin a chynnal y gymuned Gristnogol sy'n gosod cymod a maddeuant teyrnas Crist yn y canol.) Mae Hauerwas yn ein hatgoffa o'r hyn y mae bod yn ddeiliaid o deyrnas Crist yn ei olygu: 'Mae'n ymrwymiad eschatolegol i amddiffyn bywyd ... yn arwydd o'r hyder ein bod yn byw mewn oes newydd lle mae'n bosibl gweld yr arall fel creadigaeth Duw. Nid ydym yn gwerthfawrogi bywyd fel nod ynddo'i hunan – y mae llawer y mae'n werth marw drosto – yn hytrach, dylem werthfawrogi pob bywyd, hyd yn oed bywyd ein gelynion, am fod Duw wedi rhoi gwerth iddynt. Dim ond ar sail atgyfodiad Iesu y gellir mentro i roi'r fath werth ar fywyd. Trwy atgyfodiad Iesu, gwelwn dangnefedd Duw fel realiti presennol. Er ein bod yn dal i fyw mewn byd sydd ddim yn byw mewn tangnefedd, lle na all y blaidd drigo gyda'r oen a lle na all y plentyn chwarae wrth dwll yr asb, fe gredwn er hynny fod yr atgyfodiad wedi gwneud y fath dangnefedd yn bosibl. Trwy'r Gwaredwr croeshoeliedig ond atgyfodedig hwn, gwelwn fod Duw'n cynnig i bawb y posibilrwydd o fyw mewn heddwch trwy rym maddeuant' (tud. 88–89).

A dyma felly'r cwestiwn olaf: 'Sut mae'r alwad i adeiladu cymuned Gristnogol oddi mewn i eglwys, sy'n byw teyrnas Crist trwy fod yn arwyddion cymod a maddeuant, yn herio ein gweinidogaeth Gristnogol?

Edrych i'r dyfodol

Dyma orwelion, felly, i ni edrych tuag atynt a gweld, yng ngeiriau godidog emyn Simon B. Jones, 'goleuadau'r tiroedd pell / lle mae Duw yn troi machludoedd / yn foreau gwynion gwell': gweinidogaeth genhadol, pregethu trawsnewidiol a gweithredu gobeithiol. A'r cyfan gyda'r un a'r unig amcan o 'gymhwyso'r saint i waith gweinidogaeth' (*Effesiaid 4.12*).

A oes dyfodol i'r weinidogaeth Gristnogol hon? Pan fyddaf yn meddwl am y dyfodol, byddaf yn cofio geiriau'r diweddar Esgob David Jenkins yn ei bregeth ar achlysur ei sefydlu'n Esgob Durham adeg streic y glowyr. I mi, mae ei eiriau'n crisialu'r hyn y gwneuthum i ymrwymiad iddo dros hanner can mlynedd yn ôl: 'Mae cyfeiriad bywyd yr Eglwys Gristnogol (*ac felly'r weinidogaeth Gristnogol*) yn glir. Y cyfeiriad yw Duw. Duw yw'r un sydd eisoes wedi talu pris gobaith yn y byd dryslyd, peryglus, gobeithiol hwn. Duw yw'r un sydd fel y mae yn Iesu, wedi uniaethu â'n cnawd ni, yn barod i'n cyfarfod ni trwy'r Ysbryd lle bynnag mae angen neu ddigalondid, creadigrwydd neu lawenydd. Yr hyn sydd angen i ni ei wneud yw wynebu'r hyn sy'n digwydd, mynd i ganol yr hyn sy'n digwydd a'i ganfod ef yn yr hyn sy'n digwydd. Rhodd Duw fydd ei hunan, addewid Duw fydd tyfiant popeth sy'n ddynol a'i rym fydd gobaith. Ac yng nghanol y cyfan, ein hangor a'n sicrwydd fydd addoli Duw, disgwyl am Dduw a gorffwys yn Nuw' (*God, Politics and the Future, Gwasg SCM, 1988*).

Aled Davies

Trwy gydol fy mhlentyndod, pan ofynnid y cwestiwn, 'Be wyt ti am fod ar ôl tyfu i fyny?' – yr ateb bob tro fyddai ocsiwnïer neu arwerthwr. Roedd Dad yn arwerthwr, a bob Sadwrn a gwyliau, helpu yn y mart oedd yn mynd â'm bryd. Roedd diddordeb mewn prynu a gwerthu yn y gwaed erioed. Roedd gyda ni hefyd siop gartre oedd yn gwerthu pob math o anrhegion, llestri, offer trydanol, offer ffermio a thŵls o bob math. Roedd gen i fy nghornel fy hun yn y siop, ac roedd bob amser yn wefr i mi gael mynd efo Dad i'r warws ym Mryste neu Stoke on Trent neu Birmingham i brynu stoc. Roedden ni hefyd yn prynu a gwerthu hen bethau, heb sôn am brynu hen ddodrefn, eu trwsio a'u peintio cyn eu hail werthu. Roedd y cyfan yn ddifyr iawn i fachgen ifanc. O'm plentyndod nes 'mod i'n 16 oed, wrth ystyried gyrfa wnes i erioed feddwl am wneud unrhyw beth ond dilyn y llwybr hwnnw.

Ond yna, yn 16 oed dwi'n cofio mynd at Mam yn y gegin un p'nawn, a dweud 'mod i am fynd yn weinidog. Rwy'n credu bod hynny'n dipyn o sioc i bawb ar y pryd. Does gen i ddim cof o neb yn awgrymu'r peth i mi; a hyd y gwn i, doedd e ddim yn rhywbeth oedd wedi bod yn cyniwair yn fy meddwl innau chwaith. Ond o'r foment honno ymlaen, doedd dim edrych 'nôl. Ymateb Mam oedd mynd â fi i siop Gomerian Press yn Llandysul, a gofyn am lyfr a fyddai'n help i'r cyw bregethwr. *The Lion Handbook of the Bible* oedd y llyfr a ddangoswyd i ni. Fe ofynnodd Mam oedd e ar gael yn Gymraeg, ond doedd e ddim wrth gwrs, ac felly mae'r copi Saesneg hwnnw gen i'n drysor hyd heddiw. Go brin y byddai neb wedi dychmygu y byddai'r bachgen 15 oed hwnnw, ddeng mlynedd yn ddiweddarach, wedi llwyddo i berswadio deuddeg o ddiwinyddion amlycaf Cymru i gyfieithu'r llyfr er mwyn ei gyhoeddi yn Gymraeg fel *Llawlyfr y Beibl*. Roedd y syniad o fynd ati i'w gyhoeddi wedi ei blannu ddeng mlynedd ynghynt rwy'n siŵr. Weithiau, mae'n werth dal gafael mewn breuddwydion a mynd amdani. Mae'n rhyfeddol weithiau be sy'n bosib. Peidiwn â bod ofn mentro, a chredu bod pethe y tu hwnt i'n gafael a'n gallu, yn enwedig os yw Duw'n rhan o'r fenter. Dwi wrth fy modd efo geiriau William Carey: 'Disgwyliwch bethau mawr gan Dduw; ceisiwch bethau mawr dros Dduw'.

Yn Llanllwni, ger Llanybydder, ges i fy magu. Dwi'n ddiolchgar am fagwraeth dda, dylanwad rhieni cariadus a gofal teulu estynedig. Yn Ysgol Gynradd Llanllwni ac Ysgol Llanbed y cefais f'addysg. Roedd yna gapel ac Ysgol Sul yn Llanllwni, yng Nghapel Nonni yr Annibynwyr, ond hen deulu o Fedyddwyr oedd ein teulu ni – sef teulu Pantygogledd – ac felly i Ysgol Sul Aberduar yn Llanybydder yr es i. Roedd Dad wedi ei fagu yn Annibynnwr, ym Mhisgah, Talgarreg; ond wedi priodi Mam, fe gymrodd ei fedyddio a dod yn aelod yn Aberduar. Mae gen i atgofion plentyndod melys o'r aelwyd gynnes honno yn Aberduar. Dosbarth Ysgol Sul Anti Wini ar gyfer y meithrin i ddechau, a lot fawr o liwio. Roedd Anti Wini hefyd yn berchen ar siop fferins, a bob Sul byddai'n dod â jar fawr gyda hi ag ychydig o ddanteithion yn weddill ynddi, a ninnau'n cael y fraint o'i gwagio. Yna dosbarth Yncl Dewi, ac erbyn f'arddegau dosbarth ieuenctid Helen Davies. Roedd yn Ysgol Sul niferus, gyda llawer iawn o fechgyn; ond dieithryn oeddwn i yno mewn gwirionedd, gan fod gweddill y criw'n mynd i ysgol gynradd wahanol i mi. Dwi'n ddiolchgar iawn am yr Ysgol Sul yn Aberduar, a roddodd gymaint o sylfaen i'm bywyd. Un atgof arbennig oedd ein bod yn cael ein cludo i Aberduar bob pnawn Sul yn hen Wolseley Non Evans, arolygwr Ysgol Sul yr oedolion, a fyddai'n galw heibio i mi a'm chwaer Lona. Diolch am weinidogaeth cludo; ac er gwaetha holl ddeddfwriaeth DBS a ballu, cofiwn fod 'na lawer fedr yr Eglwys ei wneud heddiw i nôl a danfon pobl i wasanaethau neu i'r ysbytai ac ati.

Byron Evans ac Ann oedd yn y Mans y dyddiau cynnar hynny; ond prin yw fy nghof plentyn ohonynt gan iddynt symud gofalaeth pan oeddwn dal yn ifanc. (Byddai'r cysylltiad hwnnw'n cael ei ail sefydlu ymhen blynyddoedd serch hynny, wedi i Owain, eu mab, gyrraedd y Coleg ym Mangor ychydig ar f'ôl i, a maes o law briodi fy chwaer.) Daeth Olaf a Helen Davies i'r Mans pan oeddwn yn blentyn oed cynradd. Bu cefnogaeth Olaf fel tad yn y ffydd yn allweddol, a dwi'n ddiolchgar am y cyfeillgarwch sydd wedi para dros gyfnod o ddeugain mlynedd, yr help ymarferol i ysgrifennu'r pregethau cynnar, y gefnogaeth gyda'm hymgeisyddiaeth am y Coleg Gwyn, a phob lifft i gae'r Vetch ar ddydd Sadwrn i weld Abertawe yn chwarae! Cefais fy medyddio gan Olaf yn Aberduar, a dod yn gyflawn aelod yno'n fuan wedi i mi gael fy mhen-blwydd yn 16 oed; ac ychydig fisoedd yn ddiweddarach cyhoeddwyd yn yr eglwys fy mod hefyd am ddilyn llwybr y Weinidogaeth. Fe ymddangosodd yr hanes isod yn Seren Cymru'r mis Chwefror dilynol:

> Newyddion da o Aberduar: Anaml iawn y dyddie hyn y ceir y pleser o weld bachgen ifanc yn ei gyflwyno ei hun i'r Weinidogaeth. Hyfryd yw dweud i eglwys Aberduar gael y pleser hwnnw yn ddiweddar. Dan gyfarwyddyd y gweinidog, y Parchg Olaf Davies, gwelwyd bachgen ifanc un ar bymtheg oed, sef Aled Davies, yn arwain y gwasanaeth a thraddodi ei bregeth brawf yng ngŵydd cynulliad niferus, a phresenoldeb y gynulleidfa yn dangos eu parch a'u cymeradwyaeth iddo. Mae Aled wedi bod yn ffyddlon i'r oedfa, yr Ysgol Sul a'r Gymdeithas ar hyd yr amser. Bu hefyd yn cynnal oedfa yn Seion Cwrtnewydd a Brynhafod Gorsgoch, a derbyniodd gefnogaeth frwd oddi yno hefyd. Mab i Dewi a Marian Davies, Llanllwni yw Aled, a'i dad yn ddiacon ffyddlon yn Aberduar. Dymunwn iddo bob hyfrydwch ar ei daith arbennig, a gras ein Harglwydd Iesu Grist arno. *Glenfil Jones*

O ran fy siwrne ffydd yn y cyfnod hwnnw, mae 'na dri arall dwi am gyfeirio atynt. Roedd y Parchg Glenfil Jones, a Megan ei briod, yn aelodau ffyddlon yn Aberduar wedi iddo ymddeol, a bu cefnogaeth Glen a'i ddiddordeb ynof yn ysbrydoliaeth. Fel gweinidog anrhydeddus yr eglwys, roedd ei ddoethineb a'i hynawsedd yn gysur mawr. Ysgol Eglwys oedd Llanllwni, a bob wythnos byddai'r Canon Sam Jones yn galw heibio, a bu yntau'n ffrind triw drwy'r blynyddoedd. Un arall a fu'n ddylanwad mawr oedd Miss Thomas, Bonton: prifathrawes wedi ymddeol ac Annibynwraig o fri yng Nghapel Nonni. Am dros bum mlynedd mi ro'n i'n mynd i'w gwel bob amser te am de pnawn. Dwi'n dal i drysori'r Beibl lledr gefais ganddi yn 1988 wrth i mi gychwyn fy ngweinidogaeth. Bu'r tri hyn, a oedd yn bell i mewn i oed ymddeoliad, yn ddylanwad mawr ar yr hogyn 16 oed, a byddaf yn dragwyddol ddiolchgar iddynt am fuddsoddi eu hamser ynof. Ac oes, lle bynnag mae 'na gyfle, mae angen i bawb ohonom wneud yn fawr o bob cyfle i greu cysylltiadau gyda'r to iau. Gall effaith hynny fod yn bellgyrhaeddol.

Mae gen i atgofion melys iawn o gymryd rhan mewn oedfaon yn Aberduar: cyfarfodydd Nadolig a Diolchgarwch, cyflwyniadau ar gyfer y Gymanfa Ganu, a ledio emynau mewn gwasanaethau. Rwy'n cofio i lawer o'r aelodau ganmol y llefarydd ifanc, ac ambell un yn awgrymu bod 'llais pregethwr ganddo'. Efallai bod yr anogaeth honno hefyd wedi bod yn sbardun neu'n gadarnhad o'r alwad oedd yn cyniwair. Roeddwn hefyd yn cael blas mawr ar yr oedfaon yn Aberduar, yn enwedig bregethau Olaf. Ychydig flynyddoedd cyn hynny, roed un arall o blant yr eglwys, Eirian Wyn Lewis, wedi mynd i'r Weinidogaeth ac wedi ei sefydlu'n weinidog yn Sir Benfro. Tybed a oedd ei stori ef hefyd wedi dylanwadu arnaf? Bu cefnogaeth aelodau Aberduar yn hwb mawr.

Wedi rhannu'r cyhoeddiad â Mam, a maes o law mynd i weld Olaf am sgwrs i gael ei ymateb a'i gyngor, aed ati wedyn i ddilysu'r alwad. Y cam cyntaf oedd pregethu yn fy mam eglwys. Cofiaf destun y bregeth yn dda, sef 'Y ddwy ffordd'. Cefais ddau lyfr gan Olaf, fel esboniadau cefndir. Cyfrolau William Barclay ar Efengyl Mathew a Tom Ellis Jones ar y Bregeth ar y Mynydd. Pregethu yn Aberduar i ddechrau cyn gwneud cais i Bwyllgor y Weinidogaeth o fewn y Gymanfa, a'r pwyllgor yn f'anfon i dair eglwys arall, Horeb Rhydargaeau, a Phenuel a'r Tabernacl yng Nghaerfyrddin. Wedi cael cefnogaeth yr eglwysi, caed cyfweliad yng Ngholeg y Bedyddwyr ym Mangor. Am tua blwyddyn a hanner bûm yn pregethu bob Sul, tair oedfa fel arfer, yn eglwysi de Ceredigion a gogledd sir Gaerfyrddin. Roedd Mam-gu'n byw ger Talgarreg ac yn gweithredu fel rhyw fath o asiant drosof, a bu llawer o bregethu yn y cylch arbennig hwnnw. Cyn hir cefais gar – roedd Dad ond yn rhy hapus i brynu car i mi rhag gorfod gwrando ar yr un bregeth dair gwaith bob Sul. Y llwybr felly yn arwain o Lanllwni ac Aberduar yr holl ffordd i Fangor. Cyrraedd y Coleg Gwyn, a'r annwyl Barchedig John Rice Rowlands yn bennaeth y Coleg yn y cyfnod hwnnw – gŵr bonheddig a hynaws, ac yn llawn gras ac amynedd. Y drefn bryd hynny oedd bod y cwrs academaidd yn y Brifysgol, a'r wedd baratoadol ar gyfer y Weinidogaeth yn cael ei rhannu rhwng y Coleg Gwyn a Choleg Bala Bangor. Felly'r triawd a fu'n gefn i'r paratoadau ar gyfer bod yn weinidog oedd John Rice o'r Coleg Gwyn, ac R. Tudur Jones a Stanley John o Goleg Bala Bangor. Rhan o'r broses oedd gorfod pregethu yn y ddarlithfa yng nghefn Bala Bangor o flaen y tri ohonynt, a'r holl fyfyrwyr eraill yn bresennol hefyd; roedd hwnnw'n dipyn o brofiad.

Cychwyn yn llawn brwdfrydedd ar radd B.D. Mewn gwirionedd, bu'r llwybr yn weddol o glir hyd at hynny, a'r mynegbyst clir ar hyd y ffordd wedi fy nghadw'n ddiogel ar y llwybr. Ond wedi cyrraedd Bangor, dyma sylwi bod 'na lwybrau eraill y gallwn eu dilyn. Bu'r cyfnod cynnar yn y Coleg yn gyfnod o holi a stilio, ac yn gyfle o bosib i gwestiynu a herio'r llwybr ro'n i wedi cychwyn arno. Yn ogystal â gwneud cwrs gradd, roeddwn i'n fuan iawn yn gwneud o leiaf dair swydd arall. (A be sy'n newydd am hynny, medde chi!) Ro'n i'n dipyn o whîlyr dîlyr, yn prynu a gwerthu pob math o bethe o'm hystafell yn y coleg - siop recordie Cymraeg, offer trydanol ac ati - ac fel 'Arthur Daley' y bydd fy ffrindiau coleg yn fy nghofio bob amser. Dyma un llwybr oedd yn agor o'm blaen. Yna, daeth cyfle i brynu disco Cymraeg - hen ddisgo Mici Plwm, ddaru droi yn Ddisgo'r Corwynt, ac yna Disgo'r Brenin. Roedd hyn yn golygu teithio i bob twll a chornel o Gymru, o Glwb Ifor Bach yng Nghaerdydd i'r Dicsi yn Rhyl, a dwy noson yr wythnos yn y Clwb Cymraeg ym Mangor. Roedd gen i raglen ar Radio Ysbyty Gwynedd, a phytiau rheolaidd i Radio Cymru, a cheisiadau i gyflwyno bandiau mewn gwyliau roc cenedlaethol. Roedd 'na lwybr arall eto'n agor o'm blaen. Ond roedd 'na drydydd llwybr hefyd, sef yr hyn yr oeddwn wedi mynd i Fangor i'w gyflawni yn y lle cyntaf. Bob Sul roedd 'na alwadau i bregethu, tair oedfa fel arfer, gyda'r gwahanol enwadau ar draws y Gogledd. Yn y cyfnod hwn hefyd, daeth cyfle i wirfoddoli gyda Chyngor Ysgolion Sul mewn gwersylloedd yn Rhyd-ddu, stiwardio gornestau pêl-droed Ysgolion Sul, helpu ar stondinau llyfrau ac ati. A thrwy'r profiadau hynny a'r gwmnïaeth â myfyrwyr Bala Bangor lle ro'n i'n byw, fe ddois i sylweddoli bod ffydd hefyd yn siwrne, gyda mynegbyst ar hyd y ffordd. Dwi ddim yn cofio adeg pan nad oedd gen i ffydd. Fel plentyn, mi ro'n i'n weddïwr cyson a ffyddlon, a'r peth naturiol mewn unrhyw amgylchiad oedd rhannu popeth â Duw. Ond yn y cyfnod hwn ym Mangor, syrthiodd gwahanol ddarnau'r jig-so i'w lle, a gwelais - am y tro cyntaf efallai - sgerbwd y darlun llawn. Rwy'n cofio bod un diwrnod mewn siop fargeinion, siop oedd yn gwerthu pethau oedd wedi cael niwed trwy ddŵr neu dân. Roedd yno gannoedd o jig-sos mewn bagiau plastig am fod y bocsys â'r llun arnynt wedi eu difrodi. Doedd gan neb syniad llun beth oedd ar y jig-so wrth ei brynu. Rwy'n siŵr bod 'na wefr wrth roi'r darnau at ei gilydd a dechrau gweld beth oedd y llun. Profiad tebyg i hyn gefais i yn y cyfnod hwnnw, wrth ddod i sylweddoli bod Iesu eisiau perthynas bersonol gyda mi, a 'mod i'n medru ymddiried ynddo fe am bopeth. Mae'r daith yn parhau; mae 'na ambell fyny ac i lawr, ond mae Duw wedi aros yn ffyddlon trwy'r cyfan.

Ond erbyn i'm cyfnod ym Mangor ddirwyn i ben roedd yr alwad wedi ei chadarnhau, a minnau'n ysu am gael rhan yng ngwaith yr Efengyl yng Nghymru. Fe ddois o Fangor efo gradd mewn DJ'io ac anrhydedd dosbarth cyntaf mewn whîlio a dîlio; ond roedd y B.D. wedi hen ddiflannu, a dim ond trwy drugaredd a graslonrwydd y Prifathro y ces fy nghymeradwyo i'r Weinidogaeth. Ond mewn rhyw ffordd ryfedd, byddai'r holl brofiadau ges i yn nyddiau Bangor yn dylanwadu ar weddill fy mywyd, ac yn chwarae rhan yn fy ngweinidogaeth.

Ac felly, yn 21 oed a bellach yn agored i alwad, dyma gychwyn fel myfyriwr dan hyfforddiant ym Mhontrhydfendigaid a Swyddffynnon. Cefais lawer o gwmni'r Parchg Peter Thomas fel mentor am y flwyddyn; a diolch am groeso Peter a Meryl i'w haelwyd. Bu'r cyfnod yn y Bont yn brofiad gwerthfawr iawn. Am y chwe mis cyntaf, fel myfyriwr mewn gofalaeth, roedd yr wythnos lawn ar gael ar gyfer bod yn weinidog – rhywbeth dwi'n dyheu amdano'n aml; a bu treulio amser ar aelwydydd yn ymweld a dod i adnabod rhai o gymeriadau'r ardal yn rhywbeth y gwnaf ei drysori am byth. Wedi'r cyfnod hwn o hyfforddiant daeth yn amser i ystyried y dyfodol, a thrwy hysbysiad yn *Seren Cymru* rhoed gwybod i'r eglwysi fod Aled Davies ar gael i dderbyn galwad i fugeilio eglwys neu ofalaeth yn llawn amser. Ychydig o fyfyrwyr Bedyddiedig oedd yn y Coleg yr un pryd â mi; ac felly roedd 'na nifer o gylchoedd gwag, a derbyniais nifer o geisiadau i bregethu. Canlyniad hyn oedd i dair galwad ddod i law, ac felly byddai'n rhaid i mi, yn weddigar, geisio dod i benderfyniad a cheisio ewyllys Duw ar fy nghyfer.

Yr un pryd, roedd y Cyngor Ysgolion Sul yn chwilio am Swyddog Datblygu yng Ngogledd Cymru. Gan i mi gael boddhad mawr yn gwirfoddoli tra ym Mangor roeddwn yn credu fod gen i o bosib y sgiliau i gyflawni'r gwaith, ac felly dyma ymgeisio am y swydd honno. Cefais gyfweliad ar ddydd Mercher yng nghanol mis Mai, a dechrau ar y swydd yn llawn amser y dydd Gwener hwnnw, gan yrru lori lawn o offer a llyfrau ar gyfer stondin yn Eisteddfod yr Urdd. Wedi i mi dderbyn y swydd ac i'r eglwysi ddod i wybod am hynny, daeth galwad i fod yn weinidog rhan-amser ym Mhontrhydfendigaid. Roedd ambell un yn amheus a fyddai cyflawni'r ddwy swydd yn bosib, a chytunwyd ar flwyddyn o gyfnod prawf o'r ddwy ochr, a chyfle i werthuso. 30 mlynedd yn ddiweddarach, mae'r cyfarfod hwnnw'n dal heb ei gynnal.

Wedi cyfnod o bron bedair blynedd roedd yna briodas ar y gorwel. Roedd Delyth yn gweithio yng Ngholeg y Bala, cyn iddi gael swydd gyda Chymdeithas Genhadol y Bedyddwyr (y BMS). Tua'r un pryd, daeth cylch o eglwysi'n wag yn Eifionydd, a dyma symud i eglwysi Bethel Penrhyndeudraeth, Horeb Garndolbenmaen, Capel y Beirdd, a Phenuel Tyddynshon. Cartrefu ym Mhorthmadog wnaethom i ddechrau; a chyda dyfodiad y plant, Gruffydd a Llio, symud i gartref teuluol yn Chwilog. Wedi pymtheng mlynedd ddedwydd daeth cyfle ddeng mlynedd yn ôl i greu gofalaeth gyd-enwadol yn fwy lleol, a bellach mae'r cylch o fewn dalgylch o dair milltir i'm cartref ac yn cynnwys tri enwad.

Beti-Wyn James

'Mae'n alwad gan Dad a Duw
a dweud yr enaid ydyw ...'

Dyma gwpled gan y Prifardd Tudur Dylan Jones mewn cywydd arbennig o'i waith a gyflwynwyd i mi gan aelodau fy ngofalaeth bresennol wrth ddathlu deng mlynedd ers i mi gael f'ordeinio.

Pan awgrymodd Aled Davies i mi'r posibilrwydd o gyhoeddi cyfrol a fyddai'n cynnwys hanes 'galwad' nifer o'n gweinidogion a'n hoffeiriadon i'r Weinidogaeth Gristnogol, nid oedd amheuaeth yn fy meddwl ynghylch derbyn y gwahoddiad i gyfrannu ati gan fy mod yn gwbl argyhoeddedig bod y Weinidogaeth Gristnogol yn seiliedig ar alwad Duw.

Y bregeth gyntaf ...

Mis Gorffennaf oedd hi, a'm pregeth gyntaf yn barod. Dyna fistêc cyn dechrau! 'Dyw pregeth *fyth* yn barod! Gellir wastad gwella arni. Ond pa ddisgwyl i berson ifanc 19 oed wybod hynny? I mi, roedd y bregeth mor barod â phosib ac wedi bod yn pobi'n ara' bach ym mhopty'r meddwl ers misoedd nes iddi gyrraedd pwynt berwi! Gobeithio'n wir na lwyddodd i ferwi'n sych! Nid lle diarth i mi oedd pulpud Hebron, Clydach; ers yn blentyn ifanc iawn roeddwn yn gyfarwydd â dringo'i risiau i gyfrannu yn ôl fy ngallu at addoliad y Sul. A'r cyfan ar wahoddiad ein gweinidog Gareth Thomas: o ddweud adnod, ledio emyn, darllen y Gair ac arwain mewn gweddi ddigon bratiog, ymuno mewn parti cydadrodd neu ganu, i faglu dros y gwisgoedd smala roddwyd at ei gilydd ar ein cyfer i'r ddrama Nadolig.

Bu'r eglwys lawen hon – bwrlwm yr ifanc, ynghyd â chwmni'r gymdeithas glos a chynnes – yn bendant yn gyfrwng i fagu ynof ddiddordeb mawr yn y gwaith. Nid oes amheuaeth chwaith na fu dylanwad gweinidogion yr eglwys yn fawr arnaf. Y Parchg Ddr E. Stanley John oedd y cyntaf ohonynt, er nad oeddwn yn ddigon hen ar y pryd i werthfawrogi'n iawn ei weinidogaeth. Flynyddoedd yn ddiweddarach, daeth ail gyfle i fod dan ei arweiniad, yn y Coleg y tro hwn. Ef a'm bedyddiodd, ac ef a weddïodd Weddi'r Urddo yn fy nghwrdd ordeinio.

Cafwyd yn y diweddar Barchg Gareth Thomas arweinydd cadarn a ffrind triw i bawb, yn arbennig i'r ifanc. Trwy ei ddycnwch yn pregethu'r efengyl gymdeithasol, dihunodd yng nghenhedlaeth iau'r eglwys, ac ynof finnau, yn gynnar iawn yn ein bywydau gyfrifoldeb fel Cristnogion i hybu cyfiawnder yn y byd. Credai fod ein cyfrifoldeb at ein cyd-ddyn a'n cymdeithas yn rhan annatod o'n tystiolaeth Gristnogol. Credai mai un o dasgau'r Eglwys oedd adnabod y tlawd a'r difreintiedig, a sefyll ysgwydd wrth ysgwydd â nhw. Bu sôn am flynyddoedd lawer am y drafodaeth frwd a ysgogodd yng Nghyfarfodydd Undeb yr Annibynwyr Cymraeg yng Nghaerdydd, fis Mehefin 1984, yng nghanol Streic y Glowyr, pan enillodd gefnogaeth dros benderfyniad Achos y Glowyr. Traddododd yr un diwrnod ei bregeth 'Jiwbilî', a'i chloi trwy ein hannog i gerdded i'r yfory'n llawn gobaith, gan gofio ein bod, yng ngeiriau Mortimer Amer, wedi'n galw 'to evoke, to provoke, and to try temporary and partial jubilees, "moments of justice", in the church and in society'.

Collwyd Gareth Thomas o'n plith yn rhy gynnar o lawer gan adael ei deulu ifanc, ei gylch eang o gyfeillion a theulu'r eglwys yn hiraethu'n drwm amdano. Mae'r ffenest goffa a ddadorchuddiwyd iddo yn Hebron (ac a ailosodwyd erbyn hyn yng Nghapel y Nant), a seiliwyd ar thema ei 'Bregeth y Jiwbilî' (Luc 4:18–19) yn portreadu pregeth ei fywyd hefyd, sef gweithio i sicrhau cyfiawnder yn ein byd.

Bu dylanwad y Parchg Guto Prys ap Gwynfor, a ddaeth atom wrth i mi gamu i'r Coleg, yn fawr arnaf. Daeth atom â phrofiad helaeth fel gweinidog eglwys leol a darlithydd. Yng nghwmni ei deulu treuliodd hefyd gyfnod o ddwy flynedd yn cenhadu yng ngwlad Guyana; profiad a'i cyfoethogodd yn fawr ac a ddyfnhaodd ei ddealltwriaeth o'r Eglwys fyd-eang. Rhannodd â ni trwy ei bregethu ysbrydoledig o Sul i Sul ei weledigaeth a'i gred bod Cristnogaeth, heddychiaeth a chenedlaetholdeb yn cerdded law yn llaw. Mae ei bregethu grymus yn dal i'm hysbrydoli heddiw.

Talaf deyrnged hefyd i'm rhieni am weld yn dda i'm cyflwyno i'r fath gymdeithas arbennig, ac fe'u hedmygaf hyd heddiw am eu hymrwymiad a'u ffyddlondeb hwythau ill dau i Achos Iesu Grist. Gwn yn dda y bu eu cefnogaeth i mi, ac i ni fel teulu bach erbyn hyn, yn ddirwgnach a dilychwin.

Anodd esbonio'r hyn a'm harweiniodd i gyfeiriad y Weinidogaeth. Cofiaf y diweddar Barchg F. M. Jones yn fy holi mewn cyfweliad a drefnwyd gan Gyfundeb Gorllewin Caerfyrddin fel rhan o'r broses o gael fy nerbyn yn ymgeisydd i'r Weinidogaeth. Pam oeddwn am fod yn weinidog? Roeddwn yn fud; aeth eiliadau heibio fel oriau, a minnau heb wybod beth i'w ddweud. Ni allwn ond gwneud stumiau a dal fy llaw wrth fy nghalon. 'Mae hynny'n ddigon i mi,' meddai F.M. Mae'r alwad yn rhywbeth a dyfodd yn fy nghalon ac na fedrwn ei osgoi.

Mae un o'm hathrawon ysgol gynradd yn mynnu hyd y dydd hwn fy mod wedi 'chwarae capel' ar iard yr ysgol, ac nad oedd felly'n syndod iddi fy mod wedi mynd i'r cyfeiriad hwn! Ond rwyf hefyd yn cofio sleifio i mewn i iard y bechgyn a chwarae *astronauts*, ond chyrhaeddais i 'rioed mo'r lleuad! Wedi dweud hynny, mi ofynnwyd i mi unwaith neu ddwy ar ba blaned yr wyf yn byw, ac mi gefais fy nghyhuddo o beidio â chadw fy nhraed ar y ddaear!

Swyn y Capel

Roedd y capel a bywyd yr eglwys wastad wedi fy swyno. Roedd oedfa a threfn oedfa wastad wedi bod o ddiddordeb i mi ers yn ifanc iawn. Yr emynau, a nerth yr organ yn coglais pob cornel o'r adeilad. Yr organydd, a'i fysedd a'i draed yn cydweithio, ei ddau benelin yn cadw'r bît wrth gydsymud yn urddasol fel dwy adain. Rhifau'r emynau'n gwahodd y canu, a minnau'n ysu am gael gosod fy mysedd busneslyd yn y blwch bach lle cadwyd y rhifau i gyd mewn trefn! A beth am y darnau bach sgwâr o bren o flaen pob sedd a chylchoedd wedi'u naddu ohonynt i ddal cwpan gwin Cymun? Y saint, wedi yfed 'o hwn', yn ceisio gosod eu gwydrau bach 'tŷ bach twt' yn y tyllau bach, a'u sŵn yn tincian dros y capel. O bryd i'w gilydd byddai f'arian casgliad yn mynd yn sownd yn y tyllau. Pibau'r organ, un, dwy, tair ... hwylus iawn i'w cyfri pan fyddai'r bregeth yn mynd yn faith. Llenni bach felfed glas yn crogi'n gefndir trawiadol i'r gwaith haearn cywrain rhwng y pulpud a'r organ. Bysedd pwy tybed fu'n eu pwytho'n amyneddgar? A dwylo pwy fu'n plygu'r haearn rhwng gwreichion y tân ger y ffwrnes er mwyn addurno ein capel ni? A phwy fu'n naddu'r enwau ar y meini marmor mawr i goffáu'r rhai a fu farw adeg rhyfel. A'r enwau? Meibion i bwy oeddynt? Calonnau pwy a dorrwyd oherwydd y tywallt gwaed? Un, dau, tri ... wyth. Wyth mam ac wyth tad, wyth teulu, wyth aelwyd. Wyth enw mewn llythrennau du, bras ar farmor gwyn, oer. Brodwaith enfawr o'r Swper Olaf, pob edafedd wedi eu gweu'n berffaith, a Jwdas yn syllu arnom yn ein sedd bob Sul. Pileri cryfion, ac arnynt flodau plastr wedi eu paentio'n ddelicêt, yn dal holl bwysau'r llofft.

Ein Gweinidog yn cerdded o'r stafell gefn i'r pulpud, a rhes o ddiaconiaid yn nadreddu eu ffordd i'r sedd fawr a phob un yn eistedd yn yr un lle bob Sul. Pwy tybed, ddewisodd pwy fyddai'n eistedd yn y ddwy gornel, a phwy osododd pwy i eistedd yn eu lle yn y sedd fawr? Roedd hyd yn oed gweld y diaconiaid yn sefyll yn y sedd fawr ac yn troi'n reddfol i ganu emynau yn rhyfeddod i mi, pob un o siâp a maintioli gwahanol, rhai â llond pen o wallt ac eraill yn foel! Yn yr oedfa bob Sul, wrth i'n gweinidog ddod i lawr o'r pulpud i sgwrsio â ni'r plant, byddwn yn rhyfeddu wrth weld rhes o ddiaconiaid yn gwneud lle iddo ein gweld ni, trwy wahanu fel dwy len yn agor, gan sleidio'n urddasol ar eu penolau ar hyd wyneb sgleiniog y sedd fawr, rhai i'r naill ochr a'r gweddill i'r ochr arall. Byddai'r llen yn cau'n dawel ac urddasol unwaith yn rhagor wedi'r gair i'r plant a chyn y cyhoeddiadau.

Mae'n anodd iawn esbonio'r awydd i fentro. Eto, rwy'n gwbl argyhoeddedig fod gweinidogion yn cael eu 'galw' i'r gwaith, a'r alwad honno'n dod oddi wrth Dduw. Nid pawb ohonom sy'n medru dod o hyd i eiriau i ddisgrifio'r alwad honno, ac nid pawb ohonom sy'n medru rhoi dyddiad nac amser penodol iddi! Un peth sy'n sicr, nid galwad unwaith ac am byth yw'r alwad, ond galwad sy'n parhau, yn aeddfedu, yn tyfu ac yn dyfnhau.

Nid oes amheuaeth bod dylanwad pobl trwy eu geiriau o anogaeth ynghyd â digwyddiadau a phrofiadau wedi cadarnhau'r alwad. Buan y daeth cyfleoedd i fynychu penwythnosau ac encilion i bobl ifanc a drefnwyd gan Gymdeithas y Cymod; gwylnos wythnosol dan olau cannwyll ar Ffordd Y Brenin, Abertawe adeg Rhyfel y Malfinas; pererindodau i Fynydd Epynt; oedfa flynyddol ym mynwent Capel Y Babell; a Phererindod Heddwch Cymru/Iwerddon ar Ŵyl San Padrig, 1990, pan welwyd Gwyddelod, Albanwyr a ni'r Cymry yn ymlwybro o Lanbadarn Fawr i Gapel y Morfa, Aberystwyth cyn cerdded at gofgolofn y ddau ryfel byd sydd ar dwyn y castell yn Aberystwyth, yn edrych dros y môr tuag at Iwerddon. Nid Cristnogion yn unig sy'n heddychwyr, ond Cristnogaeth yw sail heddychiaeth. Tyfodd ynof yr argyhoeddiad fod Duw'n cynnig heddwch i'r byd, ond ar ei delerau ef. Gwyddom yn dda erbyn hyn bod yr heddwch y mae'r byd yn ei gynnig wedi ei sylfaenu ar ofn, ar fygythiadau, ac ar frawychu'r gelyn trwy ei gasáu a'i ladd. Tyfodd ynof yr hedyn Cristnogol sy'n dal yn argyhoeddiad i mi heddiw, a'r hedyn bellach wedi tyfu'n goeden, nad dulliau'r byd hwn yw dulliau Iesu ond yn hytrach ddulliau Duw, sef gweithio i greu cymdeithas newydd â chariad yn sail iddi.

Dyfnhawyd gwreiddiau'r alwad trwy gyfrwng cyfleoedd i fynychu Ysgol Haf yr Ysgol Sul yn Aberystwyth a Llangrannog, a wnaeth i mi sylweddoli fwyfwy bod modd mwynhau wrth ddysgu am Iesu. Cofio llawenydd a hwyl y gymdeithas, cyffro'r Gair ymhleth â dwyster oedfa a gweddi. Cofio hefyd gynhadledd deuluol yng Ngholeg Selly Oak, Birmingham, ac ambell gyfarfod fan hyn a fan draw. Do, bu'r cwbl yn gyfryngau i ddyfrhau'r hedyn a chreu bywyd ohono. A bydd y cyfle i gynrychioli gwragedd Ewrop yng Nghyngor Cymdeithas y Genhadaeth Fyd-eang (CWM) yn ninas Seoul, De Corea ddiwedd yr Wythdegau yn aros yn y cof am byth.

Nid oedd mynychu'r digwyddiadau hyn yn rhwydd i mi bob amser. Nid oeddwn yn dda ar fy mhen fy hun mewn sefyllfa ddieithr. Mae'n sicr nad fi oedd y person gorau i gynrychioli'r eglwysi a'r Undeb yn y cynadleddau hyn. Efallai na fu fy nghyfraniad iddynt, na'r hyn a ddeilliodd ohonynt o werth mawr i eraill, ond gwnaeth y profiadau ddaioni i mi'n bersonol a chadarnhau ynof mai i'r cyfeiriad hwn y byddai llwybr fy mywyd yn mynd â mi.

Diffyg hyder

Ni chofiaf i mi erioed chwennych cymryd rhan yn gyhoeddus mewn unrhyw oedfa! Rhyw berson ifanc digon dihyder a swil oeddwn, ac ar adegau roedd cymryd rhan yn gyhoeddus yn ofid calon. Yn fy ngweinidogaeth, rwyf wedi ystyried fod pawb yn *abl* i wneud (er eu bod yn aml yn dadlau i'r gwrthwyneb!) a bod croeso mawr mewn eglwys i bawb *wneud*, ond nid pawb sy'n *dymuno* gwneud!

Ni fûm erioed yn berson naturiol gyhoeddus. Ar un adeg, roedd pob act gyhoeddus yn peri gofid mawr i mi. Ni fûm erioed yn gyfforddus ar lwyfan. Ac am flynyddoedd, ni allwn gyfrannu at drafodaethau mewn pwyllgorau; ond yn ara' bach gyda phrofiad rwy'n llwyddo i oresgyn yr ofn hwn. Mae cadeirio pwyllgorau di-ri wedi fy ngorfodi i siarad, ac mae'r holl brofiad wedi fy nhynnu allan o gragen swildod! Diolch fy mod wedi fy mreintio â synnwyr digrifwch! Achubwyd fy nghroen droeon trwy ysgafnhau'r sefyllfa!

Ond fe'ch clywaf yn gofyn onid yw pregethu'n weithred gyhoeddus. Ydyw, wrth gwrs. Ond, wrth bregethu, nid llefaru geiriau cymeriad mewn drama a wna'r pregethwr, ond geiriau Duw. Nid yw'r pregethwr yn mynd i'r pulpud i ddweud *am* Dduw ond er mwyn i Dduw gael cyfle i ddweud amdano'i hun trwy'r pregethwr. Teimlaf wrth bregethu fod y geiriau'n gafael ynof, a minnau'n credu'n angerddol ynddynt. Cofiaf rywun yn dweud wrthyf rywdro bod rhaid i'r bregeth afael yn y pregethwr cyn y gall afael yn y gwrandäwr. O ran fy nerfusrwydd a'm gofid ynghylch siarad yn gyhoeddus, yr unig esboniad sy' gen i yw bod rhywbeth yn dod drosof wrth bregethu, a bod rhywbeth yn gafael ynof ac yn fy nghynnal trwy'r bregeth. Prin y meddyliais pan oeddwn yn ceisio straffaglu gyda'r wisg angel neu'n ceisio cofio'r adnod y byddwn ryw ddiwrnod yn pregethu'r Gair.

Y bore Sul cyntaf

Oedd, roedd fy mhregeth gyntaf yn 'barod'. Chwilio am gymeradwyaeth fy mam eglwys oeddwn y bore Sul cyntaf hwnnw os cofiaf yn iawn. Oherwydd dyna, yn ôl yr arfer, yw'r cam cyntaf i berson gael ei gyflwyno'n ymgeisydd am y Weinidogaeth. Gall pregethu gerbron cynulleidfa gyfarwydd yr eglwys y'ch magwyd ynddi fod yn brofiad arswydus! Ond roedd pethau eraill ar fy meddwl y bore cyntaf hwnnw; ac mewn gwirionedd, nid oedd y disgwyliadau'n fawr iawn! Fy mhrif ofid oedd gwneud yn siŵr bod yr oedfa'n para awr! Wedi ymdrechu'n galed, offrymais y weddi i gloi ar ôl 35 munud! Gellir dadlau nad oes angen bod yn dragwyddol er mwyn bod yn anfarwol! Mae'n sicr nad oeddwn yn dragwyddol y bore hwnnw, ac yn sicrach fyth nid oeddwn yn anfarwol! Ie, pregeth fer, yn wir oedfa fer oedd yr oedfa gynta' honno yn Hebron, Clydach. Ond teimlais o'r cychwyn cyntaf y fraint aruthrol o bregethu Gair Duw ac arwain yr addoliad.

Myn rhai ddweud bod oes pregethu wedi dod i ben. Mae hynny'n peri tristwch i mi am nad oes un oedfa'n gyflawn heb i'r Gair gael ei gyhoeddi. Serch hynny, cytunaf fod modd cyhoeddi'r Gair mewn amrywiol ffyrdd sydd o bosib yn torri'n rhydd o hualau'r syniad o bregeth 'draddodiadol'.

Na, ni fu cloc y capel a minnau'n llawer o ffrindiau ers dyddiau cynnar pregethu! Ond megis dechrau yr oeddwn! Yn ogystal ag amau fy ngallu academaidd i fynd i'r afael â chwrs diwinyddol, ac amau a oeddwn yn ddigon da i ymgymryd â gwaith a oedd – fe'm magwyd i gredu – yn waith arswydus o fawr a chyfrifol a breintiedig, roedd y ffaith fy mod yn ferch yn bendant wedi ychwanegu at ddwyster y penderfyniad i ildio i alwad Duw. Defnyddiaf y gair 'ildio' oherwydd teimlaf mai dyna'r term sy'n briodol yn f'achos i, a hynny'n syml oherwydd i mi wneud fy ngorau i beidio â mynd i'r Weinidogaeth. Ond pa lwybr bynnag y byddwn yn ei ddilyn, fe fyddwn fel petai'n dod yn ôl i'r un man bob tro! Dyn, oedd gweinidog i mi. Dynion oedd pob gweinidog yr oeddwn yn eu 'nabod. A ddylwn fentro? Wedi ystyried y sefyllfa'n weddigar dros gyfnod hir, sylweddolais nad oedd Duw'n barod i ollwng gafael yn fy nghalon nes i mi ei chyflwyno, ynghyd â'm mywyd cyfan, iddo Ef. Er y rhyddhad o ildio wedi cyfnod hir o ystyried, sylweddolais o'r foment honno fy mod, fel merch ifanc, yn mentro i fyd na fentrwyd iddo gan lawer o ferched o'm blaen!

Galwad

Profiad bendithiol a gwerthfawr tu hwnt oedd dilyn cwrs diwinyddol a chael yr arweiniad a'r addysg orau bosib gan athrawon a phrifathrawon arbennig iawn. Cyfle i drafod a seiadu, cyfle i ymestyn y meddwl, a chyfle i gael fy ngorfodi i gamu allan o gyfforddusrwydd y pethau roeddwn yn gyfarwydd â nhw. Ymgodymu ag athrawiaethau; a cholli ffordd yn llwyr o bryd i'w gilydd ar briffordd cred, wrth i safbwyntiau diwinyddol amrywiol a dryslyd wibio heibio i mi'r naill ochr a'r llall ar lonydd cul a llydan, gan sarnu fy mywyd bach du a gwyn! Ceisio gweithio mas fformiwlâu er mwyn cofio dyddiadau nodedig yn hanes yr Eglwys. Cael fy nghyffroi gan hanes yr Eglwys Fore, sy'n dal i'm cynhyrfu heddiw. Edmygu dygnwch a dyfalbarhad, gwroldeb a dewrder ei haelodau yn wyneb ton o erledigaeth. Blasu ychydig o Roeg, a hwnnw'n flas cas yn fy hanes i mae arnaf ofn! Cyd-chwerthin ar bennau'n gilydd am na fedrem, ar yr olwg gyntaf, ddod o hyd i Genesis yn ein Beiblau Hebraeg (gan fod yr iaith yn darllen o'r dde i'r chwith, ac felly wele Genesis yng nghefn y Beibl Hebraeg! Wps! Ond ddwedodd neb wrtha i!). Dychwelyd ambell nos Sul i'r Coleg yn ddigon digalon, wedi pregethu deirgwaith a gweld mwy o ddefaid yn y caeau y tu allan i'r capeli na phobol y tu mewn. Tybed, tybed a fedrwn ymgodymu â'r weinidogaeth hon?

Un o'm hofnau pennaf oedd a fyddwn, wedi cwblhau fy ngradd a'm cwrs hyfforddi, yn derbyn galwad i eglwys? Sut dderbyniad fyddai i ferch? Dim ond tair neu bedair o weithiau y bu raid wynebu'r sefyllfa o'r blaen lle'r oedd *merch* yn agored i alwad. Sut fyddai eglwysi'n ymateb? Wedi'r cwbl, dan y drefn rwy'n perthyn iddi, nid lle unrhyw goleg na sefydliad na chyfundrefn yw trefnu galwad i weinidog; eglwys leol sy'n estyn galwad i weinidog, yn unol â phenderfyniad yr aelodau. Golyga hyn nad oedd sicrwydd a fyddwn, wedi'r holl ystyried a'r hyfforddiant, yn derbyn galwad. Mae hyn yn wir am bob ymgeisydd i'r Weinidogaeth wrth reswm; ond tybed a fyddai'r ffaith fy mod yn ferch yn dod rhyngof a'r alwad?

Pregethais ar brawf mewn dwy ardal. Cyrhaeddodd yr alwad o'r Tabernacl, Y Barri cyn i'r llanw droi'n iawn ar yr Ynys! Hawdd iawn fyddai i mi dderbyn yr alwad gyntaf a gefais gydag elfen o ryddhad fy mod wedi derbyn galwad o gwbl! Bûm yn ddigon ffodus i dderbyn dwy, ond roeddwn yn gwybod o'r foment yr esgynnais i bulpud y Tabernacl mai yn Y Barri y byddwn yn cychwyn y bennod newydd hon yn fy mywyd i ac ym mywyd yr eglwys.

Wedi wyth mlynedd werthfawr o rannu bywyd ag aelodau'r Tabernacl, gan brofi o'u caredigrwydd mawr a'u cefnogaeth lwyr, teimlais fod Duw yn fy ngalw i borfeydd newydd, yn Sir Gâr y tro hwn; ac fe'm sefydlwyd yn weinidog yng Nghapel Y Priordy, Caerfyrddin, Cana a Bancyfelin yn 2002. Ac yma, yn nhref yr Hen Dderwen rwyf wedi bod ers hynny gyda'r merched, Elin a Sara.

Cychwynnais y bennod hon gyda chwpled Tudur Dylan. Dof â'r bennod i ben trwy ddyfynnu'r pennill cyfan. A dyma fy ngweddi:

Boed i'r alwad wastadol
yn ddi-ffael adael ei hôl,
mae'n alwad gan Dad a Duw
a dweud yr enaid ydyw,
a galwad i fugeilio'r
preiddiau ar ei erwau O.

Guto Prys ap Gwynfor

Bywgraffiad

Ganwyd Guto yn Ysbyty Aberystwyth, a'i fagu yn Llangadog. Am ddwy flynedd bu'n byw gyda'i dad-cu a'i fam-gu yn Y Barri. Mynychodd Ysgol Gynradd Llangadog; Ysgol Gymraeg Sant Ffransis, Y Barri; Ysgol Pantycelyn, Llanymddyfri a Choleg Prifysgol Cymru, Aberystwyth. Derbyniodd ei addysg ddiwinyddol yng Ngholeg Coffa'r Annibynwyr, Abertawe. Gwasanaethodd gyda VSO yn y Malvinas, a bu'n gweithio ar y tir ac yn cyflawni amrywiaeth o swyddi eraill cyn hynny. Bu'n gweinidogaethu gyda'r Annibynwyr mewn sawl cylch: Pencader ac Alltwalis (1977–81); Talybont a'r Borth (1981–84); Llambed, Parcyrhos, Ffaldybrenin ac Esgairdawe (1984–89); Hebron Clydach (1991–98) a Moreia Tycroes (1995–98); Seion Llandysul, Hermon Cynwyl Elfed, Seilo Llangeler (1998-), Horeb Llandysul, Gwernllwyn Penrhiwllan a Bwlchygroes (2013–). Bu'n Athro Hanes yr Eglwys yn y Coleg Coffa, Aberystwyth (1980–89). Gwasanaethodd ef a'i deulu dan nawdd CWM yn Guyana, De America (1989–91). Bu'n olygydd 'Y Tyst' am gyfnod o chwe blynedd (1994–99) ac yn Llywydd Undeb yr Annibynwyr Cymraeg (2009–10). Mae'n briod â Siân (Richards) o Fethlehem ac yn dad i Heledd a Mabon, a thaid i dri ŵyr a dwy wyres.

Yr Alwad

'Mae'r byd hwn mewn mess uffernol. Mae Cymru mewn cyflwr anobeithiol! Yr wyf finnau'n anobeithiol hefyd achos mod i'n gwneud dim byd am bwyti fe.' Yr oeddwn yn argyhoeddedig o hynny, ac yn teimlo'n isel.

Hydref 1973 oedd hi, a minnau newydd ddychwelyd o benwythnos hir yng Ngŵyl yr *Oireachtas na Gaelige* yn Iwerddon. Roeddwn yno gyda chriw o ffrindiau o'r coleg yn Aberystwyth. Cawsom amser arbennig yn llawn hwyl a sbri. Fel pawb arall, am wn i, roedd ynof duedd i deimlo'n isel wedi dychwelyd o ddigwyddiadau o'r fath. Gweld eisiau'r miri a'r rhialtwch, y cyfeillion da a'r canu ysbrydoledig. Ond y tro hwn, roedd yr iselder yn ddyfnach ac wedi para'n llawer hirach. Yr oedd realiti fy nghyflwr yn dechrau gwawrio arnaf.

Ar y pryd, roeddwn yn gweithio yn *Nhai Gerddi Dyffryn Tywi*, busnes fy nhad-cu, a 'nhad yn ei reoli. Roedd tad-cu newydd farw ychydig fisoedd yn gynharach a'm hewythr, brawd fy nhad, oedd prif gyfarwyddwr y busnes erbyn hynny. Yn ogystal â thyfu tomatos a blodau byddwn hefyd yn helpu'n ysbeidiol ar y ffarm odro yn Wernellin, a oedd hefyd yn rhan o'r busnes. Fy mwriad ar y pryd oedd datblygu menter gydweithredol yn y Tai Gerddi a newid natur y busnes i dyfu perlysiau. Roedd Prydain wedi ymuno â'r Farchnad Gyffredin ers dechrau'r flwyddyn, a hynny wedi effeithio er drwg ar y Tai Gerddi gan fod tomatos rhatach yn dod i mewn o'r cyfandir. Ond y drafferth oedd na fedrwn ddod o hyd i neb i gydweithredu â mi!

Roedd cyflwr Cymru yn fy mhoeni. Fel aelod o Blaid Cymru (o ran dewis, nid gorfodaeth) bûm yn canfasio ym mhob etholiad ers 1964, ac yr oeddwn yn rhan o orfoledd isetholiad 1966 pan etholwyd fy nhad Gwynfor Evans, yn Aelod Seneddol. Er hynny, deuthum i sylweddoli bod rhywbeth dyfnach yn llethu brwdfrydedd y Cymry i fyw bywyd cenedlaethol cyflawn; rhywbeth a berthynai i'r ddealltwriaeth o ystyr a phwrpas. Roedd fy mhrofiadau wrth ganfasio a siarad â phobl ar riniog y drws wedi f'argyhoeddi o'r ffaith fod y rhan fwyaf o bobl yn hunanol ac yn anystyriol o gyflwr y byd a'u cenedl. Roedd fy nhad newydd golli etholiad Cyngor Sir Dyfed, a chyn-gadeirydd cangen ieuenctid y Blaid, cyfaill ysgol i mi, yn gorfoleddu yn y Carpenters, Llangadog, am fod un o Fyddfai wedi ennill!

Bûm yn rhan o ymgyrchoedd Cymdeithas yr Iaith; yn paentio a thynnu arwyddion ffyrdd, yn mynychu achosion llys a chael cic a dwrn gan yr heddlu wrth eistedd i rwystro'r 'Black Maria' rhag cario'r ymgyrchwyr i'r carchar. Yn ddiweddarach, wrth feddiannu tai haf mewn gwahanol ardaloedd, a dod wyneb yn wyneb â phobl grac yn yr ardaloedd hynny, gwawriodd arnaf fod pobl yn gyffredinol yn amharod i feddwl mewn ffyrdd sy'n herio'r *status quo*. Deuthum i sylweddoli mor rhwydd y gall yr *opinion formers* gyflyrru trwch y boblogaeth i ddilyn eu ffyrdd hwy o weld pethau. Ac mor rhwydd y gellir cynhyrfu pobl i gasáu'r rhai a ystyrir yn 'wahanol'.

Cefais fy magu yn f'arddegau ac ugeiniau cynnar dan gysgod y bom! Roedd y bygythiad Armagedonaidd hwnnw'n bwrw ei gysgod madarchaidd dros bopeth. Gwawriodd arnaf y sylweddoliad fod y natur ddynol yn tueddu at y drwg, a bod hunanoldeb rhemp yn meddiannu calonnau a meddyliau pobl yn gyffredinol: pobl o bob dosbarth ac o bob rhan o'r byd. Yr un yw'r natur ddynol ym mhobman. Oherwydd fy niddordeb ysol yn Ne America yr oedd yr hyn oedd newydd ddigwydd yn Chile ac Uruguay yn pwyso'n drwm arnaf, ac yn f'arwain i bwll dyfnach o anobaith. Yn Chile, roedd llywodraeth asgell chwith Allende wedi ei dymchwel; yn Uruguay, roedd y llywodraeth yn dechrau erlid y Tupamaros mewn modd ffiaidd; ac yr oedd y byd yn dawedog! Bûm unwaith mewn cyfarfod cyhoeddus gyda'r Tupamaros, mudiad chwyldroadol Uruguay, ym Montevideo pan oeddwn ar fy ffordd i'r Malvinas,

Fe'm magwyd ar aelwyd Gristnogol. Ers yn blentyn, bûm yn mynychu oedfaon bob Sul, yng nghapeli Providence, Llangadog a Bethlehem, Dyffryn Ceidrych. Roedd fy nhad yn athro dosbarth y bobl ifainc yn yr Ysgol Sul. Erbyn y chweched dosbarth yn Ysgol Pantycelyn, Llanymddyfri roedd amheuon yn dechrau cyniwair yn fy mhen. Nid oeddwn yn academig, ac yr oeddwn yn casáu'r ysgol â chas perffaith. Ni sylweddolais fod modd mwynhau addysg a chael fy nghyffroi ganddo nes i mi gyrraedd y Coleg Coffa yn Abertawe. Byth oddi ar hynny, mae fy nghred ym mhwysigrwydd addysg wedi dyfnhau'n flynyddol. Ond y cwestiwn yw – pa fath o addysg?

Ofnaf fod y gyfundrefn addysg yn cael ei chamddefnyddio er mwyn creu unigolion hunanol i wasanaethu'r wladwriaeth, yn hytrach na chreu dinasyddion cyflawn i wasanaethu eu cymunedau a'u cenedl.

Fel pob person ifanc, gwelais ragrith enbyd ar waith ymhlith aelodau gwahanol eglwysi'r fro; ac yr oedd y pwyslais ar 'statws' a ffug-barchusrwydd yn codi'r wich arnaf. Er nad oeddwn yn heddychwr, yr oeddwn yn gwrthwynebu rhyfel Fietnam; ond yr oedd llawer o'r rhai oedd yn arddel Crist yn ei gefnogi fel 'crwsâd yn erbyn y comiwnyddion di-dduw'. Ni fedrwn ddeall hynny. Nid oeddwn yn deall chwaith y modd dan dîn yr oedd nifer o'n cyd-aelodau yn y capel yn trin fy nhad. Y peth gwaethaf oll oedd yr hunanoldeb mawr a ddangosai rhai o'r 'Cristnogion' amlycaf wrth drin a thrafod arian – nid oedd gan Iesu unrhyw ddylanwad arnynt yn y maes hwnnw!

Wedi gadael ysgol, cefais fynd ar VSO (Voluntary Service Overseas) i Ynysoedd Malvinas (Falklands) ar waelodion De America, ac o ganlyniad bu gennyf ddiddordeb ysol yn y cyfandir hwnnw a'i hanes a'i wleidyddiaeth. Roeddwn yn athro cylch-deithiol yno (wedi cael pythefnos o hyfforddiant i fod yn athro yn ystod gwyliau'r Pasg blaenorol – druan o'r plant!) yn symud o ffarm i ffarm ar gefn ceffyl, mewn awyren *Beaver* bychan neu mewn cwch. Byddwn yn aros ar y ffarm am bythefnos cyn symud ymlaen i'r nesaf. Roedd y tawelwch a'r unigrwydd yn help mawr i feddwl, a diolch i gyn-athro dysgedig yr oedd un o'r ystafelloedd dysgu'n llawn o lyfrau diddorol; llyfrau am Dde America a syniadau gwleidyddol, Marcsaidd gan fwyaf. Roedd y capel a'r eglwys agosaf oddeutu 150 o filltiroedd i ffwrdd. O edrych yn ôl, rwy'n sylweddolaf mor bwysig yw i Gristnogion ymgynnull ac addoli'n gyson: pan na wneir hynny mae meddwl am bethau'r Ffydd yn peidio hefyd. Oherwydd y natur ddynol, mae'n rhaid i ni ein hatgoffa'n hunain yn barhaus o'r pethau pwysig. Yn ystod y cyfnod di-gapel hwn o flwyddyn a mwy aeth fy mryd i gyfeiriad Marcsiaeth.

Yn ddiweddarach hefyd, wrth gofio'r profiadau a gefais ar yr ynysoedd pellennig hynny, fe wawriodd arnaf mor bwysig yw addysg. Roedd bywydau'r brodorion mor wag a diystyr; roeddent yn ddi-ddiwylliant a di-gyfeiriad; roedd eu meddyliau'n gaeedig, heb ddiddordeb mewn unrhyw beth! Ar y pryd (hanner can mlynedd yn ôl), yr ynysoedd oedd yn dal y record am ganrannau ucha'r byd o ran niferoedd alcoholiaid a thor-priodas. Mae gwacter ystyr ac absenoldeb diwylliant ymenyddol yn arwain at farweidd-dra ac anfoesoldeb cymdeithasol.

Tra oeddwn yno, roeddwn yn aelod o'r FIDF (Falkland Islands Defence Force). Nid oedd gennyf ddewis; yr oedd pob enaid byw rhwng 18 a 50 (os cofiaf yn iawn) yn aelodau. Nid oedd yn achosi gofid mawr i mi ar y pryd; nid oeddwn yn heddychwr, ac yr oeddwn yn eitha' hoff o fynd ar y Suliau i'r bryniau a'r twyni tywod ar hyd y traethau gyda'm .303 rifle, i saethu at wahanol dargedau a defnyddio'r fidog. Mae'r llywodraeth wastad wedi manteisio ar y duedd hon sydd mewn plant a phobol ifanc i 'chwarae soldiwrs'.

Dychwelais i Goleg Prifysgol Cymru, Aberystwyth, i astudio yn Adran y Gyfraith. Ond camgymeriad dybryd oedd hwnnw! Buaswn wedi bod llawer hapusach yn astudio hanes. Ond nid oedd hawl newid adran yn y cyfnod hwnnw, a bu raid i mi ddiodde'r artaith o astudio'r hyn oedd yn anathema i mi. Er hynny, rhaid dweud nad oedd y cyfnod yn wastraff llwyr; bu'n help neilltuol i'm harwain at well dealltwriaeth o'r natur ddynol. Daeth yn amlwg i mi fod y gyfundrefn sydd ohoni wedi dod i fodolaeth trwy ewyllys dynol; nid oes unrhyw beth anorfod ynglŷn â hi – pobol mewn safleoedd breintiedig sydd wedi ei chreu er eu budd eu hunain. 'The law is the Royal prerogative to defend its own interests' oedd un o'r gosodiadau cyntaf a argraffwyd ar fy nghof!

Yn Aberystwyth, roeddwn yn mynychu oedfaon yng nghapel Baker Street – yn achlysurol, ond nid o unrhyw argyhoeddiad. Byddai nifer o fyfyrwyr y Neuadd Gymraeg (Neuadd Ceredigion) yn mynd i'r cwrdd o bryd i'w gilydd. Teimlais boen cydwybod lawer tro wrth wrando ar bregethau arbennig Jonathan Thomas. Ac unwaith eto, o edrych yn ôl, sylweddolaf iddynt gael cryn ddylanwad ar deithi fy meddwl.

Nid oeddwn yn fyfyriwr delfrydol o bell ffordd, ac yr oedd blaenoriaethau eraill yn mynd â'm bryd! Nid dyma'r fan i fanylu! Roedd Etholiad Cyffredinol 1970 yr un pryd ag arholiadau'r ail flwyddyn. Nid yr arholiadau a gafodd fy mlaenoriaeth, a bu raid eu hail sefyll ymhen y flwyddyn cyn parhau â'm hastudiaethau. Yn ystod y flwyddyn honno, cefais amryw o swyddi – 'chippy's mate' gyda'r cwmni oedd yn codi argae Llyn Brianne; pysgota cregyn gleision ar y Fenai a Siliwen, Bangor; *conductor* bws i Crosville ar y daith o Gaernarfon i Gaer; gwerthu encyclopaedia yn Llundain; a byw ar y stryd yno am gyfnod, a thrwy hynny brofi'r gorau a'r gwaethaf o'r natur ddynol! Wedi cwblhau fy ngradd dechreuais weithio yn y Llyfrgell Gyhoeddus yng Nghaerfyrddin, gyda'r bwriad o fynd i Goleg y Llyfrgellwyr yn Llanbadarn Fawr i'm cymhwyso fy hun yn llyfrgellydd. Bu raid rhoi'r gorau i'r bwriad hwnnw a dychwelyd i Langadog i weithio ar y tir.

Erbyn hyn, rwy'n deall mai enaid aflonydd oeddwn, yn chwilio. Roeddwn yn chwilio hefyd am sefydlogrwydd yn fy mherthynas â'r rhyw deg; fe'm poenwyd gan yr argyhoeddiad na fyddwn 'fyth' yn setlo lawr. Ond er gwaethaf f'anffyddiaeth, ni chollais yr ymdeimlad fod yna ryw ystyr a phwrpas i fywyd. Ni allaf honni fod yr ymwybyddiaeth o fodolaeth rhyw fath o dduw wedi cilio'n llwyr. Darllenais dipyn ar Fwdïaeth a chrefyddau dwyreiniol eraill – yr oeddwn yn hoff iawn o Conffwsiws a Lao Tse. Ymchwiliais i grefydd y Baha'i (roedd ganddynt babell ar faes yr Eisteddfod Genedlaethol yn y cyfnod hwnnw). Bûm yn ystyried Undodiaeth a Chrynwriaeth am gyfnod. Yr olaf oedd fwyaf apelgar.

Ym mis Hydref 1973, daeth yn argyfwng arnaf – beth oeddwn yn mynd i'w wneud â'm bywyd? Beth oedd ei ystyr a'i bwrpas? Beth oedd yr ateb (os oedd un i'w gael) i'r holl broblemau arswydus oedd yn amlwg ar bob llaw? Yr oedd trwch poblogaeth Cymru a'r byd mewn trwmgwsg, yn anymwybodol o'r peryglon oedd yn bygwth, yn byw er mwyn boddhau eu greddfau hunanol ac yn derbyn yr hyn a ddywedai'r sawl sydd mewn awdurdod wrthynt. O leiaf, dyna ffordd yr oeddwn i'n gweld pethau yn fy iselder. Ac yr oeddwn i fy hun mor euog â phawb arall! Yr oedd popeth yn gwbl anobeithiol.

A minnau'n teimlo felly, dechreuais ddarllen copi o'r Beibl a gefais yn anrheg Nadolig gan fy rhieni pan oeddwn yn un-ar-ddeg oed – yr hen gyfieithiad wrth gwrs. Y Bregeth ar y Mynydd a'm lloriodd. Sylweddolais fod rhaid wrth rym uwchlaw i ni ein hunain i'n newid; ni allwn ddibynnu arnom ein hunain gan ein bod i gyd yn rhannu'r un cyflwr (pechod). Ni allwn ganfod ystyr a phwrpas oddi mewn i ni ein hunain; mae ein hunanoldeb yn ein llurgunio. Rhaid i ni gael arweiniad 'oddi uchod'. Gwawriodd arnaf fod yna ddimensiwn arall i fywyd, dimensiwn yr oeddwn i – fel y rhan fwyaf o bobl – wedi ei gau allan; y dimensiwn ysbrydol sy'n perthyn i'r Creawdwr, sef y grym a'r egni sy'n ymdreiddio trwy'r Cread cyfan. Fe'm hysgydwyd gan y sylweddoliad fod Iesu'n ymgorfforiad o'r grym hwn, a'i fod wedi mynd trwy ing a phoen y croeshoeliad er mwyn i bobl ddeall hyn – er mwyn i mi gael deall hyn – a'i fod yn galw arnom ni – arnaf fi – i fod yn rhan o'r Eglwys, sef y mudiad a ddaeth i fod er mwyn hyrwyddo'r gwirionedd hwn drwy'r byd. Trwy godi Iesu'n fyw o'r bedd fore'r trydydd dydd, mae'r egni hwn (Duw) yn datgan mai yn Iesu y canfyddir yr ystyr y chwiliwn amdano, ac mai yn Iesu hefyd y canfyddir meddwl Duw. Mae hyn yn rhoi gwerth anfeidrol i bob unigolyn, i bob cenedl a diwylliant ac iaith, ac i'r byd creedig a'i amrywiaeth o fywyd. Y cwestiwn mawr i mi oedd pwy sy'n mynd i achub y byd hwn, ar bob lefel o'i fodolaeth? Iesu wrth gwrs! Mae yna obaith ac ystyr. Ond mae e'n mofyn ein help ni. Cydnabod hynny a chyhoeddi hynny yw'r modd y dylem ymateb; a pha ffordd well i mi wneud hynny na thrwy 'fod yn bregethwr'? Fe'm hargyhoeddwyd fy mod yn cael fy ngalw i gyhoeddi a dysgu eraill am Deyrnas Dduw ac i ddatgan taw Ffordd Iesu yw ffordd y deyrnas honno.

Aeth misoedd heibio cyn i mi lwyddo i ddod i'r penderfyniad terfynol. Erbyn hynny, cefais help un a fu wrth f'ochr byth oddi ar hynny. O fewn pedwar mis i'r profiad hwnnw dechreuais ganlyn merch ifanc o Fethlehem, Dyffryn Ceidrych a oedd yn rhannu fy nelfrydau a'm hargyhoeddiadau. Diolch i Siân am f'annog ymlaen, fy nghefnogi a'm helpu i gynnal a datblygu'r weledigaeth wreiddiol ac i sicrhau fy mod yn gallu parhau i bregethu a dysgu am y 'ffordd newydd wnaed yn Iesu Grist / i fyned heibio i uffern drist', yng ngeiriau un o'i hynafiaid. Cysylltais â'm gweinidog, Alwyn Williams, yn yr haf; a rhoes ef arweiniad doeth a chefnogaeth gadarn i mi, a'm cyfeirio at y Coleg Coffa yn Abertawe. Dechreuais yno yn nhymor yr hydref, 1974.

Eileen Davies

Bywgraffiad

Mae Eileen Davies wedi treulio'i hoes o fewn ei milltir sgwâr yn Llanllwni. Cafodd ei magu yn Eglwys Llanllwni. Derbyniodd ei haddysg gynnar yn ysgol y pentref a'i haddysg uwchradd yn Ysgol Uwchradd Llanbedr Pont Steffan. Cyn mynd i'r Offeiriadaeth, bu'n cadw cyfrifon am nifer o flynyddoedd yn ogystal â bod yn wraig ffarm. Derbyniodd ei haddysg ddiwinyddol yng Ngholeg Mihangel Sant, Llandaf. Gwasanaethodd gyntaf fel Curad ym Mhlwyfi Llanllwni a Llanybydder a Llanwenog. Yna bu'n gwasanaethu o fewn yr Offeiriadaeth Hunan Gynhaliol Ran Amser ym Mywoliaeth Bro Teifi Sarn Helen, a oedd yn cynnwys 13 o eglwysi yn ardal Llanbedr Pont Steffan a Llanddewi Brefi. Ers 2004, bu'n Ymgynghorydd Materion Gwledig Esgobaeth Tŷ Ddewi. Ac ers 2008, hi yw Offeiriad Llawn Amser Llanerchaeron, Ciliau Aeron, Dihewyd a Mydroilyn. Mae'n briod â Dyfrig, ac yn fam i Owain.

Ateb Galwad

Beth yw galwad? Dyna'r cwestiwn mawr! Ateb un o gyn-esgobion Tŷ Ddewi oedd, 'bod galwad yn bersonol i bob person; medrwch adnabod eich galwad eich hunan, neu mi fydd eraill yn adnabod yr alwad ynoch'.

Felly, sut wnaeth merch o dyddyn yn Llanllwni ateb ei galwad i'w hordeinio'n offeiriad yn yr Eglwys yng Nghymru? Ceisiaf yma rannu â chi'r ateb i'r cwestiwn hwnnw. Yn sicr, bu'n broses hir. Yn ferch ifanc, roeddwn yn mynychu'r Eglwys yn Llanllwni a'r 'Ysgol Sul dop', sef y rhan o'r Ysgol Sul a gynhelid yn Ysgol Llanllwni dan faner yr Eglwys. (Roedd yr 'Ysgol Sul isaf' yn cyfarfod yn yr Eglwys.) Awn yno yn llaw un a fu'n ddylanwad enfawr ar fy ffydd, sef fy nghymdoges Miss Lewis, Beili Bach, neu 'Lucy' i mi. Roedd gan y wraig hon, a oedd mewn gwth o oedran, ffydd gadarn, ddofn, a gwyddai ei Beibl tu fewn tu fas. Roeddwn yn mynychu'r Eglwys a'r gwasanaethau yn yr Ysgol deirgwaith y Sul. Yn 16 oed roeddwn yn arwain dosbarth Ysgol Sul. Yn 18 oed cefais f'ethol, mewn Festri Basg, yn Warden y Bobl; a chyflawnais y swydd honno am y tymor o chwe blynedd a osodwyd gan yr Eglwys yng Nghymru. Wedi hynny, bûm yn Drysorydd yr Eglwys ac yn Warden am yr eildro, ond y tro hwn yn Warden y Ficer ar wahoddiad Offeiriad y Plwyf. Trwy wneud yr holl swyddi hyn tybiwn fy mod yn cyflawni ewyllys yr Arglwydd ar fy nghyfer; roedd yr awydd i wneud hynny fel tân yn llosgi o'm mewn.

Ond mewn sgwrs yn y Ficerdy un noson gofynnodd y Parchedig Delyth Bowen, ein Hoffeiriad ar y pryd, 'Pam nad ewch chi'n Offeiriad?' Roeddwn yn gyndyn i feddwl fy mod yn ddigon da i fedru ateb galwad o'r fath, er fy mod yn sylweddoli fod yna lais yn galw. Ond nid oeddwn mewn gwirionedd am ateb, 'Nid fi'. Bûm yn trafod gyda'm gŵr Dyfrig sut byddai hyn yn bosibl. Y flwyddyn 2000 oedd hi, a minnau wedi bod yn ffermio mewn partneriaeth ag ef ers deng mlynedd. Roedd gennym hefyd fab teirblwydd oed, Owain. Bûm yn chwilota ac yn trafod y posibiliadau gyda'm Hesgob, a chefais gyfweliad gyda'r Warden a oedd yn gyfrifol am ordinandiaid. Sylweddolais y byddai modd dilyn Cwrs Ordeinio De Cymru i Offeiriad Hunangynhaliol (rhan amser) a fyddai'n golygu dilyn cwrs rhan amser dros dair blynedd yng Ngholeg Mihangel Sant, Llandaf. Roedd rhaid wrth eirda gan bedwar person ynghyd â llythyr o Gyngor Plwyf yr Eglwys yn Llanllwni. Pwy ddywedodd nad yw proffwyd yn broffwyd yn ei wlad ei hun, a minnau'n cael cefnogaeth arbennig gan aelodau'r Eglwys yn Llanllwni? Cefais ddau gyfweliad ar lefel Esgobaethol yn Abergwili, ac yna ar lefel Daleithiol yng Nghaer. Trwy'r holl broses, deuthum i sylweddoli fod fy ngalwad yn amlwg yn cael ei phrofi cyn i mi gael gwybod i mi gael fy nerbyn ar gyfer yr hyfforddiant.

Roedd yn anodd credu y byddwn yn cychwyn ar siwrnai a fyddai'n newid fy mywyd. Ac eto, bu hyn yn rhan o'm bywyd erioed. Dyna gychwyn felly ar gwrs tair blynedd; darlithoedd bob nos Lun yng Ngholeg y Drindod, Caerfyrddin neu Goleg Dewi Sant, Llanbed, neu yn Ficerdy ambell i ddarlithydd; ysgrifennu traethodau ac aseiniadau; a dal i geisio cefnogi Dyfrig yng ngwaith y ffarm a bod yn fam i fachgen ifanc. Llosgwyd dau ben sawl cannwyll er mwyn cwblhau'r gofynion. Nid oedd yn hawdd, ond mi gawsom fel teulu nerth a chymorth hawdd ei gael. Roedd yna hefyd Ysgolion Haf a phenwythnosau oddi cartref mewn encilion. Diolch am amynedd a chymorth parod gŵr da.

Ym mis Mehefin 2004, a minnau'n sylweddoli fod bywyd mewn gwirionedd yn cychwyn yn ddeugain oed, wedi tridiau ar encil yn Nhŷ Ddewi cefais f'ordeinio'n Ddiacon. Yn 2005 fe'm hordeiniwyd yn Offeiriad. Roedd yn anodd gwisgo'r goler a'm gweld fy hunan yn y drych, a sylweddoli fy mod yn ymateb i alwad fy Arglwydd. Nid diwedd y daith oedd hyn, ond yn hytrach gwir gychwyn y daith. Am bedair blynedd, dan oruchwyliaeth y Canon Aled Williams, bûm yn gwasanaethu'r Arglwydd fel Curad ym Mhlwyf Rheithorol Bro Teifi, ac o bryd i'w gilydd gartref, gan gael fy hyfforddi ymhellach yn y gwaith. Ac ym mis Mehefin 2008, cefais fy nhrwyddedu o fewn Grŵp Eglwys Llanerchaeron, lle rwy'n dal i gael y fraint o wasanaethu'r Arglwydd mewn plwyfi yng nghefn gwlad. Cefais hefyd fy nhrwyddedu yn 2005 yn Ymgynghorydd Materion Gwledig yr Eglwys yn Esgobaeth Tŷ Ddewi.

Braint yw cael gwasanaethu'r Arglwydd, gan ddiolch i Dduw iddo ddal i'm galw heb roi i fyny arnaf, er i mi chwilio am bob esgus i osgoi'r alwad. Mae'r Arglwydd yn parhau i alw pobl o bob cefndir heddiw. Boed i ni wrando, ac ateb.

Huw a Nan Powell-Davies

Bywgraffiadau

Huw Ll. Powell-Davies

Mae gan deulu Huw gysylltiadau cryf â Thrawsfynydd, ond yn ardal Gwyddelwern y cafodd ef ei fagu wedi i'r teulu symud yno i ffermio. Gyda'i deulu, roedd yn mynychu Capel Moreia, capel y Presbyteraidd yng Ngwyddelwern. Derbyniodd ei addysg yn Ysgol Gynradd Gwyddelwern ac Ysgol Uwchradd Brynhyfryd, Rhuthun. Oddi yno, aeth i Goleg Prifysgol Cymru Aberystwyth, ac ennill gradd yn y Gymraeg i ddechrau ac yna gradd mewn Diwinyddiaeth. Bu'n gweithio ar brosiectau Adran Llyfrgellyddiaeth Prifysgol Aberystwyth am ddwy flynedd, a bu'n is-warden Canolfan Ieuenctid Coleg y Bala am gyfnod wedi hynny. Erbyn hyn, mae'n gweinidogaethu ym Methesda'r Wyddgrug, Soar Nercwys, Penbryn a Moriah Treffynnon. Mae'n briod â Nan, ac mae ganddynt dri o blant, Robin, Miriam ac Obed.

Nan Wyn Powell-Davies

Bu teulu Nan yn byw yn Yr Wyddgrug cyn symud i Waunfawr, Caernarfon, lle cafodd Nan ei magu. Roedd yn mynychu Capel Bethel y Presbyteriaid yn Waunfawr. Derbyniodd ei haddysg yn Ysgol Gynradd Waunfawr ac Ysgol Uwchradd Syr Huw Owen, Caernarfon. Treuliodd gyfnodau'n gweithio i elusen Achub y Plant yn Lesotho, a bu'n Weithiwr Datblygu Gwaith Ieuenctid Gogledd Cymru gydag Eglwys Bresbyteraidd Cymru. Derbyniodd ei haddysg ddiwinyddol yng Ngholeg Diwinyddol Unedig, Aberystwyth. Sefydlwyd hi'n weinidog ym Methesda'r Wyddgrug a Soar Nercwys, lle mae'n cyd-weinidogaethu gyda Huw, ei phriod. Mae'n fam i Robin, Miriam ac Obed.

Galw ynghyd: Huw a Nan

Peth personol ydy galwad, medde nhw; rhywbeth y mae rhywun yn ei brofi drosto'i hun. Ond weithiau, ac yn arbennig yn hanes dau sy'n ŵr a gwraig, mae Duw'n gwau ein galwad i'w wasanaethu wrth ei gilydd. Caiff Nan ddechrau dweud yr hanes.

Nan:

Gwyddwn yn ifanc iawn fod mod yn cael fy ngalw i wneud gwaith Cristnogol. Bu'r gwaith y mae Duw wedi fy ngalw i'w wneud yn amrywiol iawn yn ystod y naw mlynedd ar hugain o weinidogaethu. Yn bymtheg oed, ac yn dipyn o lond llaw i'm rhieni, gwyddwn mai'r cam cyntaf oedd rhannu ag eraill am gariad Duw. Dwi'n gwrido wrth gofio'r hyn yr oeddwn yn ei ddweud a'i wneud. Wythnos ar ôl pasio fy mhrawf gyrru yn ddwy ar bymtheg oed, roeddwn i'n teithio o amgylch capeli bach Henaduriaeth Arfon i bregethu ar y Sul. Yn ddeunaw oed, gwrthodais fynd i Goleg y Bedyddwyr ym Mangor; roeddwn am fod yn ffyddlon i'r hyn a dybiwn i oedd yn 'alwad' i weithio gyda phlant amddifad yn Lesotho, Deheubarth Affrica am naw mis. Deuthum adref oddi yno, nid i'r Coleg ond i gychwyn gweithio fel 'Swyddog Datblygu Ieuenctid yng Ngogledd Cymru'. Wrth i mi gychwyn y gwaith, dywedodd llawer wrthyf, 'Wel, am swydd amhosib rwyt ti'n ei gwneud!' Chytunais i erioed efo sylwadau o'r fath, am fy mod o bosib yn naïf neu'n ddall. Ond rwyf fi'n bersonol hefyd yn credu, ac yn gwybod yn fy nghalon, fod Duw'n ein galw i wneud yr hyn yr ydym yn mwynhau ei wneud.

Rwyf wedi fy holi fy hun lawer gwaith, 'Ydy mwynhau gwneud rhywbeth yn un o feini prawf galwad?' Mae'n bosib nad ydy 'mwynhau' yn derm ysbrydol (ac eto, mae gogoneddu Duw yn golygu ei fwynhau ef); ond yn sicr mi fu mwynhad yn nodwedd hanfodol o unrhyw beth yr ydw i wedi ei wneud. Yn fy nghyfnod fel Gweithiwr Ieuenctid cefais lawer o gyfleoedd a wnaeth sy siapio fel unigolyn. Mae fy niolch a'm dyled yn fawr hyd heddiw i lawer o Gristnogion, yma yng Nghymru a thros y byd. Cadarnhawyd yr alwad yn 1993, ym Mizoram. Roeddwn yno am gyfnod dan nawdd CWM

(Cyngor y Genhadaeth Fyd-eang) er mwyn ehangu fy mhrofiad trwy fod yn rhan o waith ieuenctid KTP, mudiad ieuenctid yr Eglwys Bresbyteraidd yno (hen faes cenhadol fy enwad). Fi oedd y Gymraes gyntaf i gael dychwelyd i Mizoram am gyfnod sylweddol (3 mis) yn dilyn y rhyfel cartref a ddioddefodd Mizoram yn y Chwedegau, pan fu raid i'n cenhadon guddio yn y jyngl am wythnosau cyn ffoi am adref gan adael y dalaith yn lle na allai ymwelwyr fynd iddo am gyfnod hir. Roedd cael profi'r Ysbryd Glân yn symud, gweld yr Eglwys yn tyfu, a phrofi un diwygiad ar ôl y llall yn lle da iawn i fod ynddo.

Yn fuan wedi dychwelyd adref, syrthiais mewn cariad. Ymhen ychydig dros flwyddyn, roedd Huw a minnau'n wedi bod yn ôl efo'n gilydd i Mizoram, wedi priodi ac wedi cael ein galw gyda'n gilydd i garu a chynnal a chefnogi ein gilydd. Ganwyd Robin ein mab hynaf yn 1995, Miriam yn 1997 ac Obed Lloyd yn 1999. Gwell rhoi cyfle i Huw ddweud gair 'rŵan!

Huw:

Wedi fy magu ar fferm, ac wedi treulio cyfnod yn Aberystwyth yn astudio'r Gymraeg, yr oedd hi'n bryd dewis beth i'w wneud nesaf. Ymarfer dysgu oedd y dewis amlwg, fel y bu'n opsiwn o'r blaen wrth ddechrau cwrs gradd; roeddwn wedi llwyddo i'w osgoi y tro cyntaf trwy ddilyn cwrs gradd yn y Gymraeg, ac roedd rhywbeth yn dweud wrthyf na fyddwn yn mentro i fyd yr ysgol y tro hwn chwaith. Clywais fod angen Is-warden yng Nghanolfan Ieuenctid Coleg y Bala, lle bûm yn gwirfoddoli gydag eraill yn fy nhro. Doedd dim amdani ond gwrthod y cyrsiau hyfforddi i fod yn athro, a disgwyl am gyfweliad yng Ngholeg y Bala. Felly y bu hi, a minnau heb sicrwydd swydd na gyrfa, a dim ond mis i fynd nes y byddai Nan a minnau'n priodi! Drwy drugaredd Duw fe gefais y swydd, a chafodd Nan a minnau gydweithio yng Ngholeg y Bala gyda gweithwyr eraill Gwasanaeth Plant ac Ieuenctid Eglwys Bresbyteraidd Cymru. Yr oeddwn wrth fy modd ynglŷn â'r gwaith Cristnogol gyda'r plant a'r bobl ifanc a ddeuai yno. Cystal i mi rannu yma nad oedd y syniad o 'fynd i'r Weinidogaeth' yn gwbl ddieithr i mi gan fod yna bobl a fu'n mynnu, ers yr oeddwn yn 13 oed ac yn cael fy ngosod yng nghanol gwaith yr eglwys yn lleol: 'Gweinidog fyddi di, Huw!' Brwydrais yn galed rhag y ddedfryd honno, a gwneud popeth a allwn i beidio â chydymffurfio â hi ac â'r darlun o weinidog traddodiadol gan ofyn, 'Pam fod yn rhaid i berson ifanc sydd yn mynychu capel gael ei wthio i'r Weinidogaeth? Onid gwell fyddai gwasanaethu mewn ffyrdd eraill?' Yn ystod y frwydr hon, a'r alwad yn ffurfio oddi mewn i mi a minnau'n ei gwrthod orau y gallwn, yr oeddem ni, fel llawer o rai eraill o'n blaen, yn cael magwrfa ysbrydol a phrofiadol a oedd yn ein paratoi ar gyfer yr hyn oedd gan yr Arglwydd ar ein cyfer yn y blynyddoedd nesaf.

Nan:

Yn ystod y cyfnod hwn y sylweddolais ei bod hi'n hen bryd cael y busnes 'coleg' a 'gradd' yma allan o'r ffordd! Roedd parhau i fyw yng Ngholeg y Bala, gwneud ychydig o waith yno, gwneud fy ngradd a magu teulu'n fy siwtio'n iawn. Yn wahanol iawn i Huw, roedd fy mryd i ar orffen y traethodau cyn gyflymed ac mor dderbyniol â phosib yn hytrach nag ar ennill marciau da! Cyflwynais fy hun yn ymgeisydd i'r Weinidogaeth fugeiliol ordeiniedig gyda Eglwys Bresbyteraidd Cymru (EBC) yn 1996. Dechreuodd Huw gwrs diwinyddol yn Aberystwyth yr un pryd â mi, ond gyda'r bwriad o wasanaethu ymhellach mewn rhyw ffordd. Yr ydym yn cofio fel y galwyd ni ein dau i gyfarfod â D. H. Owen, Ysgrifennydd Cyffredinol EBC ar y pryd. Bu yntau'n holi am ein bwriadau efo'n gilydd, ac yn dwyn perswâd ar Huw gyda'r geiriau, 'Ond gweinidogion y mae ein heglwys eu hangen!'

Huw:

Ildio fu fy hanes innau yn y diwedd; a chefais fy nhynnu i mewn nes na allwn beidio â'm cyflwyno fy hun yn ymgeisydd gyda Nan ar gyfer Gweinidogaeth y Gair a'r Sacramentau, lle bynnag y byddai gofalaeth yn galw. Roeddwn bellach yn edrych ymlaen at gael bugeilio eglwys a fyddai'n cynnwys y cenedlaethau gwahanol sy'n ffurfio'r teulu Cristnogol. Cafwyd cyfleoedd i ystyried rhai llefydd, ond doedd yr un o'r llefydd hynny'n cynnig ein gwahodd ein dau. Ond yn gynnar (iawn) rhyw fore, ffoniodd Dr Aled Lloyd Davies i ddweud eu bod yn chwilio am weinidog yn Yr Wyddgrug a gofyn a fyddwn yn fodlon ystyried dod atyn nhw yno. Dywedais innau y byddai'n rhaid iddynt ystyried galw'r ddau ohonom gyda'n gilydd gan mai felly y gwelem ni y byddai modd gwneud y gwaith a magu llond tŷ o blant bach yr un pryd. Galwodd heibio'r noson honno (yn hwyr) a bu gofalaeth Bethesda'r Wyddgrug a Soar Nercwys yn fodlon aros amdanom ein dau am flwyddyn gron gyfan nes ein bod wedi cwblhau pob gofyn o ran hyfforddiant a chymhwyso. Cawsom ein gollwng i mewn i'r gwaith yn raddol trwy gael cyfleoedd i bregethu ac arwain yno, cyn neidio i mewn gyda'n gilydd yn y flwyddyn 2000. Ac yr ydym yno o hyd!

Mae'r patrymau wedi amrywio o ran maint yr Ofalaeth a phwy sy'n gwneud be'. Fel arfer, Nan sy'n bedyddio a Huw yn claddu! Ond daliwn i'n hystyried ein hunain yn gyd-weinidogion yn yr Ofalaeth a'n galwodd; ac mae wedi bod yn fraint cael cefnogi'n gilydd a thynnu'r gorau o'n gilydd yn y gwaith gyda'r tîm o bobl dda y mae'r Arglwydd wedi eu gosod o'n cwmpas.

Nan:

Dw i'n cofio un o'r plant yn dweud wrth bryd bwyd unwaith pan yn fach, 'Dad ydy'r prif-weinidog, 'de Mam; jest gweinidog wy ti'n 'de'. O enau plant bychain! Roedd hynny yn fy siwtio i'n iawn hefyd. Fues i erioed yn un am aros yn fy unfan yn hir iawn. Wedi dweud hynny, mae cael byw yma yn yr Wyddgrug a chael bwrw gwreiddiau mewn cymuned ac eglwys wedi bod yn gadernid a chalondid di-ben-draw i mi. Lle bynnag yr af yn y byd, mae cael dychwelyd ar y Sul i Gapel Bethesda yn falm i'r enaid.

Yn fuan wedi rhoi heibio'r clytiau a'r prams, ac wedi i'r tri gychwyn yn yr ysgol, cydiais innau yn fy rhyddid a dechrau teithio i Lannau Mersi a chychwyn gweithio fel Caplan Cymraeg yn yr ysbytai a'r carchar. Yng nghanol amrywiaeth gwaith gweinidogaeth, gwaith carchar oedd yn dod â'r pleser mwyaf i mi. O fewn tair blynedd, roeddwn yn gweithio'n llawn amser fel 'Caplan Cymraeg Carchar Altcourse' yn Lerpwl, ac wedi sefydlu asiantaeth BARA a oedd yn helpu 'pobl adra' (sef teuluoedd y carcharorion) ac yn helpu'r troseddwyr i ail sefydlu wedi iddyn nhw gael eu rhyddhau o'r carchar. Does yna ddim byd o ran hyfforddiant i'ch paratoi ar gyfer gweinidogaethu ymhlith 1,200 o ddynion mewn carchar uchel ei ddiogelwch. Doedd gen i ddim diddordeb gwybod beth oedd natur trosedd yr unigolyn; doedd yna neb yn elwa o hynny. Roeddwn i'n gwybod yn bendant fod Duw wedi fy ngalw i rannu 'newyddion da' efo'r dynion hyn. Roedd y gwaith yn amrywiol iawn, y dyddiau'n hir (7 y bore tan 9 y nos); ac roedd sialensiau newydd yn fy herio bob dydd. Gweinidogaethu i unigolion oedd yn bwysig. Roedd rhai o'r dynion yn y carchar am oes. Bu rhai o'r troseddwyr hynaf y bûm yn gweinidogaethu iddynt farw yn y carchar; a wynebodd sawl un brofedigaeth. Daeth cyfleoedd i ddathlu hefyd: genedigaethau eu plant ac ati. Yn gyson, gwelem rai'n cael eu rhyddhau o'r carchar, ond yna'n dod yn ôl i mewn. Doedden ni ddim yn eu beirniadu am hynny; dim ond cychwyn o'r man y gorffennodd ein cymdeithas o'r blaen. Dim ond trwy nerth yr Ysbryd Glân yr oeddem yn gweld torri ar y cylch hwn. Roedd Tony, un o'r troseddwyr a ddaliwyd yn gwerthu cyffuriau ar strydoedd Lerpwl a Gogledd Cymru, yn dweud dro ar ôl tro, 'I came in here with nothing, I go out with nothing'. Ond y tro diwethaf yr oedd Tony yn y carchar, fe ddywedodd, 'I came in with nothing, I'm going out with Jesus in my heart'. Roedd popeth wedi newid; nid yn unig i Tony a'i deulu, ond hefyd o ran diogelwch strydoedd Lerpwl a Gogledd Cymru. Dwi dal mewn cyswllt efo Tony. Cefais i a'r plant y fraint o fod yn ei fedydd, a bûm yn cyd-arwain cwrs SORI (ar Gyfiawnder Adferol) efo fo. Mae Tony erbyn hyn yn gwnselydd gyda phobl sy'n gaeth i gyffuriau. Mae gen i sawl stori debyg y medrwn eu hadrodd.

Daeth cyfnod y carchar i ben ar ôl wyth mlynedd heriol o weinidogaethu yno. Roeddwn i'n flinedig iawn ac yn cael trafferth cysgu. Ffrind annwyl iawn i mi ers dyddiau ysgol, ond a oedd fel ninnau erbyn hynny'n byw gyda'i theulu yn Yr Wyddgrug, a ddywedodd wrthyf yn ei salwch a'i gwendid o fod yn cwffio cancr, 'Dwyt ti'n lwcus Nan. Mae gen ti ddewis; fedri di roi'r gorau i'r gwaith yn y carchar; does gen i ddim dewis ynglŷn â'm salwch i.' Gwrandewais arni; anfonais lythyr i ymddiswyddo o'm cyfrifoldeb. Ar fy niwrnod olaf yn y carchar, ddydd Iau, Ebrill 26ain, 2012 bu rhaid i mi droi ar fy sawdl am 7 o'r gloch y bore i fynd i Hospis Tŷ'r Eos. Yn ddiweddarach y diwrnod hwnnw bu farw fy ffrind Menna.

Roedd y penderfyniad i adael y carchar heb waith na chyflog yn gam mewn ffydd. Treuliais ychydig fisoedd yn ymlacio, rhedeg a cherdded Bryniau Clwyd. Yn fuan wedi hynny, cefais gynnig swydd fel 'Swyddog Gweinidogaethau' gydag EBC. Unwaith yn rhagor, roedd y swydd yn apelio'n fawr iawn ataf; ro'n i 'isho'r job'! Dwi'n parhau yn y rôl yma heddiw, ynghyd â chyd-weinidogaethu (yn wirfoddol bellach) gyda Huw; ac yn aml, cawn fod yn rhan o waith ehangach ein henwad gyda'n gilydd.

Ond y mae'r alwad yn parhau'r un a'r geiriau mae Iesu yn eu darllen ac yn dal gafael ynddyn nhw o Lyfr y proffwyd Eseia wrth iddo rannu yn ei synagog ei hun yn Nasareth yn rhywbeth sy'n crisialu i mi beth yw fy ngalwad innau hefyd:

> "*Y mae Ysbryd yr Arglwydd arnaf,*
> *oherwydd iddo f'eneinio i bregethu newydd da i dlodion.*
> *Y mae wedi f'anfon i gyhoeddi rhyddhad i garcharorion,*
> *ac adferiad golwg i ddeillion,*
> *i beri i'r gorthrymedig gerdded yn rhydd,*
> *i gyhoeddi blwyddyn ffafr yr Arglwydd*" (Luc 4:18–19, B.C.N.).

Huw:

Daeth galwadau fwy nag unwaith i symud o'r Wyddgrug, a gorfodaeth i ystyried yn weddigar y cyfleoedd newydd oedd yn cynnig eu hunain. Ond bob tro, roedd rhaid ystyried hefyd a oedd y galwadau hynny'n cadarnhau gwaith a galwad y ddau ohonom ac yn rhoi i ni fwy o gyfleoedd i wasanaethu yn enw'r Arglwydd nag a oedd gennym eisoes. Pob tro hyd yma, mae'r galwadau hynny i symud wedi cadarnhau ein lle a'n gwaith efo'n gilydd ac yn ein hamrywiol waith ar wahân yn y fro hon ac yn yr eglwysi a ymddiriedodd ynom i'w bugeilio yn ifanc (29 mlwydd oed) a chwbl ddibrofiad.

Huw a Nan:

Mae bod efo'r bobl y mae Duw yn eu gosod o'n cwmpas ac yn eu rhoi ar ein llwybr yn fraint a phleser mawr, boed hynny o gwmpas y bwrdd gartref, mewn seiat neu gyfarfod gweddi, mewn carchar, mewn ysbyty, wrth ddathlu efo teulu neu alaru gyda nhw, efo criw o ieuenctid yng Ngholeg y Bala, chwarae gêm a dweud stori wrth blant, mewn slym yng Nghenia, wrth wely angau, neu wrth dorri bara gyda'n pobl ar y Sul. Meddai Nan am y deng mlynedd ar hugain diwethaf yma o'r bron: 'Yr unig beth 'dwi wedi ei ddifaru yn y Weinidogaeth ydy colli cyfle i fod efo rhywun neu rywrai'. Mae ein plant wedi eu magu yng nghanol y bwrlwm hwn ac yn rhan ohono; a chawn bleser wrth eu gweld yn eu gosod eu hunain mewn llefydd o fendith er mwyn profi bendith eu hunain.

Bu Nan yn hoff o deithio erioed ac o gael cynllunio ble i fynd; ac ambell dro daeth cyfleoedd i fod efo'n gilydd yn gweld yr Arglwydd ar waith yn bendithio ei bobl mewn gwledydd eraill. Wrth fynd ar deithiau felly, byddwn yn meithrin perthynas â phobl a chawsom sawl cyfle i groesawu pobl o'r Eglwys fyd eang i'n cartref ninnau. Ac wrth wneud hynny, daw cyfle i'n teulu a'n heglwysi estyn croeso iddynt hefyd. Mae angen tîm i groesawu; ac mae'n braf cael cynnwys ein gilydd a'n teulu a'r eglwysi yn y gwaith hwn fel yn holl weithgaredd yr eglwys.

Ar y fferm roedd rhaid i bawb yn nheulu Huw roi ysgwydd dan y baich; roedd yno bob amser ddigon o waith i bawb. Felly y bu gyda ninnau hefyd. Mae bob amser ddigon i'w wneud. Ond mae'n rhaid gofalu ar brydiau nad yw'r gwaith yn llethu ac yn llyncu popeth arall, ac felly ceisiwn sicrhau amser i fod efo'n gilydd ar wyliau neu'n cerdded unigeddau Cymru er mwyn cael ein hadnewyddu i brofi bendith yn y gwaith gyda'n gilydd fel pâr priod, fel teulu ac fel eglwysi, wrth gyd-ddyheu a chynllunio a gweithio er clod i Dduw. Fe welodd Paul hi fel y mae hi i fod – pawb efo'i gilydd yn rhoddion i'w gilydd ac yn gweithio tuag at yr un nod: 'i gymhwyso'r saint i waith gweinidogaeth, i adeiladu corff Crist ... Y nod yw dynoliaeth lawn dwf, a'r mesur yw'r aeddfedrwydd sydd yn perthyn i gyflawnder Crist' (Effesiaid 4:12–13). Gwaith i'w wneud ar y cyd yw gwaith fel hyn, ac yr ydym yn diolch i'r Arglwydd am y fraint o gael ymateb i'w alwad arnom gyda'n gilydd ac am gael rhannu yn ei waith.

Nan:

'Wrth wyro i'r dde neu droi i'r chwith, byddwch yn clywed llais y tu ôl i chi'n dweud: "Dyma'r ffordd; ewch y ffordd yma!"' (Eseia 30:21, Beibl. net). Yn sicr, mae hyn wedi bod yn hollol wir am alwad Duw arnaf. Tydw i ddim wedi gwrando pob amser ar y llais, ond fel Tad y mae Duw wedi bendithio fy nghamgymeriadau hefyd. Mae'n braf eithriadol cael ceisio'r arweiniad hwnnw efo'n gilydd, a'i deimlo'n gadarnach pan fo'r Arglwydd yn rhoi ei arweiniad i'r ddau ohonom.

R. Alun Evans

Bywgraffiad

Mab y Mans yw Robert Alun Evans. Cafodd ei eni yn Llanbryn-mair, a'i fagu i'r Weinidogaeth yn Yr Hen Gapel, lle'r oedd ei dad yn weinidog. Derbyniodd ei addysg yn Ysgol Gynradd Llanbryn-mair, Machynlleth County School a Choleg y Brifysgol Bangor, a'i addysg ddiwinyddol yng Ngholeg Bala-Bangor. Enillodd radd Ph.D. ym Mangor yn 1999, a derbyniodd radd D.Litt. gan Brifysgol Cymru yn 2015. Gwasanaethodd fel gweinidog gyda'r Annibynwyr yn Seion Llandysul (1961-64) a Bethel Caerffili a Bethlehem Gwaelod-y-garth (2001-14). Gweithiodd i Adran Grefydd BBC Cymru o 1964 hyd 1969. Bu'n ddarlledwr llawrydd o 1969 hyd 1979, ac yn Bennaeth BBC Bangor o 1979 hyd 1996. Bu'n Llywydd Undeb yr Annibynwyr (2014-16). Mae'n briod â Rhiannon, ac yn dad i Rhys Powys a Betsan Powys, ac yn daid i ddau ŵyr a dwy wyres.

"'Run peth â Dadi"

Mab y Mans oeddwn i; yr ieuengaf o ddau fab a aeth i'r Weinidogaeth gyda'r Annibynwyr. 'Bron-Iaen' oedd enw'r tŷ lle'm ganed ar y noson yn 1936 y rhoddwyd yr Ysgol Fomio ar dân ym Mhenyberth. Yn nhafodiaith hudolus Maldwyn, nad yw'r gair *'manse'* yn gyfarwydd iddi, 'cog bǽch Bron-Iǽn' oeddwn i; neu i'm cyfoedion yn yr ysgol gynradd 'mǽb y gw'nidog'. A chan mod i yn yr ysgol gynradd ar adeg yr Ail Ryfel Byd, os byddai un o'r plant eisiau bod yn sbeitlyd, ac fe all plant fod yn greulon, y cyhuddiad oedd "Mae dy dǽd di yn gonshi". Rhywbeth y clywson' nhw oedolion yn ei ddweud am fy nhad oedd hynny a hwythau, heb ddeall yr ystyr, yn ei ail-adrodd. Doeddwn innau, yn chwe blwydd oed, ddim yn deall yr ystyr chwaith, ond fe ddeallwn ddigon i wybod nad oedd bod yn fab i Gonshi yn hawdd. Deall neu beidio, mae a wnelo'r cyfnod hwnnw a'r ardal honno, ac yn fwy fyth felly'r fagwraeth, â'r alwad i'r Weinidogaeth.

Fe ddeuthum i ddeall yn bur ieuanc fod i'r ardal lle'm maged draddodiad clodwiw. Mae'r ymadrodd 'traddodiad Llanbryn-mair' yn gyfuniad o Gymreictod, heddychiaeth a radicaliaeth enwadol a pholiticaidd. Mewn anerchiad a draddododd i gyfarfod o Anrhydeddus Gymdeithas y Cymmrodorion yn Llanbryn-mair ym Mai 1954 dywedodd un o feibion disgleiriaf y fro, Dr Iorwerth C. Peate, am y traddodiad, 'Ar un olwg, atitiwd meddwl ydyw, bywyd o amddiffyn yr adwy, amddiffyn rhag Seisnigrwydd, rhag presbyteriaeth gul, rhag landlordiaeth ormesol, a rhag llyffetheiriau di-rif ar y meddwl a'r ysbryd. Eithr unochrog iawn fyddai cyfyngu ystyr y traddodiad i hyn o beth yn unig.'

Yn raddol deuthum i ddeall y gwahaniaeth rhwng bod yn Anghydffurfiwr a bod yn Ymneilltuwr – y cyntaf yn gorff Presbyteraidd, yn beiriant mawr o henaduriaethau a chymdeithasfeydd; yr ail yn gorff wedi ei neilltuo oddi wrth y byd. Onid edwino a wnaeth Ymneilltuaeth am fod y byd wedi mynd i mewn i'r eglwys? Ymneilltuwyr oedd aelodau Yr Hen Gapel Llanbryn-mair, cymdeithas wirfoddol o bobol a gredai yn yr Efengyl o brofiad personol ohoni. Dyma lle'r oedd fy nhad, Robert Evans, yn Weinidog am chwarter canrif (1933–1957).

Nid ef, nac S.R. (Samuel Roberts) o'i flaen, oedd yr heddychwyr cyntaf yn y fro. Roedd yr hen glochydd, Wmffre Dafydd ab Ifan, yn heddychwr pendant yn yr ail ganrif ar bymtheg. Cofier ei weddi:

Yn lle oer chware, yn lle'r chwerwedd – llid,
yn lle lladd celanedd,
yn lle gofal a dialedd –
Duw, i'w fwynhau, danfon hedd.

Yn ystod yr Ail Ryfel Byd roedd y 'Conshi' (*Conscientious Objector*) a fu'n *stretcher bearer* am bedair blynedd yn ffosydd Ffrainc yn y Rhyfel Mawr, yn eilun i'w feibion. Does ryfedd, ar un olwg, fod Wynn, oedd bron saith mlynedd yn hŷn na mi, â'i fryd ar fod yn genhadwr a minnau, erbyn dod yn saith mlwydd oed, yn ateb cwestiwn ymwelydd, "A beth mae Alun am fod wedi iddo dyfu?" trwy ddweud "'Run peth â Dadi".

A wnes i ddim newid fy meddwl. Dyna fyddai'r alwedigaeth. Pwy ŵyr bellach faint oedd a wnelo bwriad Wynn â'm hateb innau. Wedi'r cyfan, deuai llawer o ymwelwyr i aros i Fron-Iaen; llawer o weinidogion a chenhadon. Byddai'r sgwrs yn aml yn troi 't amgylchiadau'r bobl ym mhellafoedd byd a'r angen am rywun i 'ddweud am Grist'. Mae'n siŵr mod i'n clywed sŵn llawenydd am fwriad Wynn ac yntau, erbyn hynny, gam bras ar y blaen gyda'i astudiaethau. Wrth edrych yn ôl, fodd bynnag, bûm yn meddwl droeon mai gwendid ac nid rhinwedd oedd i mi fod wedi gwneud y fath benderfyniad sylfaenol mor ifanc, heb roi ystyriaeth i unrhyw yrfa wahanol. Mewn blynyddoedd diweddarach, a minnau erbyn hynny'n fyfyriwr coleg, bu gyrfa yn y theatr yn ystyriaeth oherwydd rhyw ddawn a roddwyd i mi fel actiwr. Er y demtasiwn, roedd yr awydd i wasanaethu'r Arglwydd Iesu Grist yn gryfach cymhelliad.

Fu dim pwysau arnaf o unrhyw gyfeiriad i feddwl am fynd i'r Weinidogaeth. Roeddwn i'n ymwybodol fod fy rhieni, yn dawel bach, yn falch o fwriadau Wynn a minnau. A phan oedd galw, fe gawsom bob cefnogaeth. Ond teimlo galwad yn saith mlwydd oed? Tybed! Felly, beth oedd yn gyfrifol am fod eisiau bod 'run peth â nhad. Nid y cyflog yn sicr. Er bod cefn gwlad Cymru wedi elwa'n ariannol o'r Rhyfel, nid oedd hynny'n cael ei adlewyrchu yng nghyfraniadau aelodau'r Hen Gapel. Yn ôl

Adroddiad yn Nhŷ'r Cyffredin yn 1953: *'Farm profits were £56.5 million in 1937–38. Last year [1952] they hit the jackpot at £390 million.'* Casgliadau'r Hen Gapel am yr un cyfnod oedd, 1938: £465 a 1953: £744. Adroddiad Tŷ'r Cyffredin yn nodi cynnydd o chwe gwaith yn fwy o incwm; Adroddiad yr Hen Gapel heb agos ddyblu.

Oherwydd y Rhyfel bu lleihad yn nifer mynychwyr cyson oedfaon. Gadawodd rhyfeloedd a pharatoi am ryfeloedd eu hôl yn drwm ar fywyd y wlad, er ein bod, mewn ystyr, ymhell 'o sŵn y boen sy yn y byd', ac efallai oherwydd hynny! Nid oes wadu na welodd cefn gwlad 'amser da'. O'r herwydd daeth materoliaeth ac anffyddiaeth yn fwy amlwg. Methodd yr eglwysi â chyflwyno neges Actau'r Apostolion (20:35) 'Dedwydd yw rhoddi yn hytrach na derbyn' (BWM).

Roedd yr Ysgol Gynradd am y wal â Bron-Iaen. Euthum i'r ysgol gyntaf ar fy mhen blwydd yn ddwy oed, yn llythrennol felly! Eistedd ar y wal derfyn oeddwn i er mwyn gweld y plant yn chwarae ar yr iard pan wyrais ymlaen fymryn yn ormod i ddilyn y bêl – a chwympo. Dwy athrawes a Phrifathro oedd staff yr ysgol; y tri'n aelodau yn yr Hen Gapel. Cawsom addysg gynradd gampus. Yn y cyfnod hwnnw byddai rhai plant yn aros yno hyd at bedair ar ddeg oed. Roedd *'scholarship'* i'r Ysgol Uwchradd yn amherthnasol i fywyd y plant hynny oedd, fel finnau, am wneud yr un peth â'u tadau; yn eu hachos hwy, gweithio ar y fferm.

Cawsom addysg leol yn ogystal ag addysg fwy eang. Caem wersi ar hanes lleol. Am ryw reswm cofiaf ddysgu sillafu'r gair *'thorough'*. Yma hefyd y cefais fy mhrofiad cyntaf o arwain eisteddfod. Cofiaf ddysgu gwers galed am ostyngeiddrwydd yng ngardd yr ysgol! Ar ddiwedd y wers roedd gweddill y bechgyn wedi rhuthro i ffurfio'n rhes i dderbyn afal o'r berllan am eu llafur tra'r oeddwn i'n gydwybodol gadw'r offer. Gosodais fy hun wedyn yn haerllug ar flaen y ciw. Ddwedodd y Prifathro ddim. Cerddodd yn hytrach i gefn y rhes a dechrau rhannu'r afalau o'r pen hwnnw! Mae'r wers wedi glynu hyd heddiw.

Stori wahanol oedd addysg Ysgol Uwchradd Machynlleth. Plant y wlad a phlant y dre'. Y rhelyw o'r staff yn y Machynlleth County School (Ysgol Uwchradd Bro Ddyfi wedi hynny a bellach Ysgol Bro Hyddgen) yn ddi-gymraeg. Eto i gyd, roedd llond dwrn o blant Llanbryn-mair yn dewis mynd i Ysgol Uwchradd y Drenewydd am fod Machynlleth 'yn rhy Gymræg'! Fe gefais ym Machynlleth hefyd athrawon da a phob cyfle i ddatblygu fel person ifanc. Rwy'n ddyledus i'w hymroddiad. Daeth cyn-ddisgybl ac actiwr o'r enw Emrys James i'r ysgol pan oeddwn yn y Chweched dosbarth i sôn am ei yrfa gyda'r *Royal Shakespeare Company*. A fedrwn i gyrraedd yr un uchelfannau? Bu'n gwestiwn a lechai yng nghefn fy meddwl. Sylw un athro dosbarth yn f'Adroddiad pen-tymor oedd, '*Is it possible that he is doing too much outside school?* Ac roedd yn llygad ei le. Byddai gweithgareddau'r capel ac Aelwyd yr Urdd yn Llanbryn-mair yn gorlenwi f'oriau. Yn yr Aelwyd byddem yn bwrw iddi efo'r Côr, y Cwmni Drama, y Parti Dawns a'r Parti Cyd-adrodd heb sôn am y tîm peldroed. Patrwm y Sul oedd capel dair gwaith; oedfa'r bore, Ysgol Sul y pnawn a Chwrdd Gweddi'r hwyr. Trodd y 'Band of Hope' yn Gymdeithas y Bobl Ieuanc, a byddai cyfle yno i arwain trafodaeth. Erbyn Mawrth 11eg, 1954 roeddwn yn barod i ddraddodi fy mhregeth gyntaf yn Ysgoldy'r Hen Gapel ar y testun, 'A'r mwyaf o'r rhai hyn yw cariad' (1 Corinthiaid 13:13). Cefais gyfarwyddyd gofalus gan fy nhad wrth lunio'r bregeth. 'Beth wyt ti isho'i ddweud?' oedd y cwestiwn canolog; a'r rhybudd oedd, '*I thought I had a sermon when I only had a point*'. Gyda chymeradwyaeth y gynulleidfa, trefnwyd i mi bregethu yng nghapeli Creigfryn, Carno; Y Graig, Machynlleth a Samah, Glantwymyn. Ar Fai 9fed, 1954 ym Methel, Llanerfyl roedd Cwrdd Chwarter Cyfundeb Maldwyn yn barod i'm cymeradwyo fel ymgeisydd am y Weinidogaeth. Yng Ngorffennaf 1954 ordeiniwyd Wynn yn weinidog yng Nghaer a Chei Conna. Ar gyfrif ei iechyd bu'n rhaid iddo roi'r gorau i'r bwriad o fynd tramor i faes cenhadol.

Llythyr a gedwais, am ryw reswm, '27 Gorphennaf (sic) 1954', yw'r un o Frawdlys Lleol Cymru/Gwrthwynebwyr Cydwybodol: 'A fyddwch (sic) garediced a (sic) dweud wrthyf enw yr Enwad sydd wedi eich derbyn fel ymgeisydd i'r Weinidogaeth ac i anfon imi y tystysgrif (sic) sy'n datgan eich cymeradwyaeth gan yr Enwad ... ac hefyd i'm hysbysu pa un ai ydych wedi cael lle yn y coleg eisoes erbyn y tymor nesaf, neu peidio.' Yr haf canlynol roeddwn i'n dilyn y traddodiad teuluol o fynd i'r Brifysgol ym Mangor ac i Goleg Bala-Bangor. Yno deuthum dan ddylanwad dau ddyn arbennig iawn, sef y Prifathro Gwilym Bowyer a'r Athro R. Tudur Jones.

Yr oedd cwmnïaeth fy nghyd-fyfyrwyr hefyd yn bwysig. Chefais i mo' nenu at agwedd y llythrenolwyr. At ei gilydd, cawswn eu hagwedd yn hunangyfiawn. Safle cyffordd us yw hwnnw, yn y bôn, o gred lythrennol. Credu ym mherson Crist oeddwn i.

Dyma'r cyfnod hefyd y dechreuais i ddarlledu ar wahoddiad Sam Jones BBC. Dysgais lawer am dechneg radio yn Neuadd y Penrhyn dan gyfarwyddyd cynhyrchwyr fel Emyr Humphreys, Dyfnallt Morgan, Elwyn Thomas ac Evelyn Williams ac oddi wrth fy nghyd-actorion – Charles Williams, Ieuan Rhys Williams, Nesta Harries, Sheila Hugh Jones – ac ar lwyfan Neuadd PJ y Brifysgol gyda Chwaraewyr Coleg y Gogledd dan gyfarwyddyd amhrisiadwy Dr John Gwilym Jones. Roedd y chwilen actio yn denu o hyd. Ond cryfhau a wnaeth yr awydd i bregethu. Yn ystod y tymor cawn gyfle i ymarfer y ddawn honno yng nghapeli'r Gogledd ac ym mhulpudau'r Canolbarth pan ddychwelwn adref. Tros wyliau'r haf byddai disgwyl i'r myfyrwyr fynd ar daith gasglu. Cyfraniadau'r eglwysi oedd yn cynnal Coleg Bala-Bangor, a threuliem dair wythnos i fis yn dod i adnabod eglwysi a chyfundebau'r De. Ar lawr un Cwrdd Chwarter meddai gweinidog cellweirus oedd yn Ysgrifennydd y Cyfundeb, 'Rhowch wahoddiad i'r crwt ifanc 'ma i ddod atoch chi. Boi *soccer* yw e, ond 'sdim ots!'

Yr oedd 'ots' fodd bynnag pan fu farw fy nhad yn annisgwyl fore Sul, Medi 1af, 1957. Ei esiampl ef trwy flynyddoedd yr Ail Ryfel Byd, yn benodol ar fater heddychiaeth, ac wedi hynny ar faterion moesol a chymdeithasol, oedd wedi f'arwain ar hyd y llwybr i ddilyn yr alwad. Doedd dim car ganddo. Seiclo a wnâi i'r chwe ysgoldy a berthynai i'r Hen Gapel. Ai allan ar ei feic ym mhob tywydd i bregethu (byddai arno angen tair pregeth newydd bob Sul), cynnal Cyrddau Plant (Band of Hope) bob wythnos yn y gwahanol ysgoldai, darlithio i grwpiau trafod, ymweld â'r aelodau, arwain Aelwyd yr Urdd am flynyddoedd, cadw cysylltiad â'r bechgyn ifanc oedd yn y lluoedd arfog … a chofiaf ddwy wers 'dadol', y naill pan ddeuthum adre o'r ysgol gynradd wedi ffeirio marblis am ddynwarediad pren-meddal o reiffl (rhoddodd nhad y gwn ar draws ei ben-glin a'i falu'n yfflon. Dwi'n cofio'r siom ar ei wyneb); a'r llall pan oeddwn i a'm ffrindiau wedi bod yn chwarae peldroed ar gae cyfagos ar ddiwrnod angladd, a sŵn ein bloeddio wedi tarfu ar y galarwyr yn y fynwent. Roeddwn wedi ei siomi eto. A chefais flas ei dafod. Yr atgofion pwysicaf, fodd bynnag, yw ei gynghorion doeth a'i hiwmor iach. Fe'i claddwyd yn ei hen gynefin ym Meirionnydd, a minnau ddeuddydd yn brin o'm pen-blwydd yn un ar hugain. Digwyddodd hynny yn ystod gwyliau'r haf. Pan ddychwelais i Fangor bu'r Prifathro Bowyer a'r Athro Tudur yn gadarn eu hanogaeth. Edmygwn braffter eu meddyliau, a'u dawn lafar i wneud yr Efengyl yn ddealladwy. Fedrwn i ddim bod wedi cael gwell esiamplau o berthnasedd yr Efengyl Gristnogol i fywyd cyfoes. Dau bregethwr gwych; dau ddyn da. Ac fel y deuai f'astudiaethau academaidd i ben bu'r ddau'n barod â'u cyngor pan ddaeth hi'n fater o chwilio am 'alwad' mewn ystyr arall.

Bûm yn ddigon ffodus i gael tri gwahoddiad i fynd 'ar brawf'; y tri yn y De. Wedi trafod gyda'r Prifathro, derbyniais alwad o Seion, Llandysul. Arwyddwyd yr alwad gan dri ar ddeg o ddiaconiaid, yn cynnwys yr Ysgrifennydd a'r Trysorydd: 'Yr ydym ni sydd â'n henwau isod, yn enw a thros Eglwys Crist sydd yn ymgynnull yn Seion Llandyssul yn estyn i chwi Alwad unfrydol i ddyfod i'n bugeilio yn yr Arglwydd ...' Atebais innau'r Alwad yn gadarnhaol ar Dachwedd 25ain, 1960. Cynhaliwyd y Cyfarfodydd Ordeinio ddechrau Medi 1961. Yr oeddwn yn olynu'r Parchedig David Rhydderch a wasanaethodd ei Arglwydd yn Nyffryn Teifi gydag urddas am ddeugain mlynedd.

Dair blynedd yn ddiweddarach yr oeddwn i'n gadael y Weinidogaeth fugeiliol i fynd i Adran Ddarlledu Crefyddol BBC Cymru. Yn ddelfrydol, byddai'n well gen i pe bai'r cyfle hwnnw wedi dod rai blynyddoedd yn ddiweddarach. Nid oedd gennyf unrhyw amheuaeth nad ymestyn fy ngweinidogaeth yr oeddwn; dysgu crefft cyfarwyddo a chynhyrchu rhaglenni radio a theledu 'crefyddol', ar gyfer cynulleidfa ehangach. Dysgais fod radio'n gyfrwng defosiwn godidog a theledu'n llawn posibiliadau cenhadol. Yn ôl Pennaeth yr Adran, yn Llundain, ein dyletswydd oedd cysuro'r aflonydd ac aflonyddu ar y cysurus. Dyna oedd ein cenhadaeth. Ar ei orau, dyna ydoedd. Ar ei waethaf, nid oedd yn ddim ond drych.

Ond i'r gyfundrefn enwadol gapelyddol, yr oeddwn wedi bradychu fy ngalwedigaeth, a chyfeirid ataf fel 'un o blant yr anialwch'. Pan ddaeth fy ngyrfa yn y BBC i ben bron bymtheg mlynedd ar hugain yn ddiweddarach fy mwriad, gyda chefnogaeth fy nheulu, oedd dychwelyd i ofal eglwys. Bethel Caerffili agorodd y drws ddechrau 2001, ac ychwanegwyd Bethlehem, Gwaelod-y-garth at gylch fy ngofal yn 2008. Yn yr eglwysi hyn, fel ag yn Llandysul (a chapeli Minny Street, Caerdydd a Phendref Bangor lle bûm yn aelod tra yn yr 'anialwch') cefais gwmni a chyfeillach pobol na ddymunwn eu gwell a chyfle, hyd heddiw, i 'ddweud rhyw air bach dros fy Nuw'.

Isaias E. Grandis

Bywgraffiad

Ganwyd Isaias yn Villa María, Córdoba, Yr Ariannin. Cafodd ei fagu yn Nhrevelin, Patagonia. Bu'n addoli yng Nghapel Ebenezer, Trevelin (Y Brodyr neu *Brethren*), sef capel y diweddar Barchedig David Morris (o Gastell Nedd yn wreiddiol), Eglwys Fethodistaidd Archentaidd Trevelin (Wesleaidd) ac Eglwys Ríos de Vida, Trevelin (*Cristiana Evangélica*). Bu'n mynychu ysgolion yn Nhrevelin a derbyniodd ei addysg bellach yng Ngholeg "Instituto Superior de Formación Docente Nro. 804", Esquel, Patagonia (Uwch Dechnegydd Twristaidd). Bu'n diwtor Cymraeg yn Ysgol Gymraeg yr Andes, Trevelin ac yn athro Daearyddiaeth, Hanes a Thwristiaeth yn Ysgolion Uwchradd Trevelin a Corcovado, Patagonia. Derbyniodd ei addysg ddiwinyddol yng Ngholeg Diwinyddol "Casa Bíblica", Quilmes, Buenos Aires a'r Coleg Gwyn, Bangor. Bu'n weinidog ar eglwysi Bethel, Cwm Hyfryd (Trevelin) a Chapel Seion, Esquel (Yr Andes). Ef bellach yw gweinidog Adulam, Felin-foel, Llanelli, Salem, Llangennech a Seion, Llanelli. Mae'n briod ag Eluned ac yn dad i Llewelyn Owen a Joseff Lewis.

Yr Alwad

Iesu Grist yw'r ffordd, y gwirionedd a'r bywyd; nid oes yr un ffordd arall i gyrraedd at y Tad. Dyna beth yr ydw i'n ei gredu fel Cristion, a dyna beth mae'r Ysgrythur yn ei ddweud. Dyna beth mae Iesu ei hun yn ei ddweud: "Myfi yw'r ffordd!" Nid *un* ffordd ymhlith llawer o ffyrdd yw Iesu; Ef yw'r *unig* ffordd! Er mwyn derbyn galwad i fod yn weinidog i'r Arglwydd Iesu Grist mae'n rhaid credu hyn.

'Ffydd ydy'r sicrwydd fod beth dyn ni'n gobeithio amdano yn mynd i ddigwydd. Mae'n dystiolaeth sicr o realiti beth dyn ni ddim eto'n ei weld. Dyma pam gafodd pobl ers talwm eu canmol gan Dduw' (Hebreaid 11:1–2). Trwy ffydd yr ydym yn cerdded Y Ffordd; trwy ffydd yr ydym yn gwasanaethu'r Arglwydd Iesu Grist!

'Mae'n amhosib plesio Duw heb ffydd. Mae'n rhaid i'r rhai sydd am fynd ato gredu ei fod yn bodoli, a'i fod yn gwobrwyo pawb sy'n ei geisio o ddifri' (Hebreaid 11:6). Ac fel yna y ces i fy magu, mewn cartref lle gwnaeth fy rhieni gyflwyno Iesu Grist i mi ers pan oeddwn i'n fach iawn.

Isaías Eduardo Grandis ydy fy enw i, ond mae sawl un yn fy ngalw'n Eseia (sef ffurf Gymraeg yr enw). Mae'r enw Isaías neu Eseia yn golygu 'Duw sy'n achub' neu 'Duw yw'r iachawdwriaeth'. Teulu o Córdoba yn Yr Ariannin, o dras Eidalaidd, Sbaenaidd a brodorol De Americanaidd ydy fy nheulu i; nid teulu Cymraeg na Chymreig. Teulu a oedd yn Babyddol iawn; ond daethant i nabod yr Arglwydd Iesu Grist trwy genhadon Protestannaidd o dras Almaenaidd, ynghyd â David Morris o Gastell Nedd (daeth fy mam yn Gristion yn y 1960au o dan ddylanwad y cenhadwr hwn o Gymru pan oedd o'n efengylu yn Cordoba, yr Ariannin), a Billy Graham o'r Unol Daleithiau (pan ddaeth o i'r Ariannin hefyd). Dechreuodd fy nhaid a'm nain, nonno Julio a nonna Elvira de Celis, eglwys yn Las Playas-Villa María, Córdoba dan nawdd Eglwys y Brodyr (*Brethren*) yn Villa María. Roedd fy nonno yn henuriad yn y fam-eglwys; ac mae gen i wncwl a chefnder sydd dal yn henuriaid yn Eglwys y Brodyr yn Stryd General Paz 260, Villa María (y fam-eglwys).

Symudodd fy nheulu o Córdoba i Batagonia pan oeddwn yn bedair oed am fod Benjamin, fy mrawd iau, yn wael iawn. Roedd yn dioddef o'r asma, ac roedd rhaid i ni symud i le sychach na Córdoba. Ac felly fe aethom i 'Bro Hydref', neu 'Cwm Hyfryd' fel y mae'r mwyafrif yn galw'r lle. Roedd yna rai perthnasau i'm Wncwl Luis eisoes yn byw yno - y teulu Winter a Krieger; ac felly i Esquel yr aethon ni gyntaf, a symud oddi yno i Drevelin gyfagos ymhen rhyw fis. Yno, aeth fy rhieni (Pini a Lili) i gapel Ebenezer (un o gapeli'r Brodyr), sef capel a sefydlodd y Parchedig David Morris yn y 1930au yn Nhrevelin. Ymhen rhai blynyddoedd aethom i gapel yr Eglwys Fethodistaidd Archentaidd (Wesleaidd). Yno ces i fy medyddio yn 11 oed; roedd hynny'n eithriad i'r hyn a wneir yn yr eglwys honno fel arfer, sef bedyddio babanod. Fel un o deulu'r Brodyr, y ffordd fedyddiedig oedd wedi cael ei dysgu i mi; ac felly, fel yna, ar ôl derbyn Iesu Grist i fy mywyd fel Arglwydd a Gwaredwr y gwnes i benderfynu cael fy medyddio. Yn y capeli hyn, gwnes i gwrdd â sawl un o'r gymuned Gymraeg yn Nhrevelin.

Ym 1998, yn 15 oed, dechreuais ddysgu Cymraeg efo Hazel Charles Evans mewn dosbarthiadau allgyrsiol yn Ysgol Gymraeg yr Andes (dosbarthiadau tuag awr a hanner, ddwywaith yr wythnos). Gwnes i fynychu'r dosbarthiadau am ryw flwyddyn. Roedd Hazel yn athrawes arbennig o dda.

Wedi gorffen yr ysgol uwchradd, penderfynais fynd i Goleg Diwinyddol Casa Bíblica yn Buenos Aires, Coleg yn perthyn i Eglwys Quilmes (Ríos de Vida). Wedi tair blynedd, gadewais y Coleg fel *Bachiller* mewn Diwinyddiaeth. Yn ystod fy amser yn y Coleg, lle bûm yn byw, gweithio ac astudio, cefais freuddwyd wahanol iawn i'r arfer. Mae'r Beibl yn rhoi sawl enghraifft o Dduw yn siarad â'i blant trwy freuddwydion (yn yr Hen Destament a'r Testament Newydd), ond dyna'r tro cyntaf i hyn ddigwydd i mi mewn ffordd mor glir. Mewn breuddwyd, yn aml iawn rydych chi'n gwybod rhai pethau heb i rywun orfod esbonio dim i chi. Yn y freuddwyd hon, roeddwn i a rhywun arall yn ymweld â thŷ yng Nghymru (er doeddwn i ddim yn gallu gweld ei wyneb rydw i'n credu mai'r Arglwydd oedd yno gyda mi, fel yr Un sy'n ein harwain ni ac yn mynd efo ni i bob man). Roedd y tŷ fel tŷ teras, ond dim ond dau dŷ oedd ar bwys ei gilydd. O flaen y tŷ roedd arwydd yn dweud rhywbeth fel: 'Fan hyn bu fyw a marw'r un wnaeth ddarganfod y Marmita'. Enw ffynnon oedd Marmita. Roedd gwraig weddw'n byw yno ac yn gofalu am y ffynnon. Aeth hi â ni i'r ardd y tu cefn i'r tŷ er mwyn dangos y ffynnon enwog i ni. Mae'n debyg i'w gŵr weithio'n galed i agor y ffynnon. Gallwn weld fod pibau gwyn trwchus yn arwain o'r ffynnon, dan y ddaear, i ryw bedwar cyfeiriad gwahanol (gogledd, de, dwyrain a gorllewin fel petai). Roedd y pibau hyn yn cario dŵr i bobl o bob man. Deuthum i ddeall mai'r ffynnon hon yw Iesu Grist, ein dŵr i fywyd tragwyddol; mai'r gwaith caled a wnaed i agor y pwll er mwyn cyrraedd y dŵr yw gweddïau taer dros bobl; ac mai'r pibau yw'r Efengyl, y newyddion da am Iesu Grist a gaiff ei bregethu *i bedwar* ban byd. Yn aml iawn, mae gwragedd yn byw'n hirach na dynion; ac felly doeddwn i ddim yn synnu mai'r wraig weddw hon oedd yn gofalu am y ffynnon, fel petai'n parhau i wasanaethu'r Arglwydd a phregethu'r Efengyl ar ôl marwolaeth ei gŵr. *Euthum* ar f'union i ddweud am y freuddwyd wrth brifathro'r coleg (Adrian Garcia). Roedd o hefyd yn gallu gweld yr hyn yr oeddwn i wedi ei ddeall o'r freuddwyd. Ond yr un peth, a dweud y gwir, nad oeddwn wedi ei ddeall oedd ystyr yr enw 'Marmita'. Felly, gofynnais i athrawes o'r Ysgol Uwchradd Gristnogol ar bwys y Coleg, Lidia Lower, a oedd y gair hwn yn bodoli, gan dybio - os nad oedd - mai dim ond un freuddwyd arall fel breuddwydion eraill oedd hon. Ond eglurodd yr athrawes fod y gair yn bodoli, ac mai ei ystyr oedd 'sosban'; hen fath o sosban.

Euthum i'r Coleg yn ddeunaw oed, heb fwriad i fod yn weinidog ond yn benderfynol o roi'r lle cyntaf yn fy mywyd i Dduw. Ond yna, cefais yr alwad i fod yn fugail i'w braidd, ac mi wnes i ateb fel y dywed yr emyn, 'Arglwydd dyma fi ar dy alwad di'.

Ar ôl gorffen yn y Coleg Diwinyddol, euthum nôl i Drevelin i helpu efo'r ieuenctid yn yr eglwys Sbaeneg (R.d.V., Stryd Maestro Williams, Trevelin) ac i astudio Twristiaeth, a hefyd i ddysgu Cymraeg. Roedd y gweinidogion yn y Coleg Diwinyddol wedi fy nghynghori i fynd yn ôl i'r dosbarthiadau Cymraeg gan ei bod yn edrych yn debyg fod Duw eisiau fy nefnyddio yn y maes hwn, ymhlith y siaradwyr Cymraeg. Bûm am flwyddyn ym Mhrifysgol San Juan Bosco ac am bedair blynedd yng Ngholeg Uwchraddol 804 Esquel (Cangen Trevelin) yn astudio fel Uwch Dechnegydd Twristaidd.

Yn ystod yr amser hwn, cefais ddwy ysgoloriaeth i ddysgu Cymraeg yng Nghymru, y gyntaf yn y flwyddyn 2006. Mae'n rhaid i mi ddweud sut mae Duw'n gweithio; rydyn ni'n cerdded trwy ffydd, a thrwy ffydd rydyn ni'n dilyn Iesu Grist, ac y mae Ef yn dal i siarad â ni mewn gwahanol ffyrdd. Rydw i'n cofio cerdded ar hyd stryd yn Nhrevelin cyn i mi wybod fy mod wedi ennill yr ysgoloriaeth. Yn fy meddwl, clywais rywbeth fel: 'Eleni byddi di'n mynd i Gymru. Os wyt ti'n credu hyn neu beidio, byddi di'n cael mynd i Gymru.' Roedd yna rywbeth arbennig yn hyn - rhyw sicrwydd na allaf ei esbonio - a dechreuais grio ar ôl ei glywed. Fi, Isaías, mab i athrawon nad oedd yn ennill digon i allu talu am docyn i fynd nôl ac ymlaen i Ewrop! Ac ar ben hynny, roedd sawl un arall yn ymgeisio am yr un ysgoloriaeth! Ond yn y diwedd, ymhen rhai misoedd, daeth yr alwad ffôn: Margarita Green yn ffonio i ddweud pwy oedd wedi ennill yr ysgoloriaeth. Roeddwn i'n nerfus, ond roeddwn hefyd yn cofio'r hyn yr oedd Duw wedi ei ddweud wrthyf; ac yna Margarita'n dweud, 'Ti sy'n mynd i Gymru eleni'. Mae Duw'n Dduw sy'n gallu gwneud mwy na'r hyn yr ydym ni'n ei feddwl. Duw llawn cariad a daioni ydyw. Wedi deufis yn Llambed, dechreuais siarad Cymraeg; nid cystal ag y medraf ei siarad heddiw, ond digon i sgwrsio a helpu yn Ysgol Gymraeg yr Andes. Credwch neu beidio, ond yn y flwyddyn 2009 cefais yr un profiad eto - Duw'n siarad, a minnau'n cael ysgoloriaeth arall i wneud Cwrs Uwch (Meistroli) yng Nghaerdydd ac i arsylwi mewn dwy ysgol gynradd yng Nghymru. Diolch i Dduw am y bobl a fu'n help mawr i mi fel dysgwr newydd yn y cyfnod hwnnw, ac i Robert Owen Jones a Chymdeithas Cymru-Ariannin a oedd yn trefnu pob ysgoloriaeth o dan gynllun y Cyngor Prydeinig a'r Cynulliad.

Bûm yn gweithio fel tiwtor Cymraeg am dros ddeng mlynedd i gyd yn Ysgol Gymraeg yr Andes (2007-2017). Yn y flwyddyn 2011, yn ôl awgrym yr Athro Robert Owen Jones y dechreuais, efo cymorth Ysgol Gymraeg yr Andes, gynnal oedfaon dwyieithog bob hyn a hyn yng Nghapel Bethel Cwm Hyfryd (tua unwaith bob yn ail fis). Yna, trwy e-bost o Gymru, gofynnodd Hazel i mi a oeddwn i eisiau gwneud yr un peth yn Seion Esquel. O ganlyniad, roedd cwrdd unwaith y mis fwy neu lai rhwng y ddau gapel (Bethel a Seion).

Ddiwedd 2011, daeth Eluned Owena Evans i Drevelin ar ei gwyliau.

Roeddwn i'n adnabod Eluned gan iddi fod yn Nhrevelin yn ystod 2010 fel athrawes o dan gynllun y Cyngor Prydeinig i gadw'r Gymraeg ym Mhatagonia. Wedi dychwelyd i Gymru penderfynodd Eluned f'enwebu i ar gyfer cystadleuaeth Dysgwr y Flwyddyn 2012 yn Eisteddfod Genedlaethol Bro Morgannwg. Fe wnes i gystadlu trwy Skype. Ac yn anhygoel i mi, cyrhaeddais y rownd gynderfynol.

Ddechrau 2012, roeddwn wedi cychwyn gweithio mewn mwy nag un ysgol uwchradd gefn gwlad yn dysgu Twristiaeth, Daearyddiaeth a Hanes. Roedd angen car arnaf i deithio. Roedd gen i arian yr oeddwn wedi bod yn ei gynilo, tua US$2000, digon i dalu hanner pris car ail law - mae ceir yn ddrud iawn yn Ne America. Felly, mewn gweddi dywedais yn onest wrth Dduw rywbeth fel: 'Dad dim ond yr arian yma sydd gen i. Rydw i angen car i fynd i weithio, a bydd rhaid i mi deithio i gystadlu hefyd. Ond dydy'r arian ddim yn ddigon o gwbl. Mae'r gwyliau'n gorffen cyn bo hir; ac felly bydd rhaid i mi gael car mewn o leiaf wythnos i allu teithio i'r ysgolion.' Ac yn wir, ymhen wythnos daeth brawd o'r eglwys Sbaeneg y bûm yn mynychu'r oedfaon yndi ers f'arddegau (eglwys Ríos de Vida, Stryd M. Williams, Trevelin) i ofyn a oeddwn am brynu ei gar Ford Escort 98. Yn amlwg, doedd gen i ddim digon o arian; ond trwy drugaredd dywedodd y cawn roi'r hyn oedd gen i iddo a thalu'r gweddill pan allwn wneud hynny. Derbyniais hyn fel arwydd gan Dduw i brynu'r car gan nad peth cyffredin o gwbl oedd bod rhywun yn fodlon aros i mi dalu ychydig bob mis nes talu'r cyfan.

Ond wedi prynu'r car, doedd gen i ddim arian i deithio. Felly, meddyliais os oedd yn rhan o ewyllys Duw i mi deithio y byddai Duw ei hun yn agor y drysau i mi. Ac yna, trwy *facebook*, daeth y newyddion i Batagonia bod 'Archentwr o Drevelin wedi cyrraedd rownd gynderfynol Dysgwr y Flwyddyn'. Yn y diwedd, trwy Faer Trevelin, daeth Llywodraethwr Chubut, yn Y Wladfa, i wybod am yr anrhydedd, a chynigodd dalu am y tocynnau teithio nôl ac ymlaen! Ar ben hynny, gwnaeth nifer o bobl oedd yn gwsmeriaid i gwmni Teithiau Tango gasglu dros fil o bunnoedd ar gyfer bwyd a theithio yng Nghymru ei hun; cynigiodd Gwilym Roberts lety i mi yn Rhiwbeina, a'm trin fel taswn i mewn Gwesty 6 seren; a chefais gefnogaeth gan deulu Eluned a sawl ffrind arall. Mae Duw yn Dduw enfawr!

Yn ystod y cyfnod hwn, euthum i ac Eluned i'r Alban, ac ar daith diwrnod aethom o amgylch yr Ucheldiroedd ac i Loch Ness. Pan oedden ni'n hwylio'r llyn enwog mewn cwch mawr i dwristiaid gofynnais i i Eluned beth oedd ystyr ei henw. Roedden ni'n dau wedi bod yn gweddïo i Dduw ddangos i ni os mai ei ewyllys oedd i ni briodi; a heb iddi wybod dim am y freuddwyd a gefais oddeutu deng mlynedd cyn hynny, atebodd bod ei henw'n ymddangos mewn chwedl Arthuraidd Gymraeg o'r Oesoedd Canol, sef 'Iarlles y Ffynnon'. Yn y chwedl, Eluned oedd yn gofalu am y Ffynnon! Beth? Wow; dyna foment anhygoel. Roedd yn union fel yn y freuddwyd. Amser gwyrthiol iawn yn fy mywyd yn wir.

Roedd Dysgwr y Flwyddyn 2012 yn gystadleuaeth anodd gan fod bron i 40 yn cystadlu ar y dechrau, ac yr oedd y tri arall a gyrhaeddodd y rownd gynderfynol yn wych. Rydw i'n cofio Eluned yn dod i'm gweld yn nhŷ Gwilym Roberts Rhiwbeina, a minnau'n gweddïo efo hi ac yn gofyn i Dduw am nerth a chymorth. Unwaith eto, daeth llais hyfryd a sicrwydd anesboniadwy; roedd Duw wedi penderfynu y byddwn yn cyrraedd y diwedd mewn ffordd anhygoel ac yn fy nghyflwyno i'r Cymry Cymraeg, a minnau'n cael cyfle i ddweud diolch i Dduw yn gyntaf gerbron pawb, er mwyn Ei glod!

Hyd heddiw, mae pobol yn dal i'm cofio fel 'Dysgwr y Flwyddyn'. Yn ddiweddarach, derbyniais yr anrhydedd o gael fy urddo i Orsedd y Wladfa ac ar sail ennill y gystadleuaeth derbyniais yr anrhydedd o gael fy urddo i Orsedd y Beirdd Cymru dan y llysenw 'Eseia Bro Hydref'. Cefais brofiadau eraill hefyd: bod, gydag eraill, yn rhan o brosiectau fel agor Ysgol y Cwm yn Nhrevelin; cael gwireddu breuddwyd bersonol o osod arwyddion dwyieithog a thair-ieithog yng nghanol y dref (Sbaeneg, Cymraeg ac iaith frodorol y Mapuches); dechrau oedfaon bob dydd Sul yn hytrach nag yn fisol, rhwng y ddau gapel Cymreig; a sawl peth arall yn cefnogi'r diwylliant a'r iaith Gymraeg. Ond un peth sydd wastad yn rhoi mwy o lawenydd i mi yw gwasanaethu'r Arglwydd, a rhoi'r lle cyntaf iddo Ef a gweld sut mae pobol eraill yn dod i adnabod Iesu Grist.

Gwnes i ac Eluned ddyweddïo yn Yr Ariannin yn 2013 pan oedd hi yno'n gweithio fel athrawes Gymraeg am yr eildro. Gwnaethom briodi yng Nghapel Bethel Cwm Hyfryd ar Fawrth 8fed, 2014 a chael bendith yng Nghapel Newydd Llanddarog. Ganwyd Llewelyn Owen, ein mab cyntaf, ar y 5ed o Fehefin 2015, ym mlwyddyn dathlu Canmlwyddiant a Hanner ers i'r Mimosa gyrraedd Patagonia.

Yn 2016, wedi cwblhau cwrs ôl-raddedig ar-lein trwy'r Coleg Gwyn ym Mangor (Coleg y Bedyddwyr), daeth yr amser i gymryd y cam i'r Weinidogaeth. Gwnaeth y bobl oedd yn mynychu oedfaon yng nghapeli Cymreig yr Andes arwyddo llythyr i ofyn i'r Coleg gydnabod hynny, a danfonodd Coleg y Bedyddwyr lythyr i ddweud fy mod yn barod am y Weinidogaeth. Roedd pawb yn ymwybodol o'r alwad i Gymru; ac felly roedd gennym gytundeb yn yr un llythyr i chwilio am rywrai i barhau â'r gwaith yn yr Andes yn ein habsenoldeb. Yn ychwanegol, ysgrifennodd fy eglwys Sbaeneg lythyr yn cydnabod fod yr amser wedi cyrraedd i mi gael f'ordeinio yn Weinidog i'r Arglwydd ym Mhatagonia, Cymru a ble bynnag y byddai Duw yn ein galw i wneud Ei ewyllys sanctaidd. (Mae'n bwysig iawn i'r eglwys leol - fel tystion sydd wedi cydfyw a chydweithio â chi, ac fel y rhai sy'n eich danfon - allu cydnabod fod rhywun â galwad ac yn barod i wasanaethu'r Arglwydd). Y Parchedig Osvaldo Pasquet, fy ngweinidog ers f'arddegau cynnar, gweinidog oedd â'r cyfrifoldeb i gymryd rhan yn y digwyddiadau Cymreig yn Nhrevelin, fel Gŵyl y Glaniad, pen-blwydd Cwm Hyfryd ac ati, wnaeth yr ordeinio â'r urdd weddi yn yr iaith Sbaeneg, ac Irma Roberts de Williams o'r Gaiman wnaeth yr ordeinio yn y Gymraeg. (Roedd hi'n digwydd bod yn Llywydd Undeb Eglwysi Rhyddion y Camwy ar y pryd er bod capeli'r Andes ddim o dan y Gymdeithas honno).

Erbyn yr ordeinio, roeddwn wedi bod yn cynnal oedfaon dwyieithog yng nghapeli Cymreig yr Andes ers tua phum mlynedd, a daliais i wneud hynny am oddeutu blwyddyn arall cyn gadael a dod i Gymru. Ar Fawrth 23ain, 2017 ganwyd Joseff Lewis, brawd bach i Llewelyn. Ym mis Mehefin 2017 gwnaeth ein heglwys Sbaeneg weddïo drosom gerbron y gynulleidfa, a'n cyflwyno ni fel teulu i ddwylo Duw i fod yn genhadon yng Nghymru a'r cyffiniau. Gweddïwyd drosom ni ym Methel y Cwm a Seion Esquel hefyd. Cyrhaeddon ni Gymru ym mis Gorffennaf; a'r mis hwnnw hefyd pregethais ym Methlehem Pwll (Llanelli), y capel cyntaf ar ôl cyrraedd! Erbyn hyn, rydw i wedi pregethu'r Efengyl mewn sawl capel yn Ne Cymru ac Ynys Môn. Yn Ynys Môn y dechreuais i'r broses ffurfiol i fod yn Weinidog efo'r Bedyddwyr. Roeddwn wedi bod yn aelod o eglwys Seion Llanfair Mathafarn Eithaf ers dwy flynedd, ac yn yr ofalaeth honno y dechreuais i drwy gymorth y Parchedig Ieuan Elfryn Jones a oedd wedi fy hyfforddi yn y Coleg Gwyn. Erbyn mis Rhagfyr 2017, roedd tair eglwys Fedyddiedig wedi dangos diddordeb ynof, a chefais yr alwad i fod yn Weinidog yn Adulam Felin-foel (mam eglwys i sawl eglwys Fedyddiedig yn ardal Llanelli), Salem Llangennech a Seion Llanelli. Deuthum i sylweddoli dau beth yn ystod ein blwyddyn gyntaf yng Nghymru. Yn gyntaf, tebygrwydd mawr hen dŷ fferm teulu Eluned i'r un yn y freuddwyd; mae fel dau dŷ ar bwys ei gilydd, ond un ydy o (y tŷ fferm gwreiddiol a'r beudy sydd bellach yn rhan o'r tŷ); ac yn yr union fan yr oedd y ffynnon yn y freuddwyd yr oedd ffynnon yn y tŷ hwn yn Llanddarog hefyd! Ac yn ail, enw'r ffynnon. Pam Marmita? Hen air am sosban. Ac o dref y sosban, Llanelli (a'r cylch), o'r tair eglwys hyn y cefais yr alwad i wasanaethu'r Arglwydd yng Nghymru!

'Ffydd ydy'r sicrwydd fod beth dyn ni'n gobeithio amdano yn mynd i ddigwydd. Mae'n dystiolaeth sicr o realiti beth dyn ni ddim eto'n ei weld. Dyma pam gafodd pobl ers talwm eu canmol gan Dduw' (Hebreaid 11:1-2).

Rosa Hunt

Bywgraffiad

Ganwyd Rosa ar ynys Malta, a mynychodd Eglwys Gatholig y plwyf ym Msida. Derbyniodd ei haddysg yn ysgolion Convent of the Sacred Heart ym Malta ac yn ddiweddarach yn Woldingham, Surrey. Wedi ennill gradd mewn gwyddoniaeth yng Ngholeg y Drindod, Caergrawnt, enillodd radd mewn diwinyddiaeth ym Mhrifysgol Caerdydd, cyn sicrhau ei doethuriaeth gydag IBTSC yn Prague ac Amsterdam. Cyn mynd i'r Weinidogaeth bu'n gweithio fel athrawes Mathemateg, ac fel mam i bedwar o blant! Dechreuodd ei gweinidogaeth ym Methel Penyrheol, yng Nghaerffili, cyn symud i Salem Ton-teg. Yn 2019 bydd hi'n dechrau fel cyd-Brifathro yng Ngholeg y Bedyddwyr, Caerdydd tra'n parhau i weinidogaethu yn Salem Ton-teg. Mae'n briod â Francis, ac maent yn rhieni i Josh, Chris, Tim a Dan.

Yr Alwad

Dydy Duw ddim mor effeithlon â mi. Pe byddwn i'n gweithio fel cynorthwywraig iddo, byddwn yn gwneud yn sicr fy mod yn galw pobl o Gymru (pobl a ddysgodd siarad Cymraeg yng nghroth eu mam) i fod yn weinidogion yng Nghymru. Ond nid felly mae Duw yn gweithio. Os edrychwn ar y Beibl, ar bobl fel Jona yn Ninefe, Moses yn yr Aifft a Paul ym mhobman, gwelwn fod Duw'n hoff iawn o alw pobl i adael eu gwlad eu hunain er mwyn rhannu'r Efengyl mewn gwlad estron.

Ac rwy'n ddiolchgar iawn i un o'r estroniaid hynny, oherwydd hebddo fe, fyddwn i ddim yn ysgrifennu'r geiriau hyn. Daeth yr apostol Paul i'm gwlad i, ynys fach Malta, dros ddwy fil o flynyddoedd yn ôl i rannu'r newyddion da am Iesu Grist ag ynys lawn o bobl gyntefig ac ofergoelus, sef fy nghyndeidiau a'm cyn-famau i. Cefais i fy ngeni ym 1969 i deulu Pabyddol, fel bron pob teulu arall ym Malta. Roeddwn yn mynd i ysgol Babyddol, a bob nos Sadwrn awn i'r eglwys gyda fy Nhad-cu, am fod Offeren nos Sadwrn (ar ôl chwech o'r gloch yr hwyr) yn 'cyfrif' yn lle dydd Sul.

Fedraf fi ddim cofio adeg pan nad oeddwn yn teimlo rhyw fath o alwad arbennig ar fy mywyd; galwad i ddilyn Duw gyda'm holl galon. Ond oherwydd i mi gael fy magu mewn cyd-destun Pabyddol, doedd dim gobaith i ferch fod yn offeiriad. Mae gen i gof fod fy mam yn meddwl fod Duw'n fy ngalw i fod yn lleian, ond roeddwn i'n teimlo fel Julie Andrews yn *The Sound of Music* –

'she climbs a tree, and scrapes her knee, her dress has got a tear,
she waltzes on the way to Mass, and whistles on the stair' –

ac er mawr ofid i fy mam, roeddwn i'n rhy hoff o ddringo coed a gwisgo jîns a ddim eisiau mynd yn lleian.

Pan oeddwn yn f'arddegau, roeddwn yn adolygu ar gyfer f'arholiad Addysg Grefyddol, ond doeddwn i ddim yn sicr beth yn union y dylwn ei ddysgu. Felly, dyma fi'n mynd i ofyn i'n Prifathrawes, Sister Agius. 'Darllen Efengyl Ioan,' meddai, 'a byddi'n barod am yr arholiad'. Mi es i adref, cloi drws f'ystafell wely, eistedd ar y gwely, dechrau darllen Efengyl Ioan – a methu stopio. Cafodd stori Iesu afael ar fy meddwl a'm calon.

Merch bedair ar ddeg oed yn eistedd ar ei gwely ac yn cael ei hudo gan awdurdod a chariad mab Duw! Ond y tu allan, roedd y sefyllfa wleidyddol yn ansefydlog iawn. Y flwyddyn ganlynol, fe wnaeth Llywodraeth Malta fygwth cau pob ysgol grefyddol yn y wlad. Doedd fy rhieni ddim yn fodlon i mi a'm chwaer fynd i ysgol daleithiol, ac felly ym 1984 newidiodd fy mywyd yn llwyr. Es i wneud f'arholiadau Lefel A mewn ysgol breswyl Babyddol yn Lloegr. Roedd rhaid i fi ddysgu siarad Saesneg 'posh' fel y merched eraill; ond ar y cyfan, roedd y profiad yn gadarnhaol, ac mi wnes i setlo lawr yn gyflym, yn astudio Ffiseg, Cemeg, Mathemateg, Bioleg – ac Addysg Grefyddol, a oedd yn orfodol. Fel y merched eraill, roeddwn i'n llidio'r gorthrwm hwn, a dewisais helpu'r plant iau i baratoi eu bedyddiadau esgob yn hytrach na gwneud y wers go iawn.

Unwaith eto, roedd Duw ar waith y tu ôl i'r llenni. Daeth diwrnod dathlu bedyddiadau esgob y plant iau, a chofiaf fy mod mewn hwyliau drwg. Roedd gen i ddigon o waith cartref pwysig i'w wneud, a doeddwn i ddim yn awyddus i fynd i'r capel ar gyfer y dathliad. Ond es i beth bynnag, fel merch dda; a phan groesais drothwy'r capel, ces sioc enfawr. Daeth ton ar ôl ton o gariad i sgubo drosof, nes i mi dybio fod pawb arall yn y lle yn teimlo'r un peth â mi. Roedd cariad Duw'n bresennol yn y capel fel nerth go iawn; nerth sy'n sgubo ymaith pob mymryn o ofn neu euogrwydd; nerth sy'n cofleidio ac yn derbyn. Duw cariad yw.

Dydw i ddim yn cofio unrhyw beth am y gwasanaeth hwnnw heblaw'r cariad a'r llawenydd gogoneddus a lanwodd fy nghorff cyfan. Ond mi wyddwn fod cariad o'r fath yn hawlio ymateb. Yn union wedi'r gwasanaeth, es i siarad â'r gweinidog i ofyn beth ddylwn ei wneud. Esboniodd taw profiad o'r Ysbryd Glân oedd hynny, ond nad oedd e'n siŵr beth i awgrymu. Wedi'r cwbl, roedd y ddau ohonom yn gwybod yn iawn nad oedd Duw'n galw merched i fod yn weinidogion.

Ddwy flynedd yn ddiweddarach roeddwn ym Mhrifysgol Caergrawnt, yn cyfarfod â Christnogion efengylaidd ac yn dechrau darllen y Beibl ar fy mhen fy hun, ac yn dechrau deall pwysigrwydd yr ail-eni, yr enedigaeth ysbrydol ac ildio fy holl fywyd i Iesu. Deuthum i ddeall mai'r ildio hwn oedd yr ymateb yr oedd y cariad a brofais yng nghapel yr ysgol yn ei fynnu oddi wrthyf; ac mi wnes ymateb felly heb betruso un funud. Ond unwaith eto, roeddwn i ymhlith Cristnogion a gredai nad yw Duw'n galw merched i'r Weinidogaeth. Roeddwn innau'n derbyn hynny'n llwyr; wedi'r cwbl, onid dyna ddywed y Beibl?

Neidiwn ymlaen bron i ugain mlynedd! Erbyn hynny, roeddwn wedi priodi â Francis, sy'n Gristion fel fi; wedi symud i Ffrainc am bum mlynedd; wedi dod yn rhieni i ddau fab anhygoel; wedi mynd yn ôl i Loegr; ac wedi dod yn rhieni i ddau fab anhygoel arall! Erbyn 2004 felly, roeddem yn byw mewn pentref bach o'r enw Cottenham, ger Caergrawnt, ac yn aelodau o eglwys Fedyddiedig am y tro cyntaf erioed am mai dyna'r unig un o eglwysi'r pentref oedd ag Ysgol Sul eithaf cryf ar y pryd. A dechreuais deimlo galwad barhaol i adnewyddu fy ffydd a chael fy medyddio.

Fel pob ymgeisydd arall am fedydd, roeddwn wedi paratoi araith fer er mwyn rhannu fy hanes a'm ffydd. Wedi'r gwasanaeth, daeth gwraig un o'r gweinidogion lleol ataf, a dweud y dylwn i drio pregethu. Roedd hi wedi canfod rhyw fath o ddawn ynof fi. I ddechrau, roeddwn i'n anfodlon iawn (mae pawb yn gwybod nad yw Duw'n galw merched i bregethu ...), ond roedd Shirley yn llawn perswâd. Ac o fewn dim o dro, roeddwn i'r ferch swil yn sefyll mewn pulpud i bregethu. Daeth pregethu'n naturiol i mi, a chyn bo hir roeddwn wedi cael f'enwebu yn Llywydd Cymdeithas Pregethwyr Lleyg Sir Gaergrawnt. Oherwydd hynny, prynais y llyfr *I Believe in Preaching* gan John Stott i'm helpu.

Rydw i'n cofio'n iawn fod ar wyliau yn Ffrainc yr haf hwnnw. Roeddwn yn darllen llyfr John Stott yn y car pan ges i fy nharo gan frawddeg syml. Dweud oedd John Stott na ddylai pregethwyr newid pwnc y bregeth bob wythnos, ond yn lle hynny datblygu rhaglen bregethu i ddyfnhau ffydd y gynulleidfa. Doeddwn i ddim yn siŵr pam oedd y frawddeg hon yn ymddangos mor bwysig. Wedi'r cwbl, doed gen i ddim cynulleidfa gyson – roeddwn mewn capel gwahanol bron bob wythnos. Ac yno yn y car, dechreuais weddïo, 'Abba, pam wyt ti wedi dod â'r frawddeg hon i'm sylw i?' Ac ar unwaith, cael ymateb mor glir yn fy mhen: 'Wel, taset ti'n weinidog go iawn, *byddai* cynulleidfa gyda thi ...'

Doeddwn i ddim yn siŵr am hynny o gwbl, ac felly penderfynais wneud bargen gyda'r Hollalluog. Roeddwn ar y rhestr bregethu yn fy nghapel y Sul ar ôl y gwyliau. Dywedais wrth Dduw; 'Os ddaw dau berson gwahanol ataf ar ôl y gwasanaeth i ddweud y dylwn hyfforddi fel gweinidog, rydw i'n addo dechrau'r broses ...'

Daeth y Sul hwnnw. Pregethais fy mhregeth, ac yn syth ar ôl y gwasanaeth daeth dyn o'r enw Steve fel saeth amdanaf a dweud, 'Have you considered training for the ministry? I really think you should'. O na! Dywedais rywbeth di-ddangos-ochr wrtho, a mynd trwodd i'r festri. Ond ar y ffordd yno, mi welais fy ffrind Rachel, gwraig Steve. Ac meddai hithau, 'Have you considered training for the ministry? I really think you should.' Roeddwn mewn cyfyng-gyngor. Ar y naill law, roedd dau berson wedi dod ataf i awgrymu y dylwn hyfforddi fel gweinidog, yn union fel fy margen â Duw. Ond ar y llaw arall, roedden nhw'n briod â'i gilydd! Oedd hwn yn cyfrif fel dau berson gwahanol? Fel Jona yn rhedeg bant oddi wrth Dduw, penderfynais mai un person oedd Rachel a Steve, nid dau! Roeddwn wedi dianc!

Er mwyn bod yn sicr nad oedd yn bosib i mi fod yn weinidog, mi wnes i gais am swydd dysgu Mathemateg mewn ysgol leol. Mi gefais y swydd, ond o'r diwrnod cyntaf mi wyddwn nad oeddwn yn gwneud y peth iawn. Roeddwn i'n teimlo'n ddiflas ac yn ymwybodol o'r ffaith fy mod yn rhedeg bant oddi wrth Dduw. Ond yn ffodus, mae Duw'n rhedeg yn fwy cyflym na ni. Wedi dim ond un tymor mi es i'n sâl, a dywedodd y meddyg y byddai'n well i mi roi'r gorau i ddysgu. Ac felly, o'r diwedd, wedi misoedd o frwydro â Duw, mi es i weld fy ngweinidog rhanbarthol, a dweud wrtho fy mod yn meddwl fod Duw yn fy ngalw i fod yn weinidog.

Roedd y Parchg Bunce wrth ei fodd gyda'r newyddion, a chyn bo hir mi ges i gyfweliad gyda'r Bwrdd Gweinidogaeth a chael fy nerbyn fel gweinidog dan hyfforddiant. Ond ble dylwn hyfforddi? Roedd gennym bedwar plentyn bach ar y pryd, a doedd dim coleg Bedyddwyr yn agos i Gaergrawnt. Penderfynwyd y byddwn yn mynd i'r coleg ym Manceinion bob penwythnos i wneud cwrs arbennig ar gyfer gweinidogion sy'n gweithio neu'n gofalu am blant bach yn ystod yr wythnos. Dylwn fod wedi cychwyn y cwrs ym mis Medi 2006, ond cyn hynny byddai newid arall i'n bywydau ni i gyd.

Roedd Francis fy ngŵr yn gweithio i Brifysgol Caergrawnt yn yr Adran Beirianneg, ond roedd arno eisiau swydd gydag ychydig mwy o Fathemateg. Felly dechreuodd ymgeisio am swyddi eraill, ac am fod Caergrawnt mor wastad ac mor bell oddi wrth y môr, roeddwn i'n gweddïo: 'Abba, plîs, anfon ni i rywle ger y mynyddoedd neu ger y môr'. Er mawr synod i bawb, cafodd swydd ym Mhrifysgol Morgannwg yn Nhrefforest. Ble? Roedd rhaid i ni dynnu map allan i weld ('Ble mae Cymru?'), ac fe welsom ar unwaith fod Trefforest yn agos i'r mynyddoedd a'r môr. Y ddau! Ond beth amdanaf fi, cwynais wrth Dduw, 'Oes gennyt gynllun ar fy nghyfer i yng Nghymru?' Daeth neges oddi wrth y Parchg Bunce: 'Do you realise that there is a Baptist training college in Cardiff, only 20 minutes from your house?' Unwaith eto, roedd Duw wedi mynd o'm blaen.

Dyma fi, felly, ym mis Medi 2007, yn croesi trothwy Coleg y Bedyddwyr yng Nghaerdydd, a gwybod yn fy mherfedd fy mod yn gwneud y peth iawn o'r diwedd. Yno cefais dair blynedd anhygoel o ddysgu diwinyddiaeth, Groeg, Hebraeg, Syrieg ac Aramaeg', a chyfle i weithio mewn tri chapel gwahanol yng Nghaerdydd, Pontypridd a Chaerffili. Cefais fy ngalw a'm hordeinio gan y trydydd capel, Bethel Penyrheol, yn 2010. Dechreuais hefyd ddoethuriaeth mewn 'patristic hermeneutics' trwy IBTSC, a oedd ar y pryd ym Mhrâg ond bellach yn Amsterdam.

Nid diwedd y stori oedd yr ordeinio ond y dechrau! Wedi tair blynedd fendigedig yng Nghaerffili fel gweinidog-cyswllt, roeddwn i'n teimlo fod Duw yn fy ngalw i wasanaethu yn y gymuned yr oeddwn yn byw ynddi. Dyna fyddai *incarnational ministry*. Ac yn annisgwyl cefais wybod fod y capel yn fy mhentref i (Pentre'r Eglwys / Ton-teg) yn edrych am weinidog newydd, yn dilyn ymadawiad eu hannwyl Peter Cutts i ofalaeth arall. Un broblem fach: roedden nhw'n edrych am weinidog sy'n siarad Cymraeg, a doeddwn i ddim yn siarad yr iaith. Ond, gan deimlo arweiniad Duw, mi wnes i gyfarfod â'r diaconiaid. O'r cyfarfod cyntaf, roedd y ddwy ochr yn teimlo y byddai'r berthynas yn gweithio'n dda iawn. Ond beth am yr iaith? 'Os gwnawn ni dy helpu gyda'th Gymraeg, wyt ti'n fodlon trio dysgu'r iaith?' oedd y cwestiwn. A dyma fi'n cymryd anadl ddofn ac ateb, 'Ydw'. Am flwyddyn gyfan wedi hynny, doeddwn i ddim yn gallu cysgu nos Sadwrn oherwydd yr ofn o orfod pregethu yn y Gymraeg drannoeth! Ond roedd y gynulleidfa mor gefnogol a hael a charedig – yn enwedig fy ffrind annwyl Lisa, a dreuliodd oriau yn fy helpu i ddysgu'r iaith. Ac rwyf fi'n brawf byw o'r adnod '*Ni fydd dim yn amhosibl gyda Duw*' (Luc 1:37). Mae'r Arglwydd hyd yn oed wedi fy helpu i ddysgu Cymraeg!

Nid dyma ddiwedd stori fy ngalwad. Mae'r stori'n parhau, ac yn newid bob dydd. Antur ydy dilyn galwad Duw ar ein bywydau. Mae galwad Duw wedi dod â mi o ynys Malta i gapel dwyieithog yng Nghymru. Ble fyddet ti'n mynd pe byddet ti'n dilyn dy alwad di, tybed? '*Oherwydd myfi sy'n gwybod fy mwriadau a drefnaf ar eich cyfer,*' medd yr ARGLWYDD, '*bwriadau o heddwch, nid niwed, i roi ichwi ddyfodol gobeithiol*' (Jeremeia 29:11).

Jennie Hurd

Bywgraffiad

Ganwyd Jennie ger dinas Hull, yn Anlaby, Dwyrain Swydd Efrog. Cafodd ei magu yn Hessle, ac yn Eglwys Fethodistaidd Tower Hill. Derbyniodd ei haddysg yn Ysgol yr Eglwys, Hessle a'r Ysgol Uwchradd leol. Derbyniodd ei haddysg bellach ym Mhrifysgol Warwick yn Coventry gan ennill gradd mewn Llenyddiaeth Saesneg ac Ewropeaidd. Cyn mynd i'r Weinidogaeth, gweithiodd am gyfnod gyda Mudiad Cristnogol y Myfyrwyr fel Ysgrifennydd Rhanbarthol Canoldir a Gorllewin Lloegr. Hyfforddwyd hi ar gyfer y Weinidogaeth yn Queen's College, Birmingham a Phrifysgol Birmingham, lle enillodd radd a arweiniodd yn y pendraw at PhD mewn Diwinyddiaeth Ymarferol. Bu'n gweinidogaethu yng Nghylchdeithiau Nuneaton ac Atherstone (1993–99), Y Glannau (1999–2004), Dudley a Netherton (2004–2009), Cymru (2013–presennol). Ar hyn o bryd, hi yw Cadeirydd Synod Cymru. Mae'n briod â Pete.

Yr Alwad

Sut mae merch o Swydd Efrog, Saesnes go iawn, wedi dod i fyw a gweithio a gweinidogaethu yng Nghymru trwy gyfrwng y Gymraeg? Gan fy mod i'n gofyn hynny i mi fy hun yn aml nid wyf yn synnu os yw pobl eraill yn gofyn yr un peth. Yr ateb yw: dim ond Duw sy'n gwybod - yn llythrennol! Ond rwy'n hynod o ddiolchgar fod Duw yn gwybod; ac rwy'n ymddiried yn llwyr y bydd yn parhau i wybod. Y cwbl y gallaf i ei wneud yw gweddïo y byddaf yn ddigon agored a sensitif i'w alwad, er mwyn i mi fy hun wybod i ble bydd Duw yn fy ngalw ar fy nhaith ffydd barhaus ac ymateb i'r alwad honno.

Wrth edrych yn ôl, rwy'n rhyfeddu wrth weld sut y datblygodd llwybr fy mywyd. Bu farw fy nhad pan oeddwn yn bedair oed. Babi oedd fy mrawd, ond roedd y brofedigaeth yn anodd iawn i'm chwaer hynaf. Roedd dwylo Mam yn llawn, a dweud y lleiaf. Rhywsut neu'i gilydd, mi ddechreuais fynd i eglwys ac Ysgol Sul Fethodistaidd y pentref, a ddatblygodd yn gartref a theulu arall i mi. Yno, yn ogystal â gartref, y dysgais am gariad Duw sy'n derbyn pawb yn ddiamod ac yn caru i'r eithaf, heb roi i fyny byth. Mi ddysgais sut i ddarllen a siarad yn gyhoeddus, a dysgu hefyd am lawenydd canu efo'n gilydd. Mae'r Methodistiaid wrth eu bodd yn canu! Yn bwysicaf oll, mi ges i fy nghyflwyno i Iesu; a rhoddwyd i mi bob cyfle i dyfu yn fy mherthynas ag O. Mae gen i resymau di-rif dros fod yn ddiolchgar i'r eglwys honno.

Haf 1984, cyn i mi fynd i Brifysgol Warwick, yn Coventry i astudio Llenyddiaeth Saesneg ac Ewropeaidd, mi es i efo grŵp o bobl ifanc o Eglwys y Plwyf i Taizé, y gymuned Gristnogol yn Ffrainc. Mi es i fel un o'r tîm arweinyddiaeth, a hefyd am fy mod i newydd wneud Lefel 'A' Ffrangeg – roedd hynny'n ddefnyddiol iawn ar y daith! Gwnaeth profiad o natur ecwmenaidd cymuned Taizé argraff fawr arnaf. Ychydig wythnosau cyn i mi ddechrau pacio fy mag ar gyfer y brifysgol, roeddwn yn yr ystafell ymolchi yn rhoi 'hair gel' ar fy ngwallt. (Adeg yr wythdegau cynnar, cofiwch!) Yn sydyn iawn, heb unrhyw rybudd o gwbl, mi deimlais rywbeth na fedraf ond ei ddisgrifio fel pwysau mawr a wnâi i mi blygu i lawr, ac mi glywais i fy hun yn dweud yn uchel, 'OK, God, I'll *be* a Methodist minister!' Syndod mawr! Efo brwdfrydedd yr ifanc, mi gysylltais ar unwaith â'r gweinidog i ddweud wrtho. Dyn traddodiadol iawn, buaswn i'n dweud, oedd ein gweinidog ar y pryd; ond chwarae teg iddo, cymerodd fi o ddifrif. Roedd yr Eglwys Fethodistaidd wedi bod yn ordeinio merched i Weinidogaeth y Gair a'r Sacrament ers ychydig dros ddegawd erbyn hynny; ond a bod yn onest, alla i ddim cofio gweld merch o weinidog tra oeddwn yn blentyn neu'n berson ifanc. Ond roedd Duw yn fy ngalw, ac felly dyna ni! Mi ddechreuais hyfforddi fel Pregethwr Lleol cyn i mi symud i ffwrdd, fel y cam cyntaf tuag at ymgeisio am y Weinidogaeth.

Roeddwn am fod yn athrawes gynradd – gwneud gradd gyntaf ac yna'r cwrs *PGCE* i'm cymhwyso'n athrawes: dyna oedd fy mwriad. Roeddwn yn siŵr na fyddai Duw fy eisiau heb dipyn o brofiad bywyd; ac felly roeddwn i'n meddwl am ddysgu tan oeddwn i tua 30 oed, ac efallai wedyn meddwl am ymgeisio am y Weinidogaeth. Tra oeddwn yn y Brifysgol, ymunais â'r SCM neu'r MCM – Student Christian Movement / Mudiad Cristnogol Myfyrwyr. Wedi graddio, mi weithiais i'r mudiad ecwmenaidd hwnnw am dair blynedd, yn hybu grwpiau mewn prifysgolion yng Nghanolbarth a Gorllewin Lloegr. Cefais brofiad o weithio gydag enwadau a thraddodiadau gwahanol yn y swydd hon, a bu hynny'n bwysig dros ben i'm tyfiant fel Cristion. Tra oeddwn yn gweithio i MCM, mi es i wasanaeth arbennig yn eglwys y New Room, Bryste yn 1998 i ddathlu 250 o flynyddoedd ers tröedigaeth John Wesley, sylfaenydd y mudiad Methodistaidd. Roedd y lle'n llawn, efo cynulleidfa amrywiol, mewn hwyliau da. Yn ystod y gwasanaeth, cododd dyn a dechrau siarad. Doedd neb cweit yn siŵr ai ef oedd arweinydd swyddogol y gwasanaeth, ond mi wnaethom wrando arno'n gwrtais – nes iddo ddechrau dweud y pethau hiliol gwaethaf a glywais erioed. Cododd cri o'r gynulleidfa, 'Shame! Shame!' a daeth y gwasanaeth i ben ar unwaith, a phawb yn cofleidio aelodau croenddu ein cymdeithas wrth i ni adael. Y bore wedyn, mi wnes i ffonio fy ngweinidog i ofyn am sgwrs efo fo am ymgeisio ar gyfer y Weinidogaeth. Dim *PGCE* a dysgu i mi! Doeddwn i ddim am sefyll o'r neilltu tra oedd 'Cristnogion' yn dweud pethau mor erchyll am fy mrodyr a'm chwiorydd. Rwy'n ystyried y profiad hwnnw fel ail alwad i'r Weinidogaeth ordeiniedig, ac fel cadarnhad o bwysigrwydd yr hyn a ddysgais yn yr Ysgol Sul, bod Duw yn caru pawb, derbyn pawb a gwerthfawrogi pawb yn yr un modd, pwy bynnag ydym, o ble bynnag y down, a beth bynnag lliw ein croen, ein rhyw, ein rhywioldeb, ein hiaith a'n cenedl. Rhoddodd Duw gic yn y pen-ôl i mi'r noson honno, ac mi ddysgais nad oes unrhyw bwrpas gwneud cynlluniau mawr ar ein cyfer ein hunain: os yw Duw eisiau i ni wneud rhywbeth, mae'n rhaid ymateb; a dyna fo!

Cefais fy nerbyn fel ymgeisydd; ac yna o 1990 hyd 1993 cefais fy hyfforddi yn Queen's College, Birmingham (Queen's Foundation erbyn hyn), sefydliad ecwmenaidd rhwng yr Anglicaniaid, yr URC a'r Eglwys Fethodistaidd. Roedd rhaid i mi wneud gradd arall – BD – am gwpl o flynyddoedd, a doeddwn i ddim yn hapus. Roeddwn eisiau mwy o brofiad ymarferol nag oedd ar gael yn yr hyfforddiant a gynigiwyd yn gyfochrog â'r cwrs gradd! Ta waeth, mi ges gyfle i dreulio dau fis ar leoliad preswyl efo gweinidogion ardderchog, a dysgu llawer. Ac yn ystod fy mlwyddyn olaf, bûm yn byw efo cwpl o ffrindiau mewn tŷ ger stad o dai cyngor yn Ne Birmingham er mwyn gwneud prosiect diwinyddiaeth gyd-destunol. Unwaith eto, dan arolygaeth y gweinidogion lleol, a oedd yn eithriadol, cefais gyfle i ddechrau dysgu fy nghrefft.

A minnau newydd briodi, dechreuais fy mhenodiad cyntaf yng Nghylchdaith Nuneaton ac Atherstone (rhan o Gylchdaith Coventry a Nuneaton erbyn hyn) yn 1993. Roedd gen i Arolygydd da iawn; dyn hŷn a chanddo flynyddoedd o brofiad yn y Weinidogaeth. Roedd yn fy ngyrru'n wallgof ar adegau; ond mi ddes i'w garu'n fawr iawn, ac roedd fel tad yn y ffydd i mi. Yn ystod y flwyddyn olaf ond un yno, roedd rhaid i mi ddechrau meddwl a gweddïo am fy mhenodiad nesaf. Cofiaf i mi ddweud wrth y Cadeirydd, 'I'd quite like a challenge for my next appointment, please'. Gwyliwch beth fyddwch yn gofyn amdano! Ymhen ychydig wythnosau, daeth ataf a gofyn, 'Will you go to Wales? Will you go to a single minister Circuit? Will you go to a Welsh-speaking Circuit?' Ymateb fy ngŵr oedd, 'Don't touch it with a bargepole!' Ond meddai'r Arolygydd, 'Go and have a look, and if you get a feeling of "Mmm, maybe ...," stay with that feeling'. Mi wnes i hynny, a phob nos Lun yn ystod fy mlwyddyn olaf yn Nuneaton ac Atherstone roeddwn mewn dosbarth nos yng Ngholeg Bourneville ym Mirmingham yn dechrau dysgu Cymraeg. Mi es ati o ddifrif i ddysgu'r iaith, efo cyrsiau preswyl a thapiau a fideos (ie, mor bell yn ôl â hynny!), a chymryd pob cyfle i sgwrsio efo siaradwyr Cymraeg ac i ymweld â Chymru a dysgu am ei hanes a'i diwylliant. Mae'n wir dweud i mi syrthio mewn cariad efo'r wlad a'r iaith, ac roedd croeso cynnes, amyneddgar pobl hen gylchdaith Y Glannau Talaith Cymru yn cadarnhau fy nghariad wedi i mi gychwyn fy ngwaith yno yn 1999.

Peth peryglus yw syrthio mewn cariad. Mae'n dod â llawenydd, ond mae'n gallu dod â thor-calon hefyd. Gwelodd blynyddoedd cynnar yr unfed ganrif ar hugain nifer o ymdrechion ecwmenaidd yng Nghymru, yn cynnwys yr ymdrech i sefydlu Eglwys Unedig ymhlith yr Eglwysi Rhyddion Cymraeg eu hiaith, a'r cynlluniau i greu Esgob Ecwmenaidd yn Nwyrain Caerdydd. Roeddwn i'n ysu am weld y prosiectau hyn yn llwyddo, ond methu wnaethon nhw. Daeth yn amser adolygu fy ngwaith yng Nghylchdaith Y Glannau, a gofynnais am gyfle i fynd yn ôl i Loegr. Daeth dagrau i'm llygaid wrth feddwl am hynny, ond roedd yn rhy boenus i mi aros yng Nghymru. Efallai fy mod i'n wan, ond roeddwn wedi fy siomi'n fawr hefyd. Ond mi wnes i addo i Dduw y byddwn yn dychwelyd i Gymru pan fyddai'r amser yn iawn.

Am bum mlynedd rhwng 2004 a 2009 mi wasanaethais fel Arolygydd Cylchdaith Dudley a Netherton. Dysgais lawer yno amdanaf fy hun ac am bobl eraill. Roedd gen i gydweithwyr ardderchog; ond bu farw rhan fechan ohonof yng nghanol y concrit a'r ffyrdd deuol. Treuliais gryn dipyn o amser yn edrych trwy ffenestr llofft flaen y mans at fryniau'r gorllewin! Wedi'r cyfnod hwnnw, roeddwn i'n ffodus i dderbyn Caniatâd i Astudio gan yr Eglwys Fethodistaidd, ar gyfer doethuriaeth. Ond yn eithaf cynnar yn ystod y cyfnod hwnnw, dechreuais dderbyn negeseuon a oedd yn awgrymu y dylwn fynd yn ôl i Gymru. Rwy'n cofio derbyn galwad ffôn gan rywun yn gofyn i mi feddwl am hyn. Wedi rhoi'r ffôn i lawr, mi es at fy ngŵr yn y gegin a dweud, 'What would you say if we went back to Wa-?' 'Yes!' meddai ar unwaith, cyn i mi gael cyfle i orffen y frawddeg! Yn nes ymlaen mi ddywedodd, 'I knew you'd always go back'. Wedi newid ei dôn ers y sylw am y polyn ysgraff! Yn fuan wedyn mi welais gwpl o hen ffrindiau - gweinidogion Methodistaidd oedden nhw hefyd - yng ngŵyl Gristnogol Greenbelt. 'I hear you're going back to Wales,' meddai un ar unwaith. 'That's news to me!' meddwn innau. Ond yn y diwedd, roedd yn gywir. Mi ges ddigon o anogaeth gan wahanol bobl i'm perswadio i ymgeisio am swydd Cadeirydd Synod Cymru yn 2012. Mae gan yr Eglwys Fethodistaidd ym Mhrydain 30 o daleithiau, yn cynnwys Synod Cymru; ond fyddwn i byth wedi ymgeisio am swydd Cadeirydd unrhyw dalaith arall. Gweinidog cylchdaith cyffredin ydw i; 'un o bregethwyr Mr Wesley', ac nid y math o berson sy'n addas i rôl arweinyddiaeth, megis Cadeirydd ar lefel cyfundebol. Ond o weld angen, gallwn ei gydnabod, ac roeddwn yn parchu'r bobl a oedd yn gofyn i mi fy nghynnig fy hun ar gyfer y swydd. Mae bod yn ufudd i ddisgyblaeth y Gynhadledd Fethodistaidd yn bwysig iawn i mi; ac felly mi lenwais y ffurflen gais. Cefais fy ngwahodd i gyfweliad, ac ar Fedi 1af, 2013 roeddwn yn cychwyn fy swydd newydd fel Cadeirydd Synod Cymru ac Arolygydd Cylchdaith Cymru. Yn 2018, estynnodd y Gynhadledd Fethodistaidd fy mhenodiad fel Cadeirydd y Synod hyd at 2024. Am y tro cyntaf yn fy ngweinidogaeth, rwy'n teimlo - wedi llawer o weddïo a myfyrio a chwilio f'enaid - bod Duw eisiau i mi aros lle ydw i am sbel bellach, a bod yna waith i mi ei wneud o hyd. Rwy'n ceisio parhau i fod yn agored i alwad Duw; a'm hunig ddymuniad yw gwneud ei ewyllys. Fy ngweddi gyson yw, 'Gwneler dy ewyllys, gwneler dy ewyllys'.

A wnaeth Duw fy ngalw i weithio yng Nghymru, i ddysgu Cymraeg ac i wasanaethu cymuned a diwylliant a oedd yn hollol ddieithr i mi? Mae'n anodd i mi ateb y cwestiwn, oherwydd mae mor anodd i mi gredu'r peth. Fi? O bawb? Fi? Ond rwy'n gwybod fy mod yn perthyn i eglwys gyfundebol, a bod gan yr Eglwys Fethodistaidd gyfrifoldeb dros weinidogaeth ym mhob rhan o Brydain, yn cynnwys ymhlith y Cymry Cymraeg. Tra rydym fel enwad yn brin o weinidogion â'r Gymraeg yn iaith gyntaf iddynt, mae'n rhaid darparu gofal bugeiliol o'r adnoddau gweinidogaethol ehangaf sydd gennym. Ble mae angen, a ble mae'n bosib, ac os medraf fi wasanaethu felly, rwy'n falch o'i wneud er mwyn ymateb i alwad Duw trwy alwad ei Eglwys. Mae yna ymarfer ysbrydol sy'n dweud, pan fyddwn ni'n ceisio ewyllys Duw ac yn gwneud ei ewyllys y bydd Duw'n rhoi i ni'r hyn a alwodd Ignatius Loyola, sylfaenydd Urdd y Jeswitiaid, yn 'gysur' neu 'ddiddanwch'. Mewn geiriau eraill, gyda'r agwedd weddigar gywir, yr ydym yn gwybod ein bod yn gwneud y peth cywir oherwydd y tangnefedd y mae Duw'n ei roi yn ein calonnau. Ran amlaf, rwy'n deall yr egwyddor hon, ac mae'n cadarnhau'r ymdeimlad sydd gen i o alwad i wasanaethu.

Yn ystod fy nghyfnod o hyfforddiant yn Queen's, gofynnwyd i ni'r myfyrwyr ystyried a oedd Duw yn ein galw i wasanaethu dramor. Mi wnes i weddïo a gweddïo, a cheisio teimlo'r alwad honno; ond ddaeth dim byd ohono. I mi, felly, mae'n eironig fy mod bellach yn gwasanaethu mewn gwlad arall, mewn diwylliant ac iaith arall – mewn cyd-destun mor wahanol i'm cefndir – heb groesi'r môr a heb adael y tir mawr! Mae'n arwydd i mi o'r synnwyr digrifwch duwiol! Cefais fy ngeni'n Saesnes, ond Cristion a gwasanaeth-ferch i Dduw a'i Eglwys a'i deyrnas ydw i yn gyntaf erbyn hyn. Mae'r profiad o weithio fel gweinidog yng Nghymru'n cyfoethogi fy mywyd ac yn cryfhau ac yn herio fy ffydd; ac rwy'n ddiolchgar am hynny.

Denzil Ieuan John

Bywgraffiad

Mab ffarm a anwyd yn Hendre Fawr, Clunderwen yw Denzil John. Fe'i codwyd i'r Weinidogaeth yn eglwys Fedyddiedig Blaenconin dan weinidogaeth y Parchg D. J. Michael a'r Parchg W. J. Byron Evans. Derbyniodd ei addysg yn Ysgol Gynradd Brynconin, Llandisilio ac Ysgol Gyfun y Preseli, Crymych cyn iddo ddilyn cwrs Diploma mewn Diwinyddiaeth yng Ngholeg y Bedyddwyr a Choleg Prifysgol Gogledd Cymru ym Mangor. Yn ystod y 1980au, dilynodd gwrs gradd gyfun, Cymraeg a Hanes Cymru yng Ngholeg Prifysgol Cymru Aberystwyth, ac enillodd radd M.Th. dan adain Coleg y Bedyddwyr a Choleg Prifysgol Bangor. Dechreuodd ei weinidogaeth yng Nghaerffili, gyda'r Bedyddwyr yn Nhonyfelin, a'r Annibynwyr ym Methel; ac ers 1991 ef yw gweinidog eglwys y Bedyddwyr yng Nghapel Tabernacl, Caerdydd. Mae'n briod â Siân Puw Jones, yn dad i Luned ac Aled, ac mae gan Siân ac yntau ddau ŵyr a dwy wyres.

Atgofion o'r 'alwad'

Wrth edrych yn ôl dros ysgwydd y degawdau, mae troeon yr yrfa'n ddifyr a dadlennol. Byddai fy nghyfoedion yn ardal Clunderwen, Sir Benfro a'm cyd-ddisgyblion yn Ysgol y Preseli wedi methu â chredu y buaswn yn fy nghyflwyno fy hun i weinidogaeth eglwys. Hyd yn oed pan oeddwn yn y Coleg ym Mangor, prin y buaswn wedi rhagweld y byddwn yn treulio 19 mlynedd yn weinidog mewn sefyllfa ddwyieithog o fewn gweinidogaeth bro yng Nghaerffili yng Ngodre Cwm Rhymni. Mwy anodd fyth fyddai fy nychmygu fy hun yn weinidog yn y Tabernacl Caerdydd am dros chwarter canrif. Ond dyna a fu.

Cefais i a'm brawd ein magu ar fferm gan ein rhieni Brin a Cissie John. Roeddwn yn ddigon bodlon i fynychu oedfaon y Sul ym Mlaenconin ac yn gwerthfawrogi gweinidogaeth y Parchedigion D. J. Michael a W. J. Byron Evans. Mae fy nyled yn fawr i'm teulu'n gyffredinol, ac yn arbennig i'm rhieni. Roedd dau ewythr i mi'n ymwneud â gwaith yr eglwys; y Parchg Emlyn John a oedd yn weinidog ym Mae Cemaes a Mr Eric John, ffermwr o Fynachlog-ddu a fu'n gefn mawr i mi. Un arall a fu'n gefn i mi oedd Mr John Roberts, Prifathro Ysgol Brynconin, yr ysgol gynradd leol, a'i cyflwynodd ei hun i'r Weinidogaeth yn fuan wedi iddo gyrraedd 50 oed. Cefais gefnogaeth dda gan gyfeillion eglwys Blaenconin, lle dysgais lawer yn yr Ysgol Sul a'r cyrddau gweddi. Ddiwrnod fy sefydlu'n weinidog yng Nghaerdydd dywedodd Miss Lon Michael, merch y diweddar Barchg D. J. Michael, wrthyf fod ei thad wedi rhagweld y byddwn yn weinidog un dydd, pan nad oeddwn i ond tair blwydd oed. Roedd clywed hynny'n rhyfeddol; a phrin y buaswn yn credu'r fath beth, ond nid oedd y tad na'r ferch yn bobl a fyddai'n gwamalu ar fater felly.

Wn i ddim beth oedd fy rhagdybiaeth o natur eglwys pan oeddwn yn blentyn a hyd yn oed yn f'arddegau, ond roeddwn yn ddidwyll yn credu fod yr Efengyl yn wir ac yn berthnasol i mi. Ni allaf honni i mi gael tröedigaeth ddramatig, ond yn hytrach brofiadau fel gwawr yn torri a derbyn Iesu'n berson real i mi. Cofiaf i mi gael sawl dadl gyda chyfoedion ac eraill ynghylch gwirionedd a pherthnasedd y Ffydd Gristnogol, ac roeddwn yn gwbl dawel fy meddwl ar fater ffydd. Roedd fy modryb Mrs

Ceri Davies yn athrawes Ysgol Sul tan gamp; hi fyddai'n trefnu gwaith y pwnc ym Mlaenconin. Roedd dylanwad tawel athrawon eraill yr Ysgol Sul yn fawr hefyd, ac ni ddylid amau gwerth y profiadau hyn ar fywydau pobl ifanc. Daeth y Parchg Byron Evans i'r fro pan oeddwn yn f'arddegau cynnar; a bu ei ddylanwad arnaf yn fawr. Roeddem yn gyfeillion da, a dyfnhaodd y cyfeillgarwch wedi i mi ddod yn weinidog.

Roeddwn yn ymwybodol o ryw dynfa i wneud rhywbeth yn yr eglwys, a chefais lu o gyfleoedd i gymryd rhan mewn oedfaon o bob math. Byddwn yn dawel ail-adrodd gweddïau'r sawl oedd yn y pulpud, y gweinidog gan amlaf, a gwelwn fod y gweddïau'n berthnasol a byw i mi. Erbyn fy mod yn bymtheg oed, roedd y syniad o fod yn bregethwr yn bosibilrwydd. O fewn ychydig flynyddoedd cefais wahoddiad i lenwi bwlch trwy bregethu mewn eglwys arall, ond gwrthod y gwahoddiad. Trefnodd y gweinidog i dri ohonom fynd i Ysgol Haf Cymdeithas Genhadol y Bedyddwyr yn Iwerddon. Bydd Martin ac Arwyn, y ddau arall ar y daith, yn sicr o sôn am brofiadau a gefais yng nghanol pobl cwbl ddieithr trwy gyfrwng y Saesneg, fel arwain myfyrdod boreol chwarter awr, heb fawr o nodiadau, a'r bobl ifanc oedd yno'n dweud iddynt synhwyro rhywbeth na fedrwn i ar y pryd ei amgyffred. Mewn oedfa gymun ddiwedd yr wythnos gyntaf dechreuais lefain, heb unrhyw reswm amlwg am hynny, a dywedodd y dieithriaid eu bod yn credu i mi gael fy 'ngalw' i'r Weinidogaeth y noson honno. Nid oeddwn yn fwy nac yn llai crefyddol wedi'r noson honno, ond gwyddwn fod y profiadau hyn fel camau ar daith, er nad oedd yn gwbl eglur i mi ar y pryd.

Daw llu o atgofion yn ôl am sgyrsiau eraill o'r cyfnod a dreuliais yn chweched dosbarth Ysgol y Preseli. Cofiaf yn arbennig i Mr Melvyn Davies, yr athro Ysgrythur gydol f'amser yn yr Ysgol, gynnig mod i'n mynd i bregethu yn yr eglwysi y byddai ef yn ymweld â hwy. Bu sgyrsiau gyda'r prifathro, Mr James Nicholas, yn gamau eraill ar y daith. Daeth rheidrwydd wedyn i siarad â'r gweinidog, ac er iddo yn y ddwy sgwrs gyntaf a gawsom fy nghymell i beidio â mynd i'r Weinidogaeth derbyniodd wedi'r drydedd y byddai raid mynd ymlaen a phrofi'r alwad.

Bu dylanwad Coleg y Bedyddwyr ym Mangor arnaf yn fawr, a hynny nid yn unig yn academaidd er bod pob myfyriwr, gobeithio, yn dysgu trin yr arfau a dod i ddeall mwy am ddiwinyddiaeth ac astudiaethau Beiblaidd. Roedd treulio amser gydag eraill a oedd â'u bryd ar y Weinidogaeth yn werthfawr, a chwmnïaeth myfyrwyr eraill, yn arbennig y cyd-letywyr yn hostel Bala-Bangor, yn braf. Fy narlithwyr yng Ngholeg y Bedyddwyr oedd y Parchedigion G. R. M. Lloyd, Eirwyn Morgan a George John; ac roedd y Parchedigion Dr Tudur Jones ac Alwyn Charles yng Ngholeg Bala-Bangor yr un mor gefnogol i ni. Bu darlithwyr y Gyfadran Ddiwinyddol ym Mangor yn barod iawn eu cymwynas, a'r Parchg Gareth H. Watts, a oedd yn weinidog gyda'r Annibynwyr yn Llanberis ond yn dilyn cwrs B.D. ym Mangor yn gyfaill da ac yn barod ei gyngor.

Ym Mangor y cyfarfûm â'm gwraig Sian, ac ers hynny bu hi'n graig wrth fy ochr ar hyd y daith. Bu'n argyhoeddiad gen i mai fy mhriod i, yn hytrach na chiwrad i'r un eglwys, yw Sian. Serch hynny, bu'n hapus i weithio ym mhob eglwys. Wrth edrych yn ôl a chofio cyfeillion cyfnod coleg, mae'n ddifyr cymaint ohonynt, nad oedd yn rhan o'r gymuned Gristnogol yno, sy'n swyddogion mewn eglwysi erbyn heddiw. Yn ystod y cyfnod hwnnw sefydlwyd Cymdeithas nos Sul Bala-Bangor, gan wahodd pobl i arwain trafodaeth. Deuai hyd at 60 i 70 o fyfyrwyr i'r cyfarfodydd. Mae'n braf dweud fod llawer o'r cyfeillion hyn yn amlwg yn eu cymunedau eglwysig, a bod rhai'n derbyn cyhoeddiadau fel pregethwyr lleyg.

Wedi ymateb i'r 'alwad' i fod yn weinidog, mater gwahanol oedd derbyn 'galwad' i ardal benodol. Rhan greiddiol o'm dealltwriaeth o'r 'alwad' wreiddiol oedd bod eglwys neu gylchdaith yn gwahodd unigolyn i wasanaethu fel gweinidog. Roedd gen i awydd mynd i fannau penodol, ond er bod y cylchoedd hynny'n chwilio am weinidog ar y pryd, ni ddigwyddodd hynny. Roeddwn wedi tybio y byddwn yn derbyn gwahoddiad i ardal wledig Gymreig, ond prin oedd y cyfleoedd hynny. Daeth un gwahoddiad o gylch mewn ardal amaethyddol Gymreig, ond roedd hynny wedi i mi gadarnhau fy mod yn barod i fynd i Gaerffili. Cefais wahoddiad hefyd gan ddwy eglwys, mewn dau gwm gwahanol yn Ne-ddwyrain Cymru; roedd yr eglwysi'n ddiddorol ond yn disgwyl dogn helaeth o Saesneg yn eu pulpud. Prin y gallwn i ddweud fy mod yn gyfarwydd â phregethu yn Saesneg, a llwm iawn oedd fy mhrofiad o weddïo yn yr iaith fain. Ond roedd Caerffili yn apelio ataf am fod yno fwrlwm o blaid y Gymraeg, a gwerthfawrogwn y modd cyfeillgar yr oeddent yn cyfarch ei gilydd. Roedd yn eglwys hwyliog, a chefais lawer o gyfleoedd i ymweld, nid yn unig â selogion yr eglwys, ond â llu o deuluoedd ifanc, Cymraeg eu hiaith a welai Gaerdydd a'r fro fel lle braf i fyw a chychwyn gyrfa. Roedd addysg trwy gyfrwng y Gymraeg yn blaguro, a mwynheais fod yn rhan o'r cylch cyfeillgar newydd hwn a'u cynorthwyo i ymdoddi o fewn yr 'hen' eglwys yn Nhonyfelin. Prin oedd y Cymry Cymraeg a fagwyd yn yr eglwys, ac er mai Saesneg a siaradai llawer o'r aelodau roeddent yn Gymry o argyhoeddiad. Ymhlith yr arweinwyr amlwg yno roedd Herbert a Lily Richards, dau lawn sêl dros y Gymraeg a thaer eu tystiolaeth i deulu'r ffydd. Un o'r newydd-ddyfodiaid oedd Meri Rhiannon Ellis, a bu hithau'n frwd iawn ei chefnogaeth i genhadaeth yr eglwys. Daeth nifer sylweddol o Gymry ifanc i Donyfelin, ac mae'n braf meddwl fod llawer ohonynt yn dal yno, ac yn dal yn gyfeillion agos i'm priod a minnau.

O fewn pum mlynedd i'm hordeinio gyda'r Bedyddwyr, daeth gwahoddiad oddi wrth yr eglwys Annibynnol yn y dref i rannu gweinidogaeth bro. Roedd y Parchg Gwilym Morris, gweinidog Bethel wedi cael strôc wael, a gwahoddwyd y Parchg Eirian Rees i'w helpu i geisio ffordd ymlaen. Arweiniodd hyn at f'ystyried i, a thrwy raslonrwydd cyfeillion Tonyfelin cafwyd cytundeb. Prin bod y cyfundrefnau enwadol yn or-barod i hyrwyddo'r cydweithio hwn, ond gwerthfawrogais barodrwydd y Parchedigion Iorwerth Jones ac Islwyn Davies, ysgrifenyddion cyffredinol y ddau enwad, i bregethu ar ddydd fy sefydlu ym Methel. Fel yn Nhonyfelin, roedd ymateb i 'alwad' Bethel fel rhoi llaw mewn maneg a theimlo'n gwbl gartrefol yn y sefyllfa newydd hon. Mae'n braf nodi bod aelodau'r ddwy eglwys yn gyfeillion da i ni, ac wedi 19 mlynedd yng Nghaerffili derbyniais wahoddiad Eglwys y Tabernacl i olynu'r Parchg Raymond Williams.

Rwy'n cydnabod i mi gael rhai ymholiadau o gylchoedd eraill yn ystod fy nghyfnod yng Nghaerffili. Nid oedd unrhyw reswm dros adael Caerffili, ond teimlwn y dylwn ystyried dau o'r gwahoddiadau hynny o ddifrif. Fel yn hanes Paul ar ei ffordd i Troas, ac yntau am aros mewn pentrefi eraill i bregethu, ni ddaeth y llwybr yn amlwg na hawdd. Ond pan ddaeth y gwahoddiad i'r brifddinas, gwyddwn na allwn ei wrthod er nad oeddwn yn f'ystyried fy hun yn ddigon aeddfed ar gyfer y fath her. Roedd Sian yn athrawes yn Ysgol Gynradd Gymraeg Caerffili erbyn hyn, a'n dau blentyn Luned ac Aled yn ysgolion lleol y Cwm. Cytunodd y Tabernacl y caem ddal i fyw yng Nghaerffili gan na ellir dweud fod unrhyw ran o Gaerdydd yn ganolog beth bynnag. Rhyfeddais, wrth ddechrau ymweld ag aelodau'r eglwys, mor fawr oedd y ddinas, a minnau wedi arfer meddwl fy mod yn gyfarwydd â hi. Daeth heriau gwahanol a phrofiadau newydd, a derbyniwyd fi'n rasol gan aelodau'r eglwys a chymdeithas eglwysi Caerdydd. Rhywfodd, roedd y profiad o weithio gyda phrosiectau, oddi fewn ac oddi allan i'r eglwys, yn cadarnhau'r 'alwad', yr ymdeimlad hwnnw fy mod lle oeddwn i angen bod. Prin y buaswn yn dadlau fod Duw yn fy nghyfeirio at gyfrifoldeb arbennig; ond wrth dderbyn gwahoddiad i gynrychioli eglwys neu enwad ar bwyllgor neu gorff penodol rwyf wedi synhwyro fy mod yno, nid yn fy enw nac o'm dewis fy hun, ond fel gweinidog eglwys a chynrychiolydd Crist. Fy newis i yw ceisio actio gyda chwmni drama neu ganu mewn côr meibion; ond fel aelod o weithgor, grefyddol neu seciwlar, fe'i hystyriaf yn rhan o ddyletswydd gweinidog os wyf yno ar anogaeth eglwys. Er enghraifft, daeth cyfleoedd dros y blynyddoedd i weithio gyda gweithgorau digartrefedd, a byddai gwrthod y cyfle wedi golygu mynd yn groes i'r 'alwad' wreiddiol. Caiff gweinidog ddigon o sefyllfaoedd sy'n peri iddo amau weithiau a yw'n gyfaddas â'r gofyn, ond yn rhagluniaethol daw ymdeimlad sy'n cadarnhau'r ewyllys dwyfol wrth fwrw iddi gyda her y dydd.

Nodais ar y cychwyn bod yr alwad wreiddiol yn brofiad personol sydd raid ei gadarnhau gan gyd-aelodau eglwys, ac wedi pregethu mewn eglwysi eraill, gan gorff estynedig. Mae cyfweliad pwyllgor coleg, a phrofiad mewn sefydliad felly, yn gynyddol gadarnhau'r alwad wreiddiol. Nodais hefyd bod derbyn gwahoddiad gan eglwysi i fod yn weinidog iddynt yn gam arall yn yr ymwybyddiaeth o gadarnhau'r alwad. Gydol y weinidogaeth, bydd aelodau'r eglwys yn mynegi eu profiad hwythau o fendith Duw wrth dderbyn o'r weinidogaeth dan bregethiad yr Efengyl neu trwy ymweliad ar aelwyd. Nid cwrteisi pobl yw hyn, ond mynegiad o'r hyn a ddaeth iddynt oddi wrth Dduw ei hun.

Yn olaf, carwn nodi fy rhyfeddod at amynedd a goddefgarwch aelodau'r eglwys o wendidau gweinidog. Nid pobl berffaith mohonom, ac mae ein ffolineb a'n methiannau'n ddigon amlwg i eraill. Dangosodd pobl ffydd y graslonrwydd rhyfeddaf, ac y mae hynny'n gysgod o drugaredd a maddeuant Duw am ffolineb y sawl a gafodd yr anrhydedd o fod yn gyhoeddwr y Gair ac yn arweinydd eglwys. Nid angylion perffaith mohonom, ond pobl y gwelodd Duw yn dda i'n defnyddio mewn swyddogaeth benodol yn ei Deyrnas. Dim ond rhan o weinidogaeth yr eglwys gyfan ydym, ac y mae Duw'n cyfeirio'r lliaws i gyfrannu yng ngweithgaredd ei genhadaeth Ef.

Gwyn Elfyn Jones

Bywgraffiad

Mab y Mans yw Gwyn. Cafodd ei eni yn Neiniolen a'i fagu yn Drefach, Cwm Gwendraeth, lle bu ei dad, y diweddar Barchg Tudor Lloyd Jones, yn weinidog. Fe'i magwyd i'r Weinidogaeth yng Nghapel Seion, Drefach. Derbyniodd ei addysg yn Ysgol Gynradd Eifion Wyn, Porthmadog; Ysgol Gynradd Drefach, Llanelli ac Ysgol Ramadeg y Gwendraeth cyn derbyn ei addysg bellach yng Ngholeg Prifysgol Cymru, Aberystwyth. Mae'n adnabyddus yn y byd darlledu Cymraeg fel actor, a threuliodd flynyddoedd ar y rhaglen boblogaidd *Pobol Y Cwm*. Fe'i hyfforddwyd i'r Weinidogaeth trwy ddilyn Cwrs Coleg yr Annibynwyr Cymraeg, a chafodd ei ordeinio'n weinidog i eglwysi Capel Seion, Drefach; Nasareth, Pontiets a Bethesda, Y Tymbl. Mae'n briod â Caroline ac yn dad i Rhodri a Rhys.

Yr alwad

Wrth i mi baratoi i adael *Pobol y Cwm* wedi bron i wyth mlynedd ar hugain roedd fy nghyfeillion agosaf yn bendant o'r farn y dylwn fynd i un o ddau gyfeiriad – gwleidyddiaeth neu'r Weinidogaeth. Daeth cyfle i fynd i fyd gwleidyddiaeth leol, ond doeddwn i ddim yn barod i hynny; ac roedd y drafodaeth parthed arwain fy eglwys leol wedi cychwyn beth bynnag.

Cychwynnodd y drafodaeth yn sgil llwyddiant dathliadau tri chan mlynedd eglwys Capel Seion, Drefach, a'r Parchg Wilbur Lloyd Roberts oedd y prif ysgogydd. Anfoddog iawn oeddwn i'm hystyried fy hunan ar gyfer y swydd ar y cychwyn, a bu cryn drafodaeth rhwng Mr Roberts a minnau cyn i mi gytuno i'm cynnig fy hun fel arweinydd yr eglwys. Roedd Mr Roberts yn bendant y gallwn ymgymryd â'r gwaith, ond roedd gen i nifer o amheuon, amdanaf fy hun yn bennaf. A oeddwn yn barod ac yn ddigon aeddfed i ymgymryd â'r fath gyfrifoldeb? Yng nghyfieithiad beibl. net o Mathew 23:11, ceir y geiriau: *'Rhaid i'r arweinydd fod yn was'*. Bûm yn ystyried y geiriau hyn yn ddwys cyn dod i benderfyniad. Wedi hir bendroni, sylweddolais fy mod yn barod i'm cynnig fy hun fel arweinydd er mwyn bod yn was i'r Arglwydd Iesu Grist ac yn was i aelodau Capel Seion, fy mhobl fy hunan.

Roedd Capel Seion a'i haelodau wedi chwarae rhan flaenllaw yn fy mywyd; dyma fy ail deulu. Roeddwn yn ymwybodol y gallai hynny o bosibl wneud pethau'n anoddach ar adegau. Rwy'n berson tu hwnt o emosiynol, a byddai claddu rhai sydd wedi bod yn gyfeillion mynwesol yn sicr o'm trethu i'r eithaf. Byddwn hefyd yn dilyn fy nhad; a byddai cymariaethau yn siŵr o ddigwydd. A dweud y gwir, mi fynegais wrth Mr Roberts na fyddwn i byth yn gallu llunio pregethau fel ei rai ef a 'nhad, ond geiriau doeth gefais yn ateb ganddo: 'Mae pregethau dy dad a minnau'n perthyn i oes sy'n prysur ddirwyn i ben; dylai dy bregethau di gydio yn yr oes sydd i ddod.' Rhoddodd hynny lygedyn o obaith i leygwr dibrofiad fel fi.

Dywediad da a ddarllenais yn y cyfnod cynnar hwnnw yw: *'Nis gadawodd neb ôl ei droed yn nhywod amser wrth eistedd'*. A dyma benderfynu nad oeddwn innau am eistedd, ond wynebu'r sialens os oedd aelodau Capel

Seion yn barod i dderbyn y 'Cynllun Arweinydd'. Mae'n wir dweud fod Duw'n agor ein llygaid i weld llawer wrth i ni gerdded ar hyd llwybr bywyd. Mae pob profiad, da neu ddrwg, yn cyfoethogi'ch gweledigaeth ac yn ychwanegu at eich profiad o fywyd a phobl. Roedd fy nhad yn grediniol y dylai pob gweinidog weithio ymhlith pobol cyn ymuno â'r Weinidogaeth; ac erbyn hyn rwy'n deall y sylw yna'n iawn, ac yn cytuno.

Yn yr oedfa gyntaf i mi ei harwain, ceisiais amlinellu fy nghynlluniau ar gyfer symud yr eglwys yn ei blaen. Wnes i ddim addo y byddwn yn llwyddo, ond mi addewais y byddwn yn gwneud fy ngorau; ac mae'n rhaid i mi ddatgan nad ydw i wedi derbyn dim ond cefnogaeth a charedigrwydd wrth i mi gyflwyno rhai syniadau newydd. Y Fam Teresa ddywedodd, '*Nid yw Duw'n gofyn am lwyddiant, ond yn hytrach am ymdrech*'.

Doedd arwain addoliad a llunio gwasanaeth ddim yn ddieithr i mi; ond roedd arwain fel arweinydd yr eglwys yn dod â'i gyfrifoldeb ei hun. Mae paratoi ar gyfer oedfaon, yn gyffredinol, wedi agor fy llygaid, a bum yn ffodus fod gen i nifer o lyfrau fy nhad, llyfrau a gefais gan y Parchg Wilbur Lloyd Roberts, sy'n berchen ar lyfrgell gyfoethog, ynghyd â deunydd y bûm yn ei gasglu dros y blynyddoedd. Wedi dweud hynny, un peth yw bod yn berchen ar y deunydd a pheth arall yw ei gymhwyso ar gyfer gwasanaeth; mae'r dasg honno'n amrywio o oedfa i oedfa.

O safbwynt ymarferol mae'n deg dweud bod pobl yn bwysig i mi, a bod yr awydd i fugeilio yn gryf yn fy nghenhadaeth. Onid bugeilio wnaeth yr Iesu? Un o'r adnodau cyntaf i bawb ohonom ei dysgu oedd, '*Myfi yw'r bugail da*'. Mae pob bugail da'n ceisio dwyn y defaid colledig yn ôl i'r gorlan; ac rwyf finnau wedi ceisio denu rhai yn ôl i'r gorlan. Rwy'n falch o ddweud i mi gael peth llwyddiant yn y cyfeiriad hwn, yn ogystal â denu rhai o'r ieuenctid i ymaelodi. Ond mae llawer mwy o waith i'w wneud.

Rhaid pwysleisio pwysigrwydd ymweld â phobl a rhannu yn eu profiadau, gan geisio bod yn glust ar adegau ac yn gymorth ymarferol ar adegau eraill. Ar eu haelwydydd y mae dod i adnabod pobl. Dyma ran o'r gwaith a roddodd bleser mawr i mi, er fy mod yn teimlo'n annigonol iawn ar adegau.

Er mwyn i chi allu helpu pobl mae'n rhaid iddyn nhw ymddiried ynoch chi; ac mae'n bwysig ymddangos yn hyderus fel bod pobl yn hapus i osod eu ffydd ynoch. Ar adegau gallaf ymddangos yn hyderus i rai, ond mae nerfusrwydd dan y wyneb o hyd. Rwy'n credu ei bod yn bwysig peidio â gadael i unrhyw nerfusrwydd neu ansicrwydd amharu ar yr agweddau positif o fugeilio. Mae profiadau bugeilio mor amrywiol – hen bobl sydd angen cwmni, cleifion gartref ac mewn ysbyty, pobl mewn galar a hiraeth, a theuluoedd sydd angen ysgwydd i bwyso arni. Wrth geisio ymateb i gri'r bobl hyn, rhaid cyfaddef fod troi at Dduw mewn gweddi yn gymorth amhrisiadwy.

Aeth yr Iesu a'i ddisgyblion â'r neges i'r bobl wrth gwrs; ac yn dilyn hynny aeth arweinwyr yr Eglwys Fore at y Cenhedloedd. Rydym wedi sôn lawer gwaith yn ein heglwysi am fod yn ganolog yn y gymuned ac am sicrhau lle 'Crist yn y canol'.

Cafwyd sialensiau a rhwystredigaethau ar y daith wrth reswm, ond hoffwn feddwl bod modd goresgyn y mwyafrif ohonynt. Cychwynnais ar fy swydd newydd gan gyhoeddi'n eofn fod gwydr ein capel ni'n hanner llawn. Rwy'n dal i deimlo hynny; ond mae teithio o amgylch eglwysi'r wlad ar brynhawn Sul wedi bod yn agoriad llygad. Ydy, mae'r cynulleidfaoedd yn brin yn aml; ond gofid mwy na hynny yw oedran y gynulleidfa. Mae dyn eisiau cynnig gobaith am y dyfodol i'r eglwysi hyn, ond mae'n anodd gweld sut. Yr unig obaith, am wn i, yw bod eglwysi'n cydweithio, dros ffiniau enwad hyd yn oed. Ond tristwch y sefyllfa yw bod cynifer yn gyndyn i wneud hynny. Mae'r anfodlonrwydd i newid a chydweithio'n rhwystredig iawn.

Fel y dywedais, pobl sy'n bwysig. Yn ystod y cyfnod cychwynnol fel arweinydd roeddwn yn ymwybodol nad oedd y swydd yn gwbl dderbyniol gan bob gweinidog; ac rwy'n deall hynny i raddau. Fel mab y Mans, mae gen i barch mawr i weinidogion; a fuaswn i ddim yn argymell bod 'arweinydd' yn cymryd lle gweinidog. Ond rhaid i ni sylweddoli fod yna bwysau anhygoel bellach ar y nifer fechan o weinidogion sy'n gwasanaethu; a hyd nes bod cynllun amgenach ar gael i ni, rhaid derbyn bod hon yn ffordd ymlaen i rai ar hyn o bryd. Cefnogaeth sydd angen ar arweinyddion; mae digon o feirniadaeth o'r tu allan i'r eglwys. Wedi dweud hynny, gall beirniadaeth adeiladol fod o gymorth mawr.

Rwyf wedi ymhelaethu cryn dipyn ar fy nghyfnod fel arweinydd. Pam hynny? Yr ateb yn syml yw bod nifer o ffactorau yr ydw i wedi cyfeirio atyn nhw eisoes wedi effeithio ar y penderfyniad i gymryd cam pellach a derbyn yr alwad i fod yn weinidog yr Efengyl.

Mae'n bwysig nodi yma hefyd fy mod wedi sylweddoli, trwy fy mhrofiadau, mai galwad yw bod yn weinidog, ac nid swydd fel y cyfryw. Fel y soniais, doedd gen i ddim bwriad mynd yn weinidog pan dderbyniais y cyfrifoldeb o fod yn arweinydd eglwys, ond cefais brofiadau ar hyd y daith oedd yn f'arwain i'r cyfeiriad hwnnw. Roedd yn amlwg, o deithio o gwmpas capeli'r wlad, fod yna angen mawr am arweiniad ac angen am bobl i bregethu'r Gair. Wrth weld y niferoedd yn fychan a'r oedran yn heneiddio, roeddwn yn teimlo'r ysfa i geisio cyfrannu mwy trwy'r amser ac yn teimlo rhyw alwad i helpu ac i wneud mwy.

Roeddwn wedi penderfynu o'r cychwyn y byddwn fel 'arweinydd' yn gwneud gwaith gweinidog, sef ymweld a bugeilio ac arwain yr eglwys yn ystod yr wythnos yn ogystal â phregethu ar y Sul. Mae amryw o batrymau y gall arweinydd eglwys eu dilyn, ac nid yr un cynllun sy'n addas i bawb. Rhaid i bob eglwys sy'n dilyn cynllun o'r fath benderfynu beth sy'n addas ar ei chyfer hi.

Felly, fel y gwelwn i bethau, pe byddwn yn gwrando ar yr alwad i fynd gam ymhellach fyddai yna fawr o newid yn y dyletswyddau o ran fy eglwys leol. Byddai'n sicr yn golygu dilyn cwrs er mwyn cynyddu fy ngwybodaeth a'm dealltwriaeth ddiwinyddol, a byddai'n rhaid i mi fod yn barod i wasanaethu eglwysi eraill o bosibl gan mai rhan amser oeddwn i yng Nghapel Seion. Roedd cynhesrwydd cynulleidfaoedd, a'u hymateb positif i'r oedfaon, yn ffactorau a wnâi i mi feddwl yn galed am fy nyfodol. Un o'r prif resymau dros gychwyn fel arweinydd oedd fy mod yn ymboeni ynghylch y math o sylfaen fyddai gan ieuenctid y dyfodol; a chyda threiglad amser roeddwn yn sylweddoli fod angen ymroddiad llwyr i geisio datrys y broblem hon; ac roedd rhyw lais mewnol trwy'r amser yn f'annog i gymryd cam ymhellach.

Gwyddwn fod gen i gefnogaeth fy nghyn-weinidog y Parchg Wilbur Lloyd Roberts. Roedd fy ngwraig a'r teulu'n gefnogol, a mam yn hynod o falch fy mod yn ystyried y sefyllfa. Roeddwn wedi lliniaru cryn dipyn ar y gofidiau amdanaf fy hun yn ystod y cyfnod fel arweinydd; a theimlwn fy mod, fel person, wedi newid er gwell o ganlyniad i'r gwaith yr oeddwn yn ei wneud. Roedd gwasanaethu pobl yn rhoi boddhad mawr i mi, ac roeddwn yn fwy argyhoeddedig nag erioed o ran fy ffydd. Ond a oedd gen i'r 'gyts' i gymryd y cam mawr nesaf? Un ffactor oedd yn crynhoi yn fy meddwl, bron yn ddyddiol yn y cyfnod hwnnw, oedd beth fyddai fy nhad yn ei ddweud? Roedd ei argyhoeddiad ef mor gryf, a byddai rhaid i minnau fod yr un mor gadarn os am fentro a llwyddo.

Rydw i am rannu cyfrinach na wnes ei rhannu cyn hyn: mi fûm yn ystyried y Weinidogaeth ar un cyfnod byr iawn yn ystod fy nyddiau coleg, ac ysgrifennais lythyr yn datgan hynny. Wn i ddim o ble daeth y syniad i 'mhen yr adeg honno, ond pharodd e ddim yn hir! Erbyn hyn, a minnau'n weinidog, rwy'n crynu wrth feddwl pa mor anaddas fyddwn i wedi bod ar y pryd.

Fe gyrhaeddais ryw bwynt lle'r oeddwn yn teimlo'r alwad yn gryf, ond bod efallai angen i rywun arall fy argyhoeddi. Cefais sgwrs hir gyda Wilbur, a dyma gyrraedd penderfyniad sydd wedi trawsnewid fy mywyd i raddau. Bu'r dosbarthiadau gyda Guto ap Gwynfor yn amhrisiadwy, a diolch iddo am ei gefnogaeth. Roedd yn gymorth mawr cael gwrando a thrafod gyda chyfeillion o'r un anian, a doedd y dosbarthiadau na'u cynnwys ddim yn pylu'r alwad oddi mewn i mi. Bu'r nosweithiau hyn, ynghyd â'r Ysgol Sadwrn dan ofal Euros Wyn Jones ac Aled Jones, yn gymorth mawr ar yr ochr ddiwinyddol a oedd yn ddiffygiol ynof. Bu rhai gweinidogion eraill yn gefnogol tu hwnt ac yn hynod garedig; a diolch iddynt am bob gair o gyngor a chefnogaeth.

Erbyn hyn rwy'n weinidog i eglwys Nasareth, Pontiets a Bethesda'r Tymbl hefyd, ac yn mwynhau'r amrywiaeth sydd o fewn y tair eglwys. Doeddwn i'n sicr ddim yn barod am ddatblygiad fel hyn pan gychwynnais fel arweinydd, ond mae gwasanaethu'r Arglwydd Iesu Grist yn y pentrefi hyn yn fraint ac anrhydedd. Mae ar yr eglwysi fy angen i, ond mae arnaf finnau'n sicr hefyd angen yr eglwysi; mae arnaf angen y cyfeillgarwch a'r gwaith o ofalu a chyd-weithio.

Un sialens i ni i gyd fel gweinidogion yw cael pobl i osod y capel neu'r eglwys yn uwch ar eu hagenda; a dyma lle'r ydym i gyd yn ei chael hi'n anodd rwy'n credu. Mae pawb ohonom yn euog o osod pob dim bron o flaen gweithgareddau'r capel. Mae perygl i Dduw gael ei ychwanegu at waelod ein rhestr, jyst rhag ofn. Mae hynny'n digwydd mor aml yn ein byd ni'r dyddiau hyn. Mae yna stori am weinidog yn aros mewn ciw hir am betrol cyn penwythnos gŵyl y banc. Wedi peth amser, daw dyn y garej ato a dweud, 'Mae'n flin gen i am yr oedi; mae pobl fel petaent yn ei gadael hi tan y funud olaf i baratoi ar gyfer taith bell'. 'Wi'n deall yn iawn,' meddai'r hen weinidog, 'mae'r un peth yn wir yn fy musnes i hefyd.'

Mae yna gapeli sydd wedi brwydro yn erbyn newid ac wedi methu'n ddybryd. Mae yna sefyllfaoedd sy'n sicr yn ein digalonni fel gweinidogion; ac mae'n frwydr barhaol. Mi fuaswn i'n ychwanegu nad yw hon yn swydd i ymgymryd â hi ar chwarae bach; a rhaid profi'r alwad ac ystyried yn ddwys cyn ei hateb. Rhaid i ni, fel eglwysi, ddysgu addasu er mwyn sicrhau fod y bywyd Cristnogol a'n heglwys leol yn parhau'n ganolbwynt i'n pentrefi. Does gen i ddim gobaith llwyddo ar fy mhen fy hun yn yr oes sydd ohoni. Rwy'n llwyr ymwybodol fy mod yn ddibynnol ar aelodau cefnogol a charedig i gael y maen i'r wal.

Ar ddiwedd f'oedfa gyntaf yng Nghapel Seion mi fynegais y teimladau isod, ac mae'r sylwadau'n gwbl berthnasol wedi i mi dderbyn yr alwad i fod yn weinidog. 'Os byddwch yn gweld bai arnaf ar adegau, maddeuwch i mi; os byddaf yn gofyn gormod gennych, byddwch yn amyneddgar gyda mi; ac os byddaf yn gofyn am gyngor, byddwch yn ddoeth gyda mi.

John Gwilym Jones

Bywgraffiad

Ganed ar fferm Parc Nest, Castellnewydd Emlyn. Bu'n mynychu oedfaon ac Ysgol Sul Ebeneser yn ystod gweinidogaeth yr Athro D. L. Trefor Evans. Addysgwyd ef yn Ysgol Gynradd Castellnewydd, Ysgol Ramadeg Llandysul a Choleg Prifysgol Cymru Aberystwyth. Wedi graddio, fe'i gwahoddwyd i ymuno ag Adran Gelteg Prifysgol Iwerddon yn Nulyn i ddarlithio mewn Cymraeg Canol a dechrau ar waith ymchwil. Yn nes ymlaen, penderfynodd ddychwelyd i Aberystwyth i barhau gyda'r ymchwil yn y Llyfrgell Genedlaethol, cyn dechrau ar gwrs diwinyddol yn y Coleg Coffa yn Abertawe. Derbyniodd alwad i eglwys Bethania, Y Tymbl. Priododd ag Avril, o Fryneglwys ger Corwen, a magu tri o blant, Eilir, Dylan a Nest. Wedi pedair blynedd yn Y Tymbl, derbyniodd alwad i Eglwys Annibynnol Bangor, gan wasanaethu yno am bron i ddeugain mlynedd. Am wahanol gyfnodau bu'n darlithio'n rhan amser ym Mhrifysgol Bangor. Gwasanaethodd hefyd fel caplan ysbyty ym Mangor. Yn fuan wedi ymddeol, bu Avril farw, a symudodd yntau i'r De a chartrefu ac ymaelodi ym Mheniel, Caerfyrddin. Ailbriododd yn ddiweddarach â Valmai Rees. Mae bellach yn datcu i wyth, ac yn hen datcu i Greta Fflur yng Nghaerfyrddin.

Galwad newydd

Etifcddais gymhlethdod o syniadau yn gysylltiedig â'r gair 'galwad'. Yn y traddodiad Cristnogol, seiliwyd y syniad am alwad ar yr enghreifftiau Beiblaidd am arweinwyr a phroffwydi'n cael eu galw gan Dduw i gyflawni gwaith arbennig. Cadarnhawyd hyn gan yr hanesion am Iesu'n 'galw' disgyblion i'w ganlyn. Trwy ganrifoedd cynnar yr Eglwys, datblygodd y syniad fod Duw'n galw rhai unigolion allan o'r 'byd' i fywyd uwch, bywyd nes at Dduw, i gyflawni swyddogaethau eglwysig. I alwedigaethau felly y galwai Duw unigolion megis clerigwyr a mynachod a lleianod. Mabwysiadwyd yr egwyddor hon gan Brotestaniaid. Ond dan ddylanwad athrawiaeth rhagluniaeth Duw, barnwyd fod Duw'n galw pawb yn ôl ei ddoniau i gyflawni swyddogaethau cyffredin o fewn i gymdeithas. O ganlyniad, ehangwyd ystyr y gair 'galwedigaeth' i'w ddefnyddio am unrhyw swydd, boed eglwysig neu secwlar.

O fewn i eglwysi'r Annibynwyr, ystyrid fod rhai unigolion yn clywed 'galwad', a bod yr alwad honno'n benodol yn alwad gan Dduw i'r Weinidogaeth. Yn gyfatebol â hynny, daeth yr eglwysi i dderbyn yr egwyddor fod rhyw arbenigrwydd yn perthyn i'r swydd, a bod rhaid datgan felly mai gweinidog ordeiniedig yn unig a ddylai gael yr hawl i weinyddu rhai defodau eglwysig penodol. Yna, mewn datblygiad pellach, daethpwyd i ddefnyddio'r gair 'galwad' i olygu'r llythyr a anfonid gan eglwys neu gylch o eglwysi i wahodd unigolyn i'w gwasanaethu fel gweinidog.

I mi, yn f'arddegau a'm hugeiniau cynnar, roedd y gwahanol ystyron hyn i gyd yn ymdoddi i'w gilydd ac yn gymysg, ond heb beri cymhlethdod yn fy meddwl. Yr oeddwn ar y '*conveyor belt*' colegol ac enwadol. Ym mlynyddoedd cynnar fy ngweinidogaeth, gwelwn yr eglwysi a'r enwadau'n parhau yn eu rhigolau cyfarwydd, ond yn graddol grebachu. Byddem ninnau, yn weinidogion ac aelodau, yn lleisio gobeithion y deuai tro ar fyd. A pharhau a wnawn innau i wasanaethu fy eglwys yn ôl gofynion y drefn draddodiadol.

Yna, gyda'r blynyddoedd, deuwn i sylweddoli fod yr argyfwng yn dwysáu. Deuwn yn gynyddol argyhoeddedig fod fy nghyfoeswyr yn troi eu cefn ar yr oedfaon i ddechrau, ac yna ar aelodaeth mewn eglwys. O drafod gyda'r 'gwrthgilwyr' hyn cawn ddwy argraff. Byddai rhai'n mynegi rhyw ymddieithrio anymwybodol bron, gan roi'r argraff fod Cristnogaeth wedi colli ei pherthnasedd iddynt. Byddai eraill mwy meddylgar a deallus yn awgrymu nad cefnu ar Iesu oeddent, ond cefnu ar allanolion traddodiadol ac athrawiaethol yr eglwysi. Er fy mod yn gyndyn i gyfaddef hynny, gwelwn eu bod yn adleisio'r hyn a wyddwn innau yn fy nghalon.

Fel y byddai'r duedd hon yn cryfhau ymhlith yr aelodau gwelwn fod fy 'ngalwad' i yn newid ei harwyddocâd. Wrth fugeilio ar aelwydydd gwelwn nad oedd unrhyw bwrpas mewn glynu'n ddeddfol at egwyddorion traddodiadol a hanesyddol. Tra byddwn yn paratoi aelodau ar gyfer eu derbyn, ac wrth baratoi rhieni ar gyfer bedyddio babanod, boed y rhieni hynny yn briod neu beidio, teimlwn reidrwydd i ddehongli arwyddocâd y defodau hynny mewn ffyrdd newydd. Newydd i mi.

Sylweddolais fod y syniad o weinidogaeth Anghydffurfiol wedi llithro ers blynyddoedd i ymdebygu i offeiriadaeth Anglicanaidd a Phabyddol. Collwyd golwg ar weinidog fel un yn gweini i'w gynulleidfa, sef fel gwas i'w eglwys. Bron yn ddiarwybod, aeth hyd yn oed Annibynwyr i arfer yr ymadrodd 'gweinidog *ar* eglwys', yn union fel petai gweinidog yn arweinydd neu lywodraethwr dros ei eglwys. Deuthum i weld fwyfwy mai galwad i fod yn was mewn eglwys oedd yr alwad i mi, a thrwy hynny galwad i fod yn was i Dduw yn yr eglwys honno.

Gosodai hyn gyfrifoldeb dwysach o lawer arnaf. Nid gwasanaethu o fewn i batrymau traddodiad a defodaeth oedd yr her i mi bellach, ond dehongli, trwy bregethu a bugeilio, ewyllys Duw ar gyfer ei bobl. Daeth her arall i'm hwynebu wedyn: sylweddoli mai galw disgyblion a wnâi Iesu, nid recriwtio athrawon. Petai Iesu am gael byddin o hyfforddwyr byddai wedi galw'r rheini o blith yr Ysgrifenyddion a'r Phariseaid. Eithr chwilio a wnâi ef am rai a fyddai'n fodlon cael eu dysgu am ffordd radical a gwahanol. Ac wrth i mi weld yr hen drefn eglwysig ac enwadol yn dadfeilio, a'u strwythurau athrawiaethol yn dymchwel, teimlwn fel disgybl ysgol gynradd, yn dechrau dysgu beth yw hanfodion Teyrnas Dduw ar gyfer oes newydd.

Efengyl y Deyrnas

Galwad i wasanaethu'r Deyrnas fu'r alwad i mi ers blynyddoedd bellach gan fod fy nghenhadaeth i a'm tebyg mor wahanol i genhadaeth yr efengylwyr Cristnogol traddodiadol. Un o fanteision mawr y rhai sy'n arddel safbwynt ceidwadol yw'r sicrwydd a'r pendantrwydd sydd ganddynt fod y gwirionedd yn eiddo iddynt fel sylfaen gadarn. Pan droes Martin Luther ei gefn ar sicrwydd awdurdod y Pab fe fabwysiadodd y Beibl yn awdurdod anffaeledig i'r Protestaniaid. Cyfnewid Pab personol am 'Bab papur', fel y sylwodd llawer diwinydd. Bellach, mae ysgolheictod Beiblaidd wedi dangos fod gwirioneddau'r Beibl yn ddyfnach a grymusach eu harwyddocâd nag unrhyw gofnodion ffeithiol sydd o'i fewn. Mae cefnu fel hyn ar ganrifoedd o barch di-gwestiwn at ystyr lythrennol yr ysgrythurau santaidd a'r hen athrawiaethau yn fenter arswydus i mi.

Rwy'n cyfaddef hynny'n ostyngedig, a chydag ychydig o gywilydd. Oherwydd fe wn i mor unplyg a chydwybodol ac ymroddedig oedd y cenhadon dirifedi a fu ar hyd y canrifoedd yn cyflwyno'r Gristnogaeth draddodiadol 'uniongred' a sicr honno. Mae ysbrydolrwydd a dyfnder defosiwn seintiau mawr yr oesoedd fel Sant Fancis neu Meister Eckhart neu Ignatius Loyola yn destun rhyfeddod ac edmygedd i mi. Ond ni allaf fi gario gyda mi bentwr o ddogmâu megis Athrawiaeth yr Ymwacâd ac Athrawiaeth yr Iawn, ac argyhoeddiad am atgyfodiad corff Iesu. Gwn nad 'efengyl' felly y dylwn ei chyflwyno ond yr efengyl a bregethai Iesu o ddechrau ei weinidogaeth. Ni soniai Iesu am gael ei ladd yn 'iawn' am bechodau'r byd, nac am ei waed yn golchi'r aflan. Ni allaf felly weld y byddai Iesu'n mynnu i minnau gredu'r pethau hyn. Ni allaf gredu chwaith mai nod unigolyddol a hunanol yw eiddo'r Cristion. Nid pwrpas fy mywyd yw ennill 'sicrwydd bendigaid' fod i mi fynediad i'r nefoedd wedi i mi farw, ond yn hytrach byw trugaredd a thosturi, byw i garu cyd-ddyn, a thrwy hynny gael dyfnder a dimensiwn tragwyddol i fywyd yn y byd hwn.

Yn erbyn y rhai sy'n arddel y Gristnogaeth radical neu gynyddol clywir weithiau ymosodiadau eu bod yn diberfeddu'r 'Ffydd' ac yn glastwreiddio'i gofynion. I'r gwrthwyneb. Mae oblygiadau argyhoeddiadau'r Cristion radical yn wirioneddol heriol, i eglwysi ac i ninnau fel aelodau ohonynt.

Cymharol hawdd yw ategu'r credoau, cyffesu pechodau, a derbyn fod Duw wedi gwneud y cyfan drosof heb i mi orfod gwneud dim. Anos o lawer yw trugarhau wrth yr anhrugarog a thosturio wrth y cas a'r creulon.

Galwad i gysylltu â Christnogion

O fod yn ffyddlon i'm galwad, teimlaf gyfrifoldeb i argyhoeddi fy nghyd-gristnogion er mwyn i ni ailddarganfod y neges ganolog hon, neges sylfaenol Iesu. Mae'n golygu cefnu ar ganrifoedd o ddiwinydda ac athrawiaethu. Wedi blynyddoedd o drafod gyda myfyrwyr hen frwydrau'r Tadau athrawiaethol, a'u manylu a'u cweryla chwerthinllyd ar fanion ystyron geiriau, sylweddolwn mor amherthnasol i hanfod bywyd a dysgeidiaeth Iesu oedd y cyfan. Felly, yn yr ychydig amser sydd ar ôl i mi bellach, teimlaf fod Duw yn peri i mi bregethu ac ysgrifennu'r hyn sydd yn argyhoeddiad dwfn i mi: mai ymddiried yn Iesu, a gweithredu drwy nerth Duw, yw ffydd. Ffynhonnell holl ddadleuon ac ymrafaelion a rhyfeloedd yr Eglwys Gristnogol oedd y dybiaeth mai ffydd yw 'credu' swp o honiadau. Ticio blychau argyhoeddiadau. Yr hyn sydd wedi fy nghalonogi'n fawr yw bod yr ychydig a gyhoeddwyd eisoes gan selogion Cristnogaeth 21, a'r llyfrau a'r erthyglau gan awduron *Progressive Christianity*, wedi taro cloch yng nghalonnau llu o ffyddloniaid ymroddedig yn ein heglwysi.

Galwad i gysylltu â'r Gymru secwlar

O gael ein galw i fod yn genhadon y Gristnogaeth radical y mae yna wedyn gynulleidfa ehangach y bydd rhaid i ni ei chyrraedd. Y rheini yw'r Cymry nad yw crefydd yn rhan o'u bywyd. Aeth o leiaf ddwy genhedlaeth ar goll eisoes o'n hoedfaon. Mae elfennau addoli yn ddieithr iddynt; ac efallai, i lawer ohonynt, nid oes lle i weddi yn eu bywydau. Gyda'r rhain nid 'eu galw yn ôl' at Iesu yw'r dasg, ond eu cyflwyno i'r Iesu na welson nhw mohono o'r blaen. Ond pa ddarlun o'r Iesu y dylid ei gyflwyno iddynt? Pa Iesu fydd yn gafael ynddynt? Mae dau ateb amlwg.

Ar y naill law, i rai sy'n barod i gefnu ar reswm a chynnydd gwybodaeth, gan gredu i Dduw ddatguddio'r gwirionedd yn gyflawn a therfynol yn y Beibl, gellid cyflwyno Iesu dwyfol yn waredwr personol yn ôl datblygiad Athrawiaeth yr Iawn dros y canrifoedd. Ac os byddai hyn yn digwydd yn dorfol byddai'n siŵr o arwain at gyfarfodydd emosiynol y byddem ni'n eu galw'n oedfaon diwygiad. Dylem gofio er hynny y daw cyfarfodydd tebyg eto ond bod diwygiadau felly wedi dod a mynd. Maent wedi ennill tyrfaoedd mewn perlewyg, ac wedi sgubo trwy wledydd, dros dro. Yna mae'r emosiwn wedi graddol edwino a'r cynulleidfaoedd wedi cilio, gan adael gwacter secwlar.

Ar y llaw arall, gellid cyflwyno Iesu'r efengylau, y person rhyfeddol a ysbrydolodd gwmni o ddisgyblion i'w ganlyn ac i roi eu bywydau iddo. Yr Iesu a'u heriodd i bregethu am deyrnas a sefydlwyd ar gariad, gan argyhoeddi eu dilynwyr hwythau, trwy nerth Duw, i gefnu ar drais a chasineb a hunanoldeb. Cofiwn yr hyn a ddywedodd Tertwlian, tua diwedd yr ail ganrif, am baganiaid yn rhyfeddu wrth weld bywyd y Cristnogion, ac yn dweud: 'Gwelwch fel y mae'r Cristnogion hyn yn caru ei gilydd'. Mae neges tosturi a chariad yn oesol ei harwyddocâd. Ac nid proses feddyliol yw ffydd ond gweithredu trwy ymddiried yn nerth Duw.

Galwad i gysylltu â selogion crefyddau eraill

Rwy'n cael un argyhoeddiad yn gafael fwyfwy ynof o weld datblygiadau yn ein byd cyfoes. Gwelaf mor debyg i'w gilydd yw tueddiadau crefyddau'r ddynoliaeth a'r modd y maent yn gwyro ar gyfeiliorn. Mae eithafiaeth greulon rhai carfannau Mwslemaidd yn dangos yr un elfennau yn union â Christnogion eithafol y Canol Oesoedd. Yr un dehongliad llythrennol o'u hysgrythurau, yr un ymlyniad digyfaddawd wrth allanolion mewn ymarweddiad, yr un diffyg goddefgarwch o eraill, yr un sicrwydd mai nhw biau'r gwirionedd, a'r un parodrwydd i ladd pobl o gred neu hyd yn oed enwad gwahanol. Fy ngobaith yw y bydd dilynwyr Iesu yn y dyfodol yn sylweddoli mor estron yw'r elfennau eithafol hyn i'r arweiniad a roes Iesu i'w gyfoeswyr, ac y gwelwn Gristnogaeth cariad a thrugaredd a thosturi'n gwawrio eto. Fy argyhoeddiad wedyn yw y gallai hyn afael yn rhai o arweinwyr cydwybodol y crefyddau eraill. Lle nawr y gwelwn ddilynwyr Mohammed yn lladd crefyddwyr estron, a dilynwyr Bwda yn treisio a lladd ac alltudio Mwslemiaid, dichon y symbylir rhai o'u plith hwythau i weld gwir neges heddychlon y Bwda a neges ganolog drugarog Mohammed. Mae'r arweiniad yn ein dwylo ni. Ac mewn ffordd fechan, fel galwad bersonol, mae yn fy nwylo innau hefyd.

Pryderi Llwyd Jones

Bywgraffiad

Ganwyd Pryderi ym mhentref Y Ffôr, ger Pwllheli. Cafodd ei fagu i'r Weinidogaeth yng Nghapel Ebeneser yn y pentref hwnnw. Derbyniodd ei addysg yn Ysgol Gynradd y Ffôr ac Ysgol Ramadeg Pwllheli; Coleg y Brifysgol Bangor a Phrifysgol Caeredin a Choleg Diwinyddol y Presbyteriaid yn Aberystwyth. Bu'n gweithio am gyfnod yng Ngwaith Dur Port Talbot cyn iddo gael ei ordeinio i'r Weinidogaeth, a bu'n gwasanaethu'n ffyddlon yng Ngofalaeth Maesteg (1969–1974), Capel y Groes, Wrecsam (1974–1989) a Chapel y Morfa, Aberystwyth (1989–2008). Mae'n briod ag Eirwen, yn dad i Alun a Non, ac y mae ganddo ef ac Eirwen chwech o wyrion.

Galwad? Pa alwad?

Ni chefais alwad i'r Weinidogaeth. Os cefais, wyddwn i ddim, neu ni allwn ei chofio.

Ar y chwith i mi roedd Pedro Osvaldo Tron o Rosario, Yr Ariannin ac ar y dde Efiong Ndon o Uyo, Nigeria. Ar y dde i Efiong roedd Ulrich Kuder o Tuttlingen, Yr Almaen. Roeddwn wedi cyfarfod Osvaldo ac Ulrich ychydig oriau cyn hynny gan fod y tri ohonom yn rhannu ystafell. Nos Sadwrn oedd hi, ar ddechrau blwyddyn golegol, ac oddeutu pump ar hugain ohonom yn eistedd mewn cylch yn Lolfa'r Neuadd Breswyl. Roedd yn 'amser torri bara', a Bill Christman (Warden y Neuadd, ac Americanwr) yn rhannu un dorth ac un cwpan o amgylch y cylch. Wrth i'r dorth fynd o law i law, ac yn arbennig trwy gyffyrddiad dwylo wrth i bawb dderbyn a rhoi'r cwpan, fe ymdeimlwyd â rhywbeth '*meidrol ddwyfol*' yn yr addoliad. Nid ei fod yn brofiad ysgytwol - profiad tawel ydoedd - ond yn gynyddol tros y blynyddoedd, mae wedi bod yn anodd peidio â theimlo i mi gael cadarnhad fy mod yn y lle iawn ac mai '*yno roeddwn i fod*', gyda'r lleill, rhwng Osvaldo ac Efiong.

Roedd Osvaldo'n perthyn i'r Eglwys Waldensaidd, yr eglwys Brotestannaidd hynaf yn y byd, â'i gwreiddiau yn yr Eidal yn y ddeuddegfed ganrif, ymhell cyn bod Luther na Chalfin. Un eiddil a thawel a llwyd o bryd oedd Osvaldo. Deuai Efiong o Nigeria, a oedd yng nghanol rhyfel cartref, ac yr oedd llwyth Efiong, yr Igbo, yn cael ei erlid am eu bod yn Gristnogion. Y cyfnod hwnnw oedd dechrau'r gwrthdaro a arweiniodd at drychineb Biafra a'r casineb rhwng Mwslemiaid a Christnogion. Roedd Efiong yn llawen a byrlymus, ond yn llawn gofid a galar dros ei wlad a'i bobl.

Cyn cyrraedd Caeredin roeddwn wedi amau doethineb fy mhenderfyniad – fi o allu academaidd cyffredin iawn – i fentro o fyd cyfyng Ysgol Y Ffôr i Brifysgol Bangor (30 milltir i ffwrdd) i wynebu'r flwyddyn gyntaf o dair yn dysgu Groeg a Hebraeg, a'm gallu ieithyddol yn druenus. Ond ar y nos Sadwrn gyntaf yng Nghaeredin roedd rhywbeth pwysicach o lawer na llwyddiant neu fethiant academaidd ar fy meddwl.

Geiriau bwriadol amwys yw'r '*meidrol ddwyfol*' yn y paragraff cyntaf, ond geiriau addas iawn a minnau'n difaru i mi gytuno i gyfrannu at y gyfrol hon. Ond aeth yn rhy hwyr i dynnu'r addewid yn ôl. Gall sôn am 'alwad' fod yn fyfiol a diflas iawn i rai na fyddai ganddynt ddiddordeb yn ein tystiolaeth fel Cristnogion. Gall fod yn ddigon o reswm i bobl ein hosgoi, ac mae hynny'n digwydd wrth gwrs. Gwell o lawer yw sôn am Dduw ar waith ym mywydau pobl eraill.

Yn y Torri Bara yng Nghaeredin y clywais gyntaf weddi cymuned Iona, a hynny yn acen gref Ynys Lewis y cenedlaetholwr a'r cymeriad cryf, byrbwyll a blêr yr olwg Tom Bogle. Wrth ddyfynnu'r weddi rwy'n dal i glywed acen y diweddar Tom, '*O Christ the Master Carpenter, who at the last, through wood and nails purchased our whole salvation, wield well your tools in the workshop of your world so that we, who come rough hewn to your bench, may be fashioned to a truer beauty of your hand*'.

O gofio'r weddi, efallai nad yw '*meidrol ddwyfol*' mor amwys. Paradocs iaith ffydd yw ei bod yn feidrol a dwyfol yr un pryd. Yn ein profiadau o ymwneud Duw â ni y mae meidroldeb ein hymwneud ni â Duw. Meidrol ddwyfol ydyw, a thenau iawn yw'r ffin. Mae rhai wedi medru sôn am alwad fel derbyn e-bost sy'n nodi nid yn unig y diwrnod a'r dyddiad a'r lle ond hefyd yr amser y daeth tröedigaeth neu alwad. Ar adegau, byddai'n dda gen i petawn wedi derbyn galwad felly. Mae rhai'n gofyn i Dduw am arweiniad i wneud popeth, ac yn hyderus fod Duw wedi galw ac wedi arwain. Ond mor hawdd y gall mân ofynion a galwadau bywyd fynd yn honiad o 'ewyllys Duw', ac mor hawdd yw anghofio fod Duw'n awyddus i ni hefyd benderfynu trosom ein hunain. Efallai fod y wir alwad i'w chael yn nhiriogaeth proffwydi a diwygwyr mawr; ond mae hwnnw'n dir dieithr i'r mwyafrif ohonom.

Os cefais alwad, wn i ddim pryd nac ym mhle y digwyddodd hynny. Tybed a yw hynny'n ddigon o reswm i gredu na chefais alwad o gwbl? Ond dros y blynyddoedd deuthum yn argyhoeddedig mai gyda'r myfyrwyr yn Torri Bara ar ddechrau cyfnod arbennig, y daeth *cadarnhad* o rywbeth! Yr oeddem yno i gael ein paratoi ar gyfer bod yn weinidogion, yng ngweithdy'r Pen Saer, o 15 o wahanol wledydd, diwylliant ac iaith, ac yn barod i gael ein paratoi i fod yn gyfryngau a gweithwyr i'r Pen Saer. Profiad heriol ond cadarnhaol oedd sylweddoli nad oedd, ac na fu, troi'n ôl. Roedd y cadarnhad yn dechrau taflu goleuni ar yr ymrwymiad, y penderfyniad a'r dewis.

Fy mhenderfyniad i oedd 'mynd i'r Weinidogaeth', a'm dewis i oedd mynd i'r Alban i 'wneud diwinyddiaeth'. Dyna'r gwir. Nid galwad, ond dewis! Roedd yna ddylanwadau'n gefndir i'r dewis, wrth gwrs. Er yn anaeddfed yn 15 oed, roeddwn o ddifrif yn addo dilyn Iesu wrth gael fy nerbyn yn aelod o'r eglwys. Yr oedd hynny ychydig fisoedd wedi colli fy nhad. Er nad oeddwn yn ymwybodol o hynny, mae'n bosibl fod yna ddylanwad tawelach a dyfnach yn y cyfnod hwnnw; ond aeth rhai blynyddoedd heibio cyn penderfynu neu ddewis mynd i'r Weinidogaeth. Doedd y 'Weinidogaeth' ddim yn glir chwaith, ac yr oeddwn ymhell o fod yn gyfforddus o fewn cyfundrefn grefyddol, ond roeddwn *yn* siŵr nad dewis mynd yn 'bregethwr' yr oeddwn. Nid pulpud. Addoli, arwain, bugeilio, adeiladu, tystio, efallai. Ni fûm erioed yn gyfforddus o gael f'adnabod fel 'pregethwr' nac o gael fy nghyfarch wrth y teitl 'Parchedig' chwaith. Yn y penderfynu roedd yna lwybrau eraill, annelwig, yn fy meddwl. Roeddwn yn llawer nes at Jeremeia betrusgar fregus nag at Eseia a'i 'Wele fi' glir a phendant.

Nid fel pregethwyr y cafodd gweinidogion y cyfnod cynnar ddylanwad arnaf. W. O. Roberts oedd un; gŵr unplyg, annwyl a bron yn ddall. W. H. Pritchard oedd y llall, gŵr ifanc, hwyliog a'i draed ar ddaear ei gred. Trwy eu harweiniad i addoli; trwy 'ddod yn un ohonom' i rannu, i fugeilio, i alaru a dathlu, ac i'n goleuo yn y Beibl yr oeddent yn ein harwain a'n hysbrydoli. Roedd yna unigolion eraill hefyd, fel y gwerinwr o sosialydd a chenedlaetholwr William Griffith, a fyddai wrth ei fodd yn rhannu meddyliau am ffydd gynhwysol, radical a lliwgar. Byddai ei lygaid yn fflachio a'i wên yn dawnsio wrth siarad am Dduw. Nid uniongrededd cywir ond chwarel fawr o drysorau a gafodd William yn y Beibl yr oedd yn myfyrio'n barhaus ynddo.

Efallai, felly, mai dewis gwasanaethu'r *Eglwys* a wneuthum. Ac efallai mai amwys oedd fy mwriad o wasanaethu'r Crist na allwn ei ddirnad yn iawn ac a oedd ymhell ar y blaen i mi. Ni chofiaf chwaith unrhyw gyffro na chynnwrf na newid yn fy mywyd yn y cyfnod hwnnw. Yn yr hinsawdd grefyddol bresennol byddai rhai'n dweud, os na fu i mi yn y lle cyntaf brofi tröedigaeth i ddod yn Gristion na fyddwn chwaith yn debygol o dderbyn galwad. Ni fyddai fy 'ngwnaf' anaeddfed wrth gael fy nerbyn yn aelod o'r eglwys gyda'm ffrindiau yn ddigon nac yn dderbyniol i lawer heddiw. Ond, chwarae teg, yr oeddwn yn sylweddoli'n ifanc fod y 'gwnaf' a'r dewis hwnnw'n ymrwymiad, ac na all ymrwymiad fod dros dro nac yn fympwyol.

Wedi'r penderfyniad, roedd angen cael fy nerbyn gan fy enwad trwy gefnogaeth gweinidog ac aelodau fy eglwys yn Y Ffôr, a'r Henaduriaeth trwy arholiad a chyfweliad. Yna roedd rhaid wrth gefnogaeth y Sasiwn, cyn mynd ymlaen i astudio diwinyddiaeth fel 'ymgeisydd am y Weinidogaeth' a chael f'ordeinio. Cefais bob cefnogaeth, a chlywais bobl yn sôn am 'y gŵr ifanc dewr a oedd wedi ei alw i fod yn weinidog ac wedi aberthu gyrfa lwyddiannus'. Doedd hynny ddim yn wir, wrth reswm, a phrofiad anghyfforddus o euogrwydd oedd y fath ganmoliaeth. Bu'r teulu, yr eglwys leol, y gymuned a'r enwad yn gefn gyda'u hanogaeth. Un cyngor a gefais ynglŷn â'r 'alwad i'r Weinidogaeth' oedd, 'Os fedri di *beidio* â mynd, paid'. Cyngor od ar y naw i rywun oedd wedi dewis yn wirfoddol fynd i'r Weinidogaeth! Ni chlywais am unrhyw wrthwynebiad chwaith.

Dyfnhau a wnaeth y cadarnhau yn ystod y tair blynedd yng Nghaeredin. Bu'r Torri Bara'n ffynhonnell gyson o gadernid tawel o amgylch y bwrdd. Yno, roedd y Beibl agored ochr yn ochr â phapur dyddiol y *Scotsman,* a'r glôb ochr yn ochr â'r bara a'r gwin; ac wrth gwrs, caed arweiniad a rhannu yng nghwmni'r myfyrwyr: Reuben (Cameroon), Istav (Iwgoslafia), Pierre Henri (Gwlad Belg), Donnie Joe (Georgia, UDA), Carl (Brasil), Colin (Canada), Samuel (Taiwan), Etienne (Y Swistir), Bjorn (Gwlad yr Ia), Andrew (De Affrica) ynghyd â rhai o Ogledd Iwerddon a Lloegr, heb sôn am fyfyrwyr yr Alban. Roedd yno amrywiaeth rhyfeddol o ddehongli ac o brofiadau ffydd - Donnie Joe, y mynach Uniongred o America; Istav, yr Iwgoslaf Efengylaidd, dwys; ac Andrew o Dde Affrica, â fflam y proffwyd radical yn llosgi ynddo. Roedd y cyfan yn enfys, a'r lliwiau'n ymdoddi heb linell na ffin i'n gwahanu. Profais hefyd ddisgyblaeth yr ieithoedd Beiblaidd a chyffro hanes yr Eglwys dros y canrifoedd; a chefais fy nhrwytho hefyd yn niwinyddiaeth John Calfin, Karl Barth a diwinyddion eraill. Ond rhannu'r bara a'r gwin am gyfnod o dair blynedd gydag Osvaldo, Ulrich, Efiong a'r gweddill a ddyfnhaodd y cadarnhad mai yma gyda'r rhain yr oeddwn i fod, yn un bychan iawn mewn cymdeithas fechan fawr, yn esgus o lysgennad dros Gymru ymhlith y cenhedloedd, a'r Gymraeg yn un o dafodieithoedd Duw'r Pentecost.

Ond roedd rhywbeth arall yn dyfnhau fy ffydd ac yn gloywi fy nghred. Roedd dylanwad iaith gyhyrog ac ystyrlon addoliad cymuned Iona yn cynyddu, a gwaith aelodau o'r gymuned yn dystiolaeth fod y Chwedegau'n gyfnod cyffrous i wynebu'r Weinidogaeth. Roedd clywed am batrymau newydd o fod yn eglwys mewn ardaloedd difreintiedig fel Craigmillar yng Nghaeredin a Castlemilk yn Glasgow yn gyffrous. Cyhoeddwyd '*Come out the wilderness*' gan Bruce Kenrick, cyfrol am ddaearu'r Efengyl yn East Harlem a Notting Hill. Meddai Kenrick, a oedd yn gyn-fyfyriwr o'r un coleg â ni ac yn aelod o gymuned Iona, '*I wasn't called; I found myself in East Harlem*'. Geiriau amwys, meidrol ddwyfol: darganfod ei hun, cael ei hun yn cyrraedd man ble y teimlai mai yno yr oedd i fod. I lawer o Gristnogion, roedd y Chwedegau'n gyfnod o benrhyddid moesol a diwinyddol a gwrthryfel yn erbyn awdurdod, gan gynnwys awdurdod y Beibl a'r Eglwys. Bu'n gyfnod o ymateb i ddiwinyddiaeth geidwadol a chrefydda di-liw'r gorffennol; cyfnod cyffrous y cwestiynu a'r mentro nes 'siglo'r seiliau', fel yn y gyfrol *Honest to God* gan esgob a oedd yn chwilio am iaith a delweddau newydd. Nid rhywbeth i'w dderbyn yn becyn gorffenedig ar blât oedd y Ffydd Gristnogol ond cyffro'r teithio i ddarganfod 'pethau hen a phethau newydd'. Yn addoli'r gymdeithas fechan hon o bobl ifanc yn Torri Bara yr oedd fy newis o'r Weinidogaeth yn dod yn fwy a mwy heriol a chreadigol, a'r addoli'n byrlymu fel ffynnon ac yn llifo a throelli fel afon i fôr.

Galwad arall, galwad wahanol?

Ond daeth y gair 'galwad' ar fy nhraws unwaith eto i'm haflonyddu a'm procio. Daeth gwahoddiad gan Bill Christman, a oedd erbyn hynny wedi cefnu ar yrfa academaidd ddisglair ac yn weinidog yng Nghraigmillar, i dreulio blwyddyn ar ddiwedd y cwrs, yn weinidog cynorthwyol iddo. A oedd y gwahoddiad hwn yn alwad? A yw Duw'n galw trwy bobl eraill? A oedd Duw'n agor drysau newydd, annisgwyl? Byddai'r diweddar David Sheppard, Esgob Lerpwl, yn sôn am ddwy alwad wahanol; y naill i'r Weinidogaeth a'r llall i Lerpwl. Fe fyddwn wedi bod wrth fy modd yn gweithio yn Craigmillar, ond yn annisgwyl i mi fy hun, ni fûm yn hir yn ymateb. Roedd gennyf gynlluniau eraill ar y gweill, ac nid y lleiaf oedd bod fy nghariad yn symud o Lundain yn ôl i Gymru, a bod sôn am briodi. Yr oedd Cymru a'r iaith Gymraeg wedi bod yn bwysig yn eglwys fyd-eang y Coleg, a dychwelyd i wasanaethu yng Nghymru oedd y bwriad, wrth gwrs. Roedd galwadau fy enwad hefyd yn golygu y byddai angen treulio cyfnod pellach mewn coleg. Os oedd y gwahoddiad o Craigmillar yn alwad, fe ddewisais ei gwrthod.

Mae'n hanner can mlynedd ers f'ordeinio yn 1968. *Wyt ti wedi cael galwad?* oedd y cwestiwn ar y pryd; ac er mai cymysg oedd fy nheimladau am 'weinidogaeth draddodiadol enwadol' yr oeddwn innau'n awyddus i fedru ateb y cwestiwn yn gadarnhaol. Gwahoddiad i'm henw (ac enwau eraill mae'n siŵr) gael ei ystyried oedd y cam cyntaf. Yna, efallai, gwahoddiad i bregethu ac i gyfarfod cynrychiolwyr yr eglwysi. Yna'r alwad. Pan ddaeth yr alwad honno i Faesteg a Chwm Llynfi, roeddwn wedi derbyn heb lawer o oedi.

Wedi hynny, aeth 'galwad' eto'n amwys ac yn *'feidrol ddwyfol'*, neu a defnyddio geiriau R. Williams Parry, *'bydol ac ysprydol yr un pryd'*. Gwahoddiad annisgwyl, efallai, i le na fûm erioed yno. Yna ystyried yn weddigar, trafod, meddwl, derbyn, difaru, ildio, cytuno, ansicrwydd, ofnau ... a mentro. Yr oedd galwadau felly'n ddeublyg – diddymu galwad er mwyn derbyn un arall! *Mae* cael a derbyn galwad yn weithred anghyflawn ac ofnus, a rhaid i ni fod yn onest ynglŷn â hynny. Onid yw'n dderbyniol a rhesymol gwrthod am fod y Mans yn rhy fawr, neu am fod y wraig neu'r gŵr mewn swydd dda neu'r plant yn rhy ifanc? Neu, beth am y telerau ariannol? Mae'r alwad yn frith o'n meidroldeb. Efallai fod canlyniad yr alwad yn bwysicach nag o ble, pryd a sut y daw? Ac onid yw'r geiriau *'yma rwyf finnau i fod'* yn adleisio geiriau Iesu ei hun, *'Yr wyf fi gyda chwi'*. Onid cymdeithas feidrol Iesu o Nasareth sydd yn y pen draw yn lleoli a daearu pob galwad?

Heb i mi sylweddoli hynny, rwyf newydd awgrymu mai gwasanaethu'r Pen Saer Iesu yng ngweithdy ei fyd yw'r 'dewis' yn y bôn ac mai gwasanaethu cymdeithas ei Eglwys yw ein cyfrifoldeb a'n braint. Eglwys Osvaldo, Efiong, Ulrich, Peter ... ym Maesteg, Wrecsam ac Aberystwyth. Dyna sy'n digwydd wrth i ni, yn ddiolchgar, gydnabod er gwaethaf pob methiant a gwendid na fu troi'n ôl ar y daith *feidrol ddwyfol* hon.

Os yw hynny'n alwad – hyd yn oed os na wyddwn, neu na allaf gofio – rwy'n falch fy mod wedi gwneud y dewis hwnnw.

Enid R. Morgan

Bywgraffiad

Ganwyd Enid Morgan yng Ngorseinon a'i magu yn Rhydaman yng Nghapel y Bedyddwyr Ebeneser dan weinidogaeth E. Llwyd Williams. Derbyniodd ei haddysg yn ffrwd Gymraeg Ysgol Gynradd Rhydaman ac Ysgol Ramadeg Dyffryn Aman. Graddiodd yn y Saesneg o Goleg St Anne, Rhydychen; a bu'n gweithio i'r *Western Mail* am gyfnod byr cyn cychwyn ar ei gwaith ymchwil ar fywyd Emrys ap Iwan ar gyfer gradd M.A. yn y Brifysgol ym Mangor. Wedi priodi, bu'n gweithio'n rhan amser i'r Cyngor Llyfrau Cymraeg. Derbyniodd Fedydd Esgob ym Mangor ym 1968, a bu'n olygydd *Y Llan* am nifer o flynyddoedd yn ogystal â bod yn Ddarllenydd yn Esgobaeth Tyddewi. Derbyniodd ei haddysg ddiwinyddol yng Ngholeg y Presbyteriaid yn Aberystwyth a chafodd ei hordeinio'n ddiacon yn Nhyddewi ym 1984. Gwasanaethodd fel curad cynorthwyol ym mhlwyfi Llanfihangel y Creuddyn gyda Llanafan a Llanwnws, ac fel diacon â gofal y plwyfi o 1987 hyd 1993. Bu'n Gyfarwyddwr Cenhadu'r Eglwys yng Nghymru ac yn Ficer Llangynwyd (Maesteg) yn Esgobaeth Llandaf. Ymddeolodd i Aberystwyth i ysgrifennu ac i weinidogaeth achlysurol yn Neoniaeth Llanbadarn. Mae'n briod â Gerald ac yn fam i dri o fechgyn Rhys, Geraint a Deiniol.

Galwedigaeth?

Deuthum i'r byd yng Ngorseinon wrth i awyrlu'r Natsïaid geisio dinistrio pont Casllwchwr nid nepell o'r ysbyty, a daeth y meddyg at fy mam mewn het ddur warden ymosodiadau awyr. Fe'm magwyd ym mhedwar a phumdegau'r ganrif ddiwethaf pan oedd capeli Rhydaman yn dal yn ffyniannus. Roedd fy nhad Bryn Roberts yn ddiacon yng nghapel y Bedyddwyr, Ebeneser. Roedd fy nhad-cu Sam Roberts yn ddiacon ym Methesda Glanaman. Mae gen i lun ohono gyda'i chwe brawd, pob un yn ddiacon gyda'r Bedyddwyr. Doedd dim llun o'r chwiorydd wrth gwrs, er eu bod hwythau'r un mor ffyddlon. Roedd fy mam-gu Lizzie Roberts a'm Anti Catrin Hughes yn arweinyddion ymhlith y gwragedd yn y *Zenana* (am enw!), allan o glyw a rheolaeth y dynion. Ar ochr fy mam, roedd Silas Morris, Prifathro Coleg y Bedyddwyr ym Mangor, yn frawd i'm tad-cu. Dyna achau a magwraeth ddiogel, ymneilltuol i ddarparu'r brics ar gyfer ymdeimlad o 'alwedigaeth'. Sut felly y deuthum i fod yn Ficer Maesteg ac yn Gyfarwyddydd Cenhadu'r Eglwys yng Nghymru?

Erbyn 'mod i'n ddeuddeg oed, roeddwn wedi deall bod angen tyfu i fod yr hyn y bwriadodd Duw i mi i fod. Roeddwn yn llyncu pregethau E. Llwyd Williams, gweinidog Ebeneser, ond yn ystyried mai gwastraff amser oedd mynd i'r cwrdd plant yn yr hwyr a chanu emynau plentynnaidd, pan allwn fod yn y capel yn gwrando ac yn dysgu gyda'r bobl mewn oed. Doeddwn i ddim yn deall pam nad oedd Mam a Dad yn fodlon! Roedd diwylliant y capel yn gefnogol i blant ond yn gwgu ar 'dynnu sylw' ac unrhyw ymddygiad a allai edrych fel 'ymhonni'. Na, doeddwn i ddim i gael fy medyddio'r oed yna chwaith. 'Aros nes wyt ti'n bymtheg oed fel pawb arall.' Wnes i bledio a chrio fel na all ond unig blentyn grïo, ond doedd dim yn tycio. I mi, roedd fel petai Duw yn fy ngalw i wneud un peth, ac arferion oedolion yn fy rhwystro. Ffurfiodd brawddeg hynod o glir yn fy mhen: 'Cer di i'r festri am y tro'. Profiad plentyn, wrth gwrs, ond fe sefydlodd batrwm i mi o dyndra rhwng ufudd-dod a rhwystredigaeth.

Yr oedd gwaith ardderchog T. J. Davies a'i briod Gwenith gyda phobl ifanc yn Y Betws wedi dwyn awel iach o fyd ehangach i dduwioldeb dwys f'arddegau. Ym 1958, cefais le yng Ngholeg St Anne yn Rhydychen. Roedd Capel y Bedyddwyr yn Rhydychen yn hynod o ffurfiol, a newid iaith addoli yn rhan o'r dieithrwch. Ond yno, o bob man, y clywais am y tro cyntaf y 'Diolch Cyffredinol' o *Lyfr Gweddi Gyffredin* Eglwys Loegr, a dotio ato. Yna cael blas ar y Gosber ar Gân yn y Gadeirlan. Syrthiais mewn cariad â litwrgi eglwysig mewn gwasanaeth Adfent yn y Coleg Newydd a minnau'n eistedd ger cerflun Epstein o Lasarus yn ymwingo o'i amdo. Atgyfnerthwyd y profiad mewn gwasanaeth Gŵyl Fair y Canhwyllau yn eglwys Great Tew ddeufis yn ddiweddarach. Fe'm hudwyd gan y cyfuniad o harddwch ymadrodd, cerdd, ystum a symbol. Roedd y cysyniad o 'sagrafen' yn *galw*.

Mae gen i gof byw o fynd heibio i'r ficerdy yn Rhydaman, lle'r oedd Howard Williams yn ficer ar y pryd, a thaer ddymuno mynd i gael sgwrs ag e. Ond yr oedd arna'i ofn. Fe fyddwn yn siŵr o frifo 'nhad a digio'r teulu. Bradychu gwreiddiau – ai dyna oedd yn dod o hala croten i'r coleg yn Rhydychen! Beth tybed fyddai Howard Williams wedi ei ddweud wrtha'i, ac yntau ei hun wedi cerdded yr un llwybr. Ond wnes i ddim ufuddhau i'r 'alwad' honno, o barch teuluol ond hefyd am fod arna'i ofn. Gohirio a wnes i, aros lle'r oeddwn i 'am y tro'. A chanlyniad hynny fu colli diddordeb os nad colli ffydd. Roedd yna gant a mil o bethau eraill i fynd â'm bryd a'u mwynhau: gweithio am radd, mwynhau cwmnïaeth myfyrwyr y coleg, cwrdd â'r bachan ifanc a fyddai'n ŵr a chydymaith oes, a'i fartsio o gwmpas Park Town yng ngogledd Rhydychen lle'r oedd fy llety, a thraethu wrtho am annhegwch rhwystro gyrfaoedd ac uchelgais merched. Doedd gen i fawr o syniad beth oeddwn i am ei wneud, ar wahân i osgoi bod yn athrawes.

Y dröedigaeth fawr arall yn Rhydychen oedd troi at y Gymraeg ac yn ôl i Gymru. Yr oedd Americanwr o Virginia wedi tynnu fy sylw at sylwadau sarhaus yr Arglwydd Raglan am Gymru yn haf 1959. Ymatebais trwy ymuno â Phlaid Cymru. Galwad? Ymateb hefyd i awyrgylch a mudiadau'r cyfnod. Ac felly, ym mis Medi 1961, deuthum yn ôl i Gymru, i Gaerdydd; a symud ymhen blwyddyn i Fangor, cyn priodi â Gerald yn haf 1963 a chodi tŷ yn Aberaeron ym 1964.

Fel i bob mam, roedd geni ein mab cyntaf ym 1965 yn brofiad trawsnewidiol. Daeth yr angen am Dduw yn ôl, a daeth ymlyniad wrth Dduw'n fwy difrifol trwy weddill ein hamser yng Ngheredigion dan weinidogaeth daer Llywelyn Lloyd Jones, gweinidog yr Annibynwyr yn Aberaeron ar y pryd a disgybl gwirioneddol ddysgedig a deallus i Karl Barth. Wedi symud i Sir Fôn ym 1967, darganfyddais rywbeth na wyddwn am ei fodolaeth, sef eglwys werinol Gymraeg Anglicanaidd! A daeth yr hen alwad yn ôl. Derbyniais fedydd esgob trwy law G. O. Williams yng Nghadeirlan Bangor yn Rhagfyr 1968. Roedd y cam hwn wedi cymryd deng mlynedd i mi. Arweiniodd hyn at gylch o ffrindiau newydd croesawgar a chyfnod o ddysgu a darllen ac ymwreiddio yn nhraddodiad Catholig yr Eglwys. Dechreuais ddeall beth yw galwad Crist, ac yn y Cymun wyth o'r gloch ar fore Sul impiwyd geiriau Gweddi'r Ôl-gymun ar fy meddwl.

Gan hynny yr ydym yn offrymu ac yn cyflwyno i ti, O Arglwydd,
Ein hunain, ein heneidiau a'n cyrff
I fod yn aberth rhesymol, sanctaidd a bywiol i ti,
Gan ddeisyf arnat ein cadw trwy dy ras
Yn y gymdeithas sanctaidd hon,
A'n galluogi i gyflawni'r holl weithredoedd da hynny
Y darperaist i ni rodio ynddynt.

Dyna eiriau'r alwad mewn gwirionedd, ond fe gymerodd flynyddoedd i ddarganfod sut, gan fod galwad Duw unwaith eto'n edrych mor groes i beth oedd yn gymdeithasol bosibl.

Trwy Ficer Llangefni ar y pryd, Tom Bailey Hughes, y cartwnydd ffraeth, deuthum i adnabod Norman Hughes, Rheithor Pentraeth, uchel eglwyswr, Tori o genedlaetholwr a golygydd yr *Haul.* Dechreuais ei helpu gydag 'adran lenyddol' y cylchgrawn, a dod yn y man yn olygydd *Y Llan,* papur wythnosol Cymraeg yr Eglwys yng Nghymru. Daeth Norman yn gyfaill teuluol, yn gyffeswr, yn Dad yn Nuw, yn athro diwinyddol a roddodd fenthyg llyfrau lu i mi a'm cyflwyno i glasuron ysbrydol y traddodiad Catholig o Awstin Sant i Thomas Merton. Pan ddechreuais ar y ddisgyblaeth o ddweud y Foreol a'r Hwyrol Weddi, buan y gwelais fy mod erbyn pump y prynhawn yn arthio ar y plant. Chwarddodd Norman am fy mhen a dweud, 'Nid ar gyfer mamau i blant bach y lluniwyd y ddyletswydd honno!' Pan ofynnais iddo am gyngor ar weddïo am fy mod yn clywed fy ngeiriau'n bregethwrol, atebodd, 'Oes eisiau geiriau o gwbl?' Dyna agor drws arall a chael 'neuadd fawr rhwng cyfyng furiau'.

Dyfnhau a wnâi'r ysfa / hiraeth / argyhoeddiad mai i wasanaethu fel offeiriad y'm galwyd.

Felly y gallwn dyfu i fod yn fi fy hun trwy agosáu at Dduw. Unigolyn sy'n clywed galwad, a'r Eglwys sy'n rhoi prawf arni. A dyna redeg yn syth i wal frics. Roedd yr Eglwys yng Nghymru yn dweud na ellid f'ordeinio. Doedd dim dewis ond 'ymwraigoli' *am y tro* i'r dasg o fod yn wraig a mam i dri o fechgyn bach. Ond cefais fynd i weld yr Esgob, 'G.O.' Ni wyddai yntau'r creadur beth i'w wneud â mi. Wnaeth e ddim fy holi nac egluro beth fyddai natur y gwrthwynebiad. Ond fe gynigiodd yr unig gam ymarferol ymlaen, sef dilyn cwrs Darllenwyr gyda'r Canon Glyndwr Williams, Rheithor Caernarfon. Dyna gael blas ar ddiwinyddiaeth a darganfod cyfoeth litwrgaidd yr Eglwys. Ond erbyn i mi orffen y cwrs roedd Gerald ym 1973 wedi cael ei apwyntio'n brifathro ysgol uwchradd Gymraeg newydd yn Aberystwyth. A minnau wedi dechrau darganfod cylch a bywyd i mi fy hun, dyma orfod dechrau eto, ar ymylon esgobaeth newydd a gwahanol.

Dyma'r adeg y daeth fy mhererindod fel unigolyn i gysylltiad â beth oedd yn digwydd y tu hwnt i Gymru. Roedd Eglwys Loegr yn dechrau trafod ordeinio gwragedd. Penderfynodd y Synod Gyffredinol tua 1972 nad oedd dim 'rhesymau diwinyddol' dilys yn erbyn ordeinio gwragedd ond 'nad oedd yr amser eto'n iawn'. Galwodd gwraig o'r galeri, 'Ry'n ni'n gofyn am fara, ond ry'ch chi'n rhoi carreg i ni'. Y fath hyfdra! Dr Una Kroll oedd y wraig ddewr; ac ysgrifennodd lythyr i'r *Church Times* yn gwahodd gwragedd a oedd yn teimlo galwad i'r offeiriadaeth i ysgrifennu ati er mwyn cael cyfrif ohonom. Felly y deuthum i adnabod merch ifanc o Gastell Nedd a chychwyn cyfeillgarwch ffurfiannol a pharhaol gyda Linda Mary (Evans) Edwards.

Deuthum ym 1974 yn ddarllenydd yn Esgobaeth Tyddewi, a gwasanaethu yn ardal Aberystwyth a Llanafan. Roeddwn yn fam, yn olygydd *Y Llan*, yn darlledu'n gyson, yn athrawes ysgol Sul ac yn arweinydd grŵp ieuenctid. Yna, ym 1978 bu farw fy nhad, ac ar ôl saith mlynedd cefais saib o'r *Llan*. Daeth yr alwad i'r Weinidogaeth nôl yn gryfach nag erioed, ond gwrthododd Esgob Tyddewi siarad â mi. Yr oedd fy Ficer yn Llanafan, Tony Crockett (Esgob Bangor yn ddiweddarach) a George Noakes

(Esgob Tyddewi erbyn 1983) yn gefn aruthrol. 'Rhaid i chi gael addysg ddiwinyddol,' meddai George, heb sylweddoli mor allweddol y byddai ef yn nes ymlaen o ran hwyluso'r ffordd i mi.

Doedd dim modd i mi fynd i goleg Anglicanaidd am hyfforddiant. Ar y pryd, roedd Coleg Mihangel Sant yn Llandaf yn gaer i geidwadaeth uchel eglwysig Seisnigaidd. Chawn i ddim mynd i'r fan honno. Fedrwn i ddim mynd i goleg cydenwadol Queen's ym Mirmingham gan fod gen i dri o blant a gŵr mewn swydd heriol. Ond dilynais gwrs B.D. trwy gyfrwng y Gymraeg yn y Coleg Diwinyddol yn Aberystwyth, a manteisio ar ddysg a duwioldeb y staff yno. Ychydig cyn hynny bu 'G.O.' yn arwain diwrnod tawel yn Llangeitho gan ein hannog i ail adrodd y frawddeg nodweddiadol eglwysig "Gogoniant i'r Tad, a'r Mab a'r Ysbryd Glân". Yn fy meddwl, gwelwn fy hun ar lwybr ar y bryniau o'm cwmpas, a ffigwr o'm blaen yn fy annog i'w ddilyn: 'Dere, mae ffordd bell 'da ni i fynd'.

Cefais gyfnerthiad o ddau gyfeiriad yn y cyfnod hwn. Yn gyntaf, yr adnewyddiad carismatig y daeth llawer o offeiriaid i gysylltiad ag ef trwy weinidogaeth David Watson yn St Michael-le-Belfry yn Efrog. Cofiaf eiriau'r côr-feistr yno'n rhybuddio y gallai'r caneuon newydd fod yn ddeniadol er nad o reidrwydd yn fwy real nag emynau traddodiadol. Ac yn ail, dod i adnabod yr Esgob Graham Chadwick, a fu'n arweinydd ysbrydolrwydd yn Esgobaeth Llanelwy wedi iddo gael ei anfon o Dde Affrica. Trwyddo ef y daeth dylanwad pellach Catholig o gyfeiriad Coleg Beuno Sant yn Nhremeirchion. Euthum yno sawl tro yn yr Wythdegau ar encil; y tro cyntaf dan gyfarwyddyd y Tad Paul Ivens, a ddileodd, trwy ei gydymdeimlad ddi-ddogma a'i ddoethineb a'i hiwmor, bob rhagfarn a fu gen i erioed yn erbyn offeiriaid Rhufeinig. Mewn encil ym 1987, euthum trwy argyfwng ffydd boenus ond angenrheidiol. Bûm yn syllu tros Ddyffryn Clwyd, wedi dychryn am fod Iesu'n sydyn fel petai wedi ei absenoli ei hun. Dros gyfnod o dridiau, troes 'ymarfer' ysbrydol yn brofiad o anobaith y ffordd i Emaus. Dysgais mai rhodd, nid rhinwedd na haeddiant, yw ffydd. Bu cwfaint Tymawr ger Trefynwy hefyd yn lloches groesawgar hyd heddiw.

Fe'm hordeiniwyd yn ddiacon ym 1984. Yn ei siars, pwysleisiodd yr Esgob George mai *doulos* (caethwas) yn hytrach na *diacon* (gwas) oedd Crist yn ôl Sant Paul. Doedd dim sicrwydd y byddwn byth yn offeiriad;

ond os oedd Crist wedi bodloni ar fod yn *doulos*, doedd dim angen ofni bod yn ddiacon. Wrth wasanaethu ym mhlwyfi Llanfihangel y Creuddyn gyda Llanafan a Gwnnws ac Ysbyty Ystwyth o 1984 hyd 1993 dysgais ystyr hynny. Cefais adnabod pobl ar adegau dwys o lawenydd ac ing, rhannu gwae a buddugoliaeth, rhyfeddu at y chwerthinllyd a'r godidog, a dysgu chwerthin, tosturio a gwerthfawrogi yng nghwmni Duw. 'Mrs Morgan', meddai un wraig wrtha'i un bore Sul, 'Ry'ch chi wir yn credu yn y busnes maddau yma, on'd ych chi?'

Cefais fy mherswadio i geisio am swydd Cyfarwyddwr Cenhadu, sef ysgrifennydd gweithredol Bwrdd Cenhadu'r Dalaith. Golygai hyn gryn newid i Gerald, ac roedd e'n reit amheus nes i Rhys y mab ddweud wrtho ar y ffôn, 'Dewch 'mlaen, Dad, tro Mam yw hi nawr!' Syfrdandod oedd cael y swydd a chychwyn ar gyfnod cyffrous o gydweithio â chriw o bobl frwd.

Ym mis Medi 1996 y llwyddodd y Corff Llywodraethol i basio deddf i ordeinio gwragedd yn offeiriaid. Y bore wedyn deffrois yn enbyd o gynnar a mynd lan i ben Craig Glais (Consti) yn Aberystwyth a chanu 'Deuwch canwn i'r Arglwydd'. Byr iawn oedd y tri mis a hanner tan Ystwyll 1997; ond cyn yr ordeinio cefais brofiad trawsnewidiol arall wrth fynd i Brasil i gynhadledd eglwysig ryngwladol ar y thema 'Aml Ddiwylliannau, Un Efengyl'. Yno y clywais frawddeg ddeifiol gan un o frodorion cynhenid Awstralia: 'Rydyn ni am i chi bobl wynion chwilio am arwyddion o'r Efengyl yn ein diwylliant ni. Rydyn ni'n chwilio'n galed am arwyddion ohono yn eich diwylliant chi!'

Bu'r encil ordeinio yn falm a llawenydd yn Nhyddewi niwlog ar Wŷl Ystwyll 1997. Cawsom gyfle i grynhoi holl friwiau a rhwystredigaethau'r blynyddoedd mewn carreg, a thaflu'r cerrig i'r môr gyda'n gilydd islaw Ffynnon Non. Roedd fel camu o gawell rhy fychan a chael sefyll yn syth. Erbyn 2000, roeddwn yn hapus i symud ymlaen o'r Bwrdd Cenhadu i fod yn Ficer Llangynwyd-Maesteg, a chael cychwyn ar weinidogaeth draddodiadol Ficer Plwyf. Wedi ymddeol oddi yno yn 2005, mae galwad newydd, i'r profiad newydd o heneiddio, oherwydd nid 'gyrfa' yw galwedigaeth ond perthynas barhaol sy'n dal i newid. Cariad yw'r mesur priodol ar bopeth, er mwyn cyrraedd y lle y cychwynnodd Mair ohono, 'Bydded i mi yn ôl dy Air Di'.

Rob Nicholls

Bywgraffiad

Yn blentyn ym Mhenclawdd, Bro Gŵyr byddai Rob yn mynychu capel Tabernacl, Penclawdd gyda'i dad, a chapel Bethesda, Abertawe gyda'i fam. Derbyniodd ei addysg yn Ysgol Gynradd Penclawdd ac Ysgol Uwchradd Tre-gŵyr, ac enillodd radd a gradd uwch mewn Cerddoriaeth yng Ngholeg Prifysgol Cymru, Aberystwyth. Cafodd yrfa amrywiol: Pennaeth Adran Gerdd Ysgol Gyfun Ddwyieithog Maes-yr-yrfa, Cefneithin; Arolygydd Ysgolion Ei Mawrhydi; Golygydd Cynnwys Diwylliant S4C a Chyfarwyddwr Tŷ Cerdd, Canolfan Mileniwm Cymru. Fe'i hyfforddwyd ar gyfer y Weinidogaeth yn Y Coleg Gwyn ym Mangor. Ef bellach yw Gweinidog Eglwys Gymraeg Canol Llundain yn Eastcastle sy'n cynnwys eglwys Fedyddiedig Castle Street ac eglwysi Annibynnol Y Tabernacl, King's Cross a Radnor Walk, Chelsea.

Yr Alwad

Cwestiwn a ofynnir yn gyson yw, 'Pryd teimlaist yr alwad i fynd i'r Weinidogaeth?' Gallaf ddweud yn hollol onest iddi fod yno *erioed*, ond i mi geisio ei hosgoi a'i gwrthod ar hyd y blynyddoedd.

Casglu Ffyrdd yw teitl cyfrol o ysgrifau amrywiol gan R. T. Jenkins; ac fe'i gwelaf yn deitl addas hefyd i ddisgrifio a chrisialu fy mhererindod ysbrydol innau hyd yma. Fel pawb, rwy'n ddyledus i nifer o unigolion am arweiniad ac anogaeth wrth i mi droedio gwahanol ffyrdd a meysydd. Bu eu dylanwad yn amhrisiadwy wrth i mi gael fy nghyflwyno, ac yna fy meithrin yn y Ffydd Gristnogol.

Roedd enw 'Dafis Login' yn ddihareb yn ein teulu ni, gyda rhyw 'swyn' yn perthyn i'w enw wrth i rai o'r teulu adrodd hanesion amdano yn ystod fy mhlentyndod. Roedd Dafis Login, sef y Parchg David Saunders Davies, yn frawd i'm hen dad-cu ar ochr fy mam, a bu'n weinidog amlwg gyda'r Bedyddwyr yn eglwysi Calfaria, Login a Ramoth, Cwmfelin Mynach am 46 o flynyddoedd ar ddiwedd y bedwaredd ganrif ar bymtheg a dechrau'r ugeinfed ganrif. Fel y dywed Gwenallt yn ei gerdd *Yr Hen Emynau*:

'Buont hwy yn canu uwch fy nghrud,
Uwchben fy machgendod a'm hieuenctid,
Fel côr o adar Cristionogol ...'

O ddyddiau plentyndod ym Mhenclawdd, a'r fagwraeth ar aelwyd â'r capel yn ganolbwynt i'w bywyd, daw enw Raymond Williams, Old Colliery i'r cof ar unwaith. Bu'n athro Ysgol Sul arnaf yn y Tabernacl, ac yn ddylanwad mawr yn ystod y blynyddoedd cynnar wrth i mi gael fy nhrwytho yn yr ysgrythurau yn ei ddosbarth Ysgol Sul. Cofiaf hyd heddiw'r Salmau a'r penodau cyfan y byddem yn eu dysgu ar gyfer y Cwrdd Cwarter a'r Gymanfa, ynghyd â'r trafodaethau treiddgar ar bynciau diwinyddol ac athronyddol. Sawl 'Raymond' arall tybed, sydd wedi bod wrthi'n ddygn ar hyd y blynyddoedd yn ein hanes fel cenedl Gristnogol y Cymry? Daw adnod o'r Diarhebion y byddai Raymond yn ei dyfynnu'n aml i'm meddwl: 'Hyffordda blentyn ym mhen y ffordd, a phan heneiddia nid ymedy â hi'.

Un arall o'r dylanwadau pennaf a fu arnaf yn ystod f'arddegau oedd y Parchg M. J. Williams, Abertawe. Ganddo, yn anad neb, y profais effeithiolrwydd a phwysigrwydd pregethu'r Gair, ynghyd â syniad clir o ddiogelu safon ac urddas wrth draethu'r Efengyl. Ar sawl achlysur, fe'm cymhellodd i fynd i'r Weinidogaeth, ond gwrthod a wnes. 'Gweinidog fyddi di ryw ddydd' oedd ei eiriau yn aml. Diolch amdano a'i ddylanwad mewn cyfnod mor allweddol a thyngedfennol.

Wedi cyrraedd y Brifysgol yn Aberystwyth, ac ymgartrefu ar aelwyd ysbrydol Bethel, Baker Street, bu Peter Thomas yn ffigwr amlwg wrth i mi aeddfedu a thyfu yn y ffydd. Yn ystod y blynyddoedd hynny, teimlais yr awydd lawer gwaith i'm cyflwyno fy hun i'r Weinidogaeth; ond eto, osgoi a gwrthod a wnes i bob tro. Heb amheuaeth, 'disgybl ail-gynnig' ydw i, ac yn ddiolchgar fy mod wedi derbyn y cyfle a'r anrhydedd o'r diwedd i'm cynnig fy hun ar gyfer y Weinidogaeth Gristnogol.

Roedd clywed un bregeth benodol yn ystod y cyfnod hwn yn brofiad ysbrydol ysgytwol i mi, ac arhosodd y profiad yn rymus a byw dros y blynyddoedd. Y Parchg W. J. Byron Evans oedd yn pregethu yng Nghyfarfodydd Undeb Bedyddwyr Cymru ym Mlaen-ffos yn 1990 ar destun o Lyfr yr Actau 24:25: 'Ffelix a ddychrynodd, ac a atebodd, "Dos ymaith ar hyn o amser; a phan gaffwyf *fi* amser cyfaddas, mi a alwaf amdanat"'. Nid anghofiaf fyth yr effaith a gafodd ei genadwri arnaf wrth iddo draethu ar bedwar "D" yng nghyd-destun Ffelix: ''Dyw *diddordeb* ym mhethau Duw a Iesu Grist ddim yn ddigon ynddo'i hun; 'dyw *deall* y pethau ddim yn ddigon ynddo'i hun; 'dyw hyd yn oed gael eich *dychryn* gan y pethau ddim yn ddigon ynddo'i hun ... rhaid *derbyn*.' Gallwn uniaethu â'r cyfan, ac eto mae'n rhaid nad oeddwn wedi 'derbyn' yn gyflawn ar y pryd, a'm bod fel Ffelix yn ystyried yr amser yn anaddas. Ond, does dim modd osgoi'r fath dynfa am byth.

Bûm yn gweithio am flynyddoedd fel athro ac Arolygydd Ysgolion, ac er i mi fwynhau'r gwaith roeddwn yn dal i deimlo nad oeddwn wedi cyflawni'r hyn a fwriadwyd ar fy nghyfer. Trwy ddamwain, cefais swydd yn y cyfryngau a olygai fy mod yn symud i Gaerdydd. Treuliais sawl blwyddyn hapus gydag S4C yng nghwmni cydweithwyr hyfryd a chyfeillgar. Cefais brofiadau gwerthfawr a dymunol yno, ond er pob arwydd allanol o lwyddiant a ffyniant roedd rhyw ymdeimlad o 'ymbalfalu yn y tywyllwch'.

Yn dilyn cyfnod S4C, daeth cyfle i wasanaethu fel Cyfarwyddwr Tŷ Cerdd yng Nghanolfan Mileniwm Cymru yng Nghaerdydd. 'Y swydd berffaith a delfrydol i ti', meddai sawl un wrthyf; a chofiaf un cyfaill yn dweud, "Gest ti dy *eni* ar gyfer y swydd honno!' Efallai fod hynny'n wir ar bapur, ond buan y sylweddolais nad oeddwn wrth reddf yn gyfarwyddwr cwmni, nac yn sicr yn weinyddwr ariannol a chyllidebol. Yr oeddwn yn aelod yn Y Tabernacl, Caerdydd, ac roedd bod o dan ofal y Parchg Denzil John am yn agos i bymtheng mlynedd yn fraint wirioneddol; mae'n amhosib i mi fynegi maint fy niolch iddo a'm parch tuag ato fel cyfaill a gweinidog. Heb amheuaeth, bu Denzil yn gyfrwng, yn llaw Duw, i'm harwain i'r lle rwyf ar hyn o bryd.

Braint arbennig a gefais pan oeddwn yn aelod yn Y Tabernacl oedd arwain dosbarth Ysgol Sul criw o ieuenctid yn eu harddegau. Llawenydd o'r mwyaf oedd gweld datblygiad ysbrydol y grŵp hwn, a rhai ohonynt bellach yn swyddogion amlwg yn yr eglwys. Diolch i Dduw am godi rhywrai o hyd i lafurio yng ngwaith mawr y Deyrnas.

Wedi cynnal sawl oedfa yn Y Tabernacl a chapeli eraill, roedd yr ysfa a'r dynfa at y Weinidogaeth yn cryfhau o hyd. Bûm yn pregethu sawl gwaith yn Eglwys Gymraeg Canol Llundain, a phan symudodd cyn-weinidog yr eglwys honno, y Parchg Peter Dewi Richards, i Gaerdydd ac ymaelodi yn Y Tabernacl, dechreuodd sôn am ymdrechion yr eglwys yn Llundain i sicrhau olynydd iddo. Bu Peter yn allweddol yn y stori, a heb ei anogaeth a'i gefnogaeth ni fyddwn yn weinidog yn Llundain. Mae cael rhagflaenydd mor hael a pharod ei gefnogaeth a'i gyfeillgarwch yn fraint aruthrol.

Gall rhai sôn am brofiad 'ffordd Damascus' yn eu hanes ysbrydol. Mae eraill yn profi taith a datblygiad graddol yn y broses o gadarnhau a thyfu yn y ffydd, a theimlaf mai dyna fy mhrofiad i, er i neges 'pregeth Ffelix' flynyddoedd yn ôl fraenaru'r tir yn fy hanes.

Heb amheuaeth, roedd cael fy sefydlu yn Eglwys Gymraeg Canol Llundain ym mis Ionawr, 2015 a chael f'ordeinio ym mis Ionawr 2017 yn uchafbwynt fy mywyd. Mae sawl un wedi holi ers hynny os wyf yn colli elfennau o'm bywyd yn y cyfryngau a'r profiadau amrywiol a gefais yn y swyddi hynny. Bydd eraill yn dweud, 'Pam gadael swyddi da, a rhoi'r gorau i gymaint er mwyn bod yn weinidog? Gallaf uniaethu â geiriau Martyn Lloyd-Jones: 'I gave up nothing; I received everything. I count it the highest honour that God can confer on any man to call him to be a herald of the gospel.' Canwyd emyn Evan Griffiths, 'Yn dy waith y mae fy mywyd' yn y Cyfarfod Ordeinio, ac ni allaf ond gweddïo y caf nerth a gras i dystio i'r geiriau 'Moli'r Oen fu ar Galfaria – dyma waith na dderfydd byth'.

Rwy'n ddyledus i'r pedwar a fu'n bennaf gyfrifol am fy hyfforddi dan nawdd y Coleg Gwyn ym Mangor, sef Dr Hugh Mathews, Dr Densil Morgan, y Parchg Euros Wyn Jones a'r Parchg Ieuan Elfryn Jones. Rwy'n ddiolchgar am eu harweiniad doeth wrth i mi ymbaratoi ar gyfer y Weinidogaeth. Gwerthfawrogaf eu parodrwydd i rannu mor hael o'u profiad a'u gwybodaeth o'r Ysgrythurau a'r weinidogaeth gyhoeddus.

Rhaid i mi gydnabod cefnogaeth barhaus cynulleidfa Eglwys Gymraeg Canol Llundain. Derbyniais groeso gwresog o'r cychwyn cyntaf, ac mae eu ffyddlondeb a'u teyrngarwch yn destun llawenydd ac ysbrydiaeth i mi. Yn ei ragair i'r gyfrol *Llais y Gwylwyr*, casgliad o bregethau gan bregethwyr sy'n gysylltiedig ag Eglwys Castle Street, Llundain, dywed Byron Evans am y parch a fu gan yr eglwys erioed at bregethiad y Gair: 'Ac er bod agweddau eraill i'w gweinidogaeth amlochrog mewn dinas enfawr, ac er bod problemau yn codi yn sgil hynny, erys Castle Street [a gellir ychwanegu Eglwys Gymraeg Canol Llundain erbyn hyn] yn ganolfan pregethiad y Gair. Cam â'n dyfodol fyddai anghofio hynny a gwrthod gweithredu ar ei sail.' Mae'r geiriau mor wir heddiw ag erioed.

Yn rhyfedd iawn, mae Eglwys Gymraeg Canol Llundain yn rhoi dolen gyswllt arall yn fy hanes trwy gysylltu Byron Evans ac M. J. Williams. Bu Byron yn weinidog ar yr Eglwys yn ystod 80au a 90au'r ugeinfed ganrif, ac roedd M. J. Williams yn frawd-yng-nghyfraith i Walter P. John, un o weinidogion disgleiriaf yr eglwys rhwng 1938 a 1967. Rwy'n ei chyfri'n fraint wirioneddol i fod o wasanaeth i'r eglwys benodol honno a'i chynulleidfa hawddgar, ac yn olynydd, er mor annheilwng, i ragflaenwyr mor ymroddedig.

Wedi enwi'r holl bobl hyn, a cheisio rhannu ychydig o'm taith ysbrydol bersonol, dwi heb sôn am y pwysicaf un. Un sydd a'i law wedi llywio'r cyfan yn ddirgel ac yn anweledig yn y cefndir, yn ôl ei ddibenion mawrion ei Hun. Nid wyf yn honni deall llaw rhagluniaeth. Pwy ohonom sy'n ei deall? Byddaf yn arswydo weithiau wrth fentro defnyddio'r gair 'galw' yng nghyd-destun y Weinidogaeth. Ond rwy'n hollol argyhoeddedig o un peth – bod gan yr Hollalluog, yr Un sy'n anhraethol fwy na'r un ohonom, ei gynllun a'i fwriadau pendant ar gyfer ei greadigaeth a'i bobl. 'Oherwydd myfi sy'n gwybod fy mwriadau a drefnaf ar eich cyfer, medd yr Arglwydd' yw'r geiriau a welir yn Jeremeia. Ac wrth blygu i'w ewyllys Ef, ac ymddiried yn ei arweiniad a'i gynhaliaeth ddwyfol, ni allaf ond gweddïo am y nerth a'r gras i fod yn enau ac yn dyst i'w Fab Iesu yn y byd.

Ac Iddo Fe y bo'r gogoniant a'r gallu yn oes oesoedd. Amen.

Carwyn Siddall

Bywgraffiad

Un o blant Niwbwrch, Ynys Môn yw Carwyn. Fe'i magwyd yng Nghapel yr Annibynwyr Saron, Bodedern ac Eglwys Sant Pedr, Niwbwrch. Derbyniodd ei addysg yn Ysgol Gynradd Niwbwrch ac Ysgol Gyfun Llangefni; ac enillodd radd yn y Gymraeg a Diwinyddiaeth a gradd bellach M.Th. ym Mhrifysgol Bangor. Ordeiniwyd ef yn weinidog yng Ngofalaeth Bro Llanuwchllyn a'r Cylch, sy'n cynnwys eglwysi Yr Hen Gapel, Llanuwchllyn (Annibynwyr) a'i changhennau (Peniel, Carmel ac Ysgoldy), Glanaber, Llanuwchllyn (Presbyteriaid), Ainon, Llanuwchllyn (Bedyddwyr), Cynllwyd (Presbyteriaid), Rhosygwaliau (Presbyteriaid) a Chapel yr Annibynwyr, Y Bala. Mae'n briod â Nerys ac yn dad i Miriam.

Hanes fy Ngalwad

Yn y Beibl a thrwy'r canrifoedd ceir hanesion am unigolion yn dod i ffydd ac i ddilyn a gwasanaethu'r Arglwydd Iesu Grist. Mae i bob un ei stori ei hun, a phob stori'n unigryw. Pe byddai rhaid cymharu, mae'n debyg y byddai fy hanes i'n tueddu i ogwyddo at hanes y ddau ymdeithydd ar y ffordd i Emaus yn hytrach na hanes Paul. Yn fy mhrofiad i, taith raddol fu taith ffydd yn hytrach na thröedigaeth chwyldroadol; ac felly mae'n debyg mai'r lle gorau i gychwyn hanes fy ngalwad yw yn y dechrau'n deg.

Cefais fy ngeni ym mis Medi 1989, yn un o ddau o blant i Phillip a Beryl Siddall. Mae pedair blynedd rhyngof fi a'm brawd, Geraint. Ffermio mae dad ar fferm Bryn Howydd, Niwbwrch a threuliodd mam ei gyrfa ym maes gofal, yn benodol gyda phobl hŷn sydd â salwch meddwl. Aelwyd Gristnogol oedd y cartref, gyda phwysigrwydd mawr yn cael ei roi ar fynychu oedfaon y Sul. Naturiol felly oedd bod bywyd y capel a'r eglwys yn rhan bwysig iawn o'n bywydau, ac yn rhan fawr o'n magwraeth. Yn wir, mae'n debyg mai yn y capel y cyhoeddwyd gyntaf fy mod i ar y ffordd! Wrth gael ei holi yn ei arholiad Maes Llafar ar hanes Genedigaeth Iesu Grist, datgelodd fy mrawd y gyfrinach, 'Mae mam hefyd am gael babi!'

Byddai dad a mam a Geraint a minnau'n treulio pob dydd Sul ym Modedern, yng nghartref fy mam yn nhŷ Nain. Aem yno erbyn cyfarfod gweddi'r bore, ac ar ôl cinio aem i'r Ysgol Sul erbyn dau o'r gloch. Capel Saron (Annibynwyr), yng nghanol y pentref, oedd ein capel ni. Roedd pump addoldy ym Modedern bryd hynny; pedwar capel anghydffurfiol ac eglwys y plwyf. Mae'n debyg na fu Saron erioed yn gapel cryf o ran aelodaeth, ac ni fu gweinidog yno ers 1901. Ond bu'n eglwys brysur a bywiog a roddai bwys mawr ar Ysgol Sul a chyfarfodydd gweddi. O ganlyniad, cododd yr eglwys sawl un i'r Weinidogaeth, a'r mwyaf diweddar ohonynt fu'r Parchedigion Dafydd Wyn Wiliam, Thomas Evans Williams a minnau.

Dau deulu mawr oedd yn mynychu Saron, ac eithrio ambell deulu arall, sef teulu 'Refail Newydd a Theulu'r Pandy. Un o deulu 'Refail Newydd oedd fy nhaid, Leonard Cook, ac un o deulu'r Pandy oedd Nain, Megan. Pan briododd y ddau yn 1953, unwyd y ddau deulu, ac felly roedd mam a Geraint a minnau'n perthyn, fwy neu lai, i bawb yn y capel. Roedd yr eglwys yn deulu mewn mwy nag un ystyr.

Byddai dad yn mynychu'r capel efo ni ond eglwyswyr oedd ei deulu ef. Roedd Nain, sef Ann Miriam Siddall, a'r teulu'n ffyddlon iawn yn Eglwys Sant Pedr, Niwbwrch. Roedd yr Eglwys yn bwysig iawn iddynt; ac o bryd i'w gilydd, wedi dod adref o Fodedern, byddem ninnau'n mynd i oedfa'r hwyr yn yr eglwys, a byddai mam yn chwarae'r organ yno'n achlysurol.

Ers y cyfnod cynnar hwn, roeddwn â'm bryd ar fynd i'r Weinidogaeth. Heb air o gelwydd, alla i ddim cofio peidio â bod eisiau bod yn Weinidog. Wel, person a bod yn fanwl gywir! Er cymaint ein hymwneud â'r capel, bod yn berson yn yr Eglwys oedd fy nyhead. Fel plentyn, cawn fy nghyfareddu gan y seremoni oedd yn rhan o'r oedfaon, a'r ffenestri lliw anhygoel a adroddai'r storïau cyfarwydd, a'r clychau a oedd yn gwahodd pobl i ddod atom. I blentyn, roedd cymaint mwy rywsut yn digwydd yn yr Eglwys, a'r cyfan yn codi rhyw awydd ynof i fod yn berson. Mae dau hanes eithaf doniol amdanaf yn dangos yr awydd hwn yn yr Ysgol Gynradd. Mewn cystadleuaeth gwisg ffansi, roedd eraill yn gwisgo fel plismon neu ffermwr, ond roeddwn i yno fel person, yn gwisgo siwt, a chrys gyda choler wen wedi ei wisgo o chwith! Ac yna, un diwrnod, wrth i bawb arall chwarae gemau amrywiol ar yr iard, roeddwn i'n chwarae capel, gan ddynwared oedfa gymun. Oedd, roedd yr awydd ynof fi, a minnau ond yn rhy barod i rannu hynny.

Rwy'n credu mai yn y capel y deuthum i adnabod Iesu Grist. Roedd rhaid dweud adnod bob bore Sul, a byddai mam yn gwneud yn siŵr ein bod yn ymwybodol o gyd-destun yr adnod honno. Yn ein tro byddem hefyd yn cymryd rhan yn y cyfarfod gweddi a gynhelid bob bore Sul, gan ddarllen adnodau a myfyrdodau, emynau a gweddïau a ddewiswyd ar ein cyfer. Roedd y cyfan yn ein trwytho yn yr Efengyl. Ac roedd yr Ysgol Sul (a'i dosbarthiadau plant ac oedolion) a'r athrawon arbennig a roddai wersi o'r safon uchaf i ni, yn rhoi i ni gyfle i archwilio'r Ffydd yn ogystal â dysgu ffeithiau amdani. Yn ddiarwybod i mi ar y pryd o bosib, roedd y profiadau hyn yn fy meithrin yn y Ffydd, a minnau'n dod i adnabod yr Arglwydd Iesu nid fel cymeriad hanesyddol yn unig ond fel Arglwydd byw a Gwaredwr y byd. Wrth edrych yn ôl, mae'n debyg mai dyma pryd y bu i'r ymdeimlad o awydd mynd i'r Weinidogaeth newid i fod yn ymdeimlad o alwad i'r Weinidogaeth ac i wasanaethu'r Arglwydd.

Ddaru mi erioed guddio fy mwriad i fynd i'r Weinidogaeth oddi wrth neb, hyd yn oed yn yr ysgol. Mae Mr Gwilym Williams, a oedd ar y pryd yn ddirprwy bennaeth yn Ysgol Gyfun Llangefni, yn aml yn f'atgoffa iddo ofyn i mi ym mlwyddyn 7 beth oeddwn am wneud wedi gadael ysgol, a minnau'n ateb yn onest, ac yntau'n rhyfeddu ond eto'n amheus a fyddwn yn parhau ar y llwybr hwnnw.

Ar nos Iau, Mai 25, 2006, daeth dad adref o Glwb Cinio Cylch Trefdraeth a dweud ei fod wedi trefnu i mi fynd i gynnal oedfa mewn capel dieithr, sef Capel Lôn Y Felin, Llangefni. Un o aelodau'r Clwb Cinio oedd gofalwr y 'llyfr bach', ac roedd wedi dweud wrth dad ei fod yn mynd adra'r noson honno i chwilio am bregethwr ar gyfer un o Suliau Mehefin. Doeddwn i erioed o'r blaen wedi cynnal oedfa yn unman ond Saron, ac eithrio ym Merea, Pentreberw (capel bach nid nepell o'n cartref y byddem yn ei fynychu'n achlysurol pan na fyddai oedfa yn Saron). Soniodd dad amdanaf ac am y cyfle amhrisiadwy a gawn o gymryd rhan mewn cyfarfodydd gweddi fel un â'i fryd ar y Weinidogaeth. Canlyniad y sgwrs oedd i mi gael gwahoddiad i gynnal oedfa yn Lôn Y Felin. Ac felly, nos Sul, Mehefin 18, 2006, es i gynnal f'oedfa gyntaf; ac er mawr syndod, roedd y capel yn llawn, a'r gynulleidfa'n cynnwys aelodau'r capel, teulu, ffrindiau, athrawon ysgol, a phobl oedd am glywed y 'pregethwr ifanc newydd'. Pregethu ar y thema 'ffrindiau', ac er gwaetha'r nerfau, mwynhau'n fawr iawn. Llenwodd gweddill Suliau'r flwyddyn honno mewn ychydig wythnosau, a minnau'n cael bendith fawr o grwydro capeli'r Sir yn sôn am Iesu Grist.

Yn ystod y cyfnod hwn, er i mi gael fy ngwneud yn Was Allor yn Eglwys Sant Edern, Bodedern a chynnal oedfaon mewn ambell eglwys blwyf, newidiodd fy awydd o fod yn berson gyda'r Eglwys i fod yn weinidog gyda'r Annibynwyr. Bydd llawer yn gofyn i mi pam newid, a'r gwir yw bod sawl rheswm. Rwy'n credu'n gryf yn sofraniaeth eglwys leol gan mai cynulliad o bobl sy'n cyfarfod yn enw Iesu Grist yw eglwys (boed ond dau neu dri hyd yn oed), a bod pawb o fewn yr eglwys yn gyfartal dan arglwyddiaeth

Crist. Hefyd, er credu'n gryf ym mhwysigrwydd cyfranogi o sacrament y Cymun yn rheolaidd, rwyf hefyd yn credu'n gryf ym mhwysigrwydd pregethu'r Gair gan roi digon o amser mewn oedfa i wneud hynny'n rymus ac effeithiol (rhywbeth sy'n fwy amlwg yn y traddodiad ymneilltuol).

Byddaf weithiau'n meddwl fy mod wedi cychwyn pregethu'n rhy fuan. Ond wedi dweud hynny, roedd yn gyfnod bendithiol iawn. Cawn gyfle i gyflwyno fy ffydd yn gyhoeddus, dod i adnabod pobl wahanol a dod yn gyfarwydd â gwahanol ffurfiau o addoli. Roeddwn hefyd yn dal yn yr ysgol, a byddai fy ffrindiau'n aml yn fy holi a minnau'n cael sôn wrthynt am fy ffydd. Doedd gan lawer ohonynt ddim cefndir Cristnogol. Wedi gadael ysgol, euthum i Brifysgol Bangor i astudio Cymraeg a Diwinyddiaeth. Ochr yn ochr â'r cwrs gradd dilynwn gwrs Hyfforddiant Gweinidogaethol gyda Choleg yr Annibynwyr, yn y Coleg Gwyn, dan arweiniad y Parchedig Euros Wyn Jones. Yno, cawn gyfle i astudio modiwlau megis Hanes yr Eglwys yn ogystal â modiwlau mwy ymarferol eu naws, megis Cynnal Oedfaon a Bugeilio. Mae fy nyled yn fawr i Goleg yr Annibynwyr am yr hyfforddiant hwn, ac am eu gofal ohonof a'm cyd-fyfyrwyr yn dilyn ein hordeinio. Wedi graddio a chwblhau'r cwrs, penderfynais wneud gradd Meistr mewn Diwinyddiaeth, ac er mai'r Brifysgol oedd yn achredu'r radd, cefais arweiniad a chymorth Coleg yr Annibynwyr gyda hyn hefyd.

Tua'r adeg yma, dechreuais ymwneud â Chapel Moreia, Llangefni, gan fod gen i griw o ffrindiau da oedd yn aelodau yno, sef Nerys, Gerallt, Awen a Trefor. Heriodd un o'r blaenoriaid, Mr Gwilym Williams (y dirprwy bennaeth), y pump ohonom i gychwyn clwb ieuenctid yn y capel. Doedd fawr ddim ieuenctid yn mynd i'r capel, ac felly her genhadol oedd hon. Gyda gwaith caled, cymorth y gweinidog, y Parchedig Christopher Prew, a chefnogaeth yr aelodau, llwyddwyd i gychwyn clwb ieuenctid, gyda'r nifer yn cynyddu i oddeutu 70. Pobl ifanc o bob math o gefndiroedd oeddynt, a fawr ddim cefndir Cristnogol. Ond roeddynt yn griw hwyliog, llawn bwrlwm, a chafwyd nosweithiau difyr iawn. Nid oeddem o reidrwydd yn sôn am ffydd bob tro, ond yn hytrach yn gwrando ar yr hyn oedd ganddyn nhw i'w ofyn a'i ddweud, a thrwy ein hatebion, yn cyflwyno Duw a'i gariad at bawb yn Iesu Grist. Maes o law, gwelwyd rhai ohonynt yn cymryd rhan mewn oedfa ac ati, a ninnau'n dechrau gweld arwydd o egin o'r hadau oedd yn cael eu plannu.

Wrth dynnu at derfyn fy nghwrs gyda Choleg yr Annibynwyr, cefais wahoddiad gan y Parchedig Euros Wyn Jones i fod yn rhan o gynllun newydd gan y Coleg i roi myfyriwr am y Weinidogaeth mewn gofalaeth am gyfnod fel rhan o'i hyfforddiant; rhywbeth tebyg i ymarfer dysgu i athrawon. Cytunais, a chafwyd gwybod mai yng Ngofalaeth Bro Llanuwchllyn a'r Cylch y byddwn yn treulio'r flwyddyn. Euthum yno ym mis Ionawr 2011 i gyfarfod â rhai o'r swyddogion. Pregethais yno nos Sul, Chwefror 20 a chychwyn fy mlwyddyn yno ddydd Sul, Mehefin 12, Sul y Pentecost.

Gofalaeth o bump o eglwysi oedd Gofalaeth Bro Llanuwchllyn a'r Cylch ar y pryd, sef Yr Hen Gapel, Glanaber, Cynllwyd, Rhosygwaliau ac Ainon. Hefyd, mae'r Hen Gapel yn parhau i fod â thair cangen, sef Carmel, Peniel a'r Ysgoldy. Sefydlwyd yr Ofalaeth dan arweiniad y Parchedig W. J. Edwards yn 1984, ac erbyn hyn mae wedi ei hen sefydlu, a'r cydweithio'n wych. Credaf mai'r hyn sy'n sicrhau'r llwyddiant yw bod pawb yn parchu traddodiadau ei gilydd ond yn canolbwyntio ar yr hyn sy'n eu huno, sef Iesu Grist.

Penderfynais fanteisio'n llawn ar y flwyddyn hon o hyfforddiant gan ei bod yn gyfle i mi arbrofi. Mae'n rhaid i mi ddiolch i'r aelodau am roi rhyddid i mi wneud hynny. Fy mentoriaid yn ystod y flwyddyn oedd y Parchedig Euros Wyn Jones, y Parchedig Eric Greene fel gweinidog lleol a Mrs Ann Roberts ar ran Swyddogion yr Ofalaeth.

Un ymgais gennyf yn ystod y flwyddyn honno sy'n parhau'n flaenoriaeth i mi oedd ceisio dod â ffydd a chred yn yr Arglwydd Iesu yn brofiad byw i bobl trwy gynnig amrywiaeth o brofiadau iddynt, trwy gyfrwng oedfa neu Ysgol Sul, drama neu daith. Rhoddodd Iesu bwys mawr ar amrywio'r dulliau o gyflwyno'r Efengyl, a chredaf mai dyna'n braint a'n dyletswydd ninnau hefyd. Nodwedd arall i bregethu Iesu oedd ei fod yn addasu ei ddull o siarad ar gyfer ei gynulleidfa. Er enghraifft, wrth siarad ar lethrau'r mynydd, siaradai iaith yr amaethwr; ar lan y llyn, iaith y pysgotwr; ac yn y Synagog, iaith yr ysgolhaig. A dyna ymgais arall gennyf: ceisio dod i adnabod y bobl rwy'n gweinidogaethu iddynt a siarad eu hiaith nhw. O ran cynnwys fy mhregethau, dwy o'r themâu canolog yw cariad diderfyn

Duw yn Iesu Grist i bawb – pwy bynnag ydynt a beth bynnag eu cefndir – sy'n dymuno perthynas â'r Arglwydd, a'r ffaith fod y gobaith hwn am berthynas byw ag Ef wedi ei seilio ar aberth a buddugoliaeth Iesu Grist. A'r gair 'cariad' yn prysur ddiflannu o'r cyfryngau cyhoeddus, credaf mai ein braint a'n dyletswydd ni yw ei rannu, gan gredu y bydd yr Arglwydd, trwy'r Ysbryd, yn ein harwain a'n nerthu i gyflawni'r gwaith.

Yn ystod haf 2012, cefais gyfle gan Undeb yr Annibynwyr i fynd i gynhadledd CWM yn Samoa Americanaidd; profiad bythgofiadwy o weld yr amrywiaethau yn nhraddodiadau pobl o bob cwr o'r byd, ond profiad hefyd a agorodd fy llygaid o ddifrif am y tro cyntaf i sylweddoli mai rhan o deulu llawer iawn mwy ydym yma yng Nghymru – teulu byd-eang Iesu Grist. Canlyniad y flwyddyn o hyfforddiant oedd i mi dderbyn galwad i fod yn weinidog i eglwysi'r Ofalaeth, ac mewn oedfa yn yr Hen Gapel ar Fedi 29, 2012 cefais f'ordeinio a'm sefydlu'n weinidog. Mae'r gwaith yn parhau a'r gefnogaeth a gaf gan aelodau'r Ofalaeth yn amhrisiadwy. Erbyn hyn hefyd mae Capel yr Annibynwyr yn Y Bala wedi ymuno â ni ac yn cydweithio'n hapus.

Mae un person nad wyf wedi ei chrybwyll ond unwaith hyd yma, sef Nerys fy ngwraig. Llangefni yw cartref Nerys. Yno, yn yr Ysgol y bu i ni gyfarfod; ac roedd hi a'i theulu yn yr oedfa gyntaf honno yng Nghapel Lôn Y Felin. Bûm yn ffodus o gyfarfod â Nerys gan ei bod yn dod o'r un math o gefndir a mi, a'i theulu'n aelodau gweithgar iawn yng Nghapel Moreia, Llangefni, a Nerys yn un o'r organyddion yno. Yn rhyfedd iawn, i'r Brifysgol ym Mangor yr aeth hithau hefyd i wneud gradd mewn Cymraeg a Diwinyddiaeth. Am rai blynyddoedd, bu'n athrawes Addysg Grefyddol yn Ysgol Uwchradd Llanfair Caereinion, cyn derbyn swydd gyda Chymdeithas Y Beibl fel Swyddog Addysg a Rheolwraig Canolfan Byd Mary Jones yn Llanycil, ger Y Bala. Ym mis Mai 2015, fe'n priodwyd yng Nghapel Moreia. Erbyn hyn, rydym wedi hen ymgartrefu yn Llanuwchllyn. Daeth newid i'n rhan ym mis Hydref 2017 pan anwyd ein merch fach, Miriam Alys. Buan iawn yr oedd hi'n dod i'r Ysgol Sul ac i ambell oedfa! Efallai eich bod yn meddwl ei bod braidd yn ifanc i gychwyn mynychu Ysgol Sul ac oedfa; ond rwy'n diolch mai dyna sut y cychwynnodd fy stori i ac y deuthum i adnabod a charu a gwasanaethu Iesu Grist.

Peter M. Thomas

Bywgraffiad

Mab fferm Cilaugwyn, ar gyrion tref Llanelli, yw'r Parchg Peter Morgan Thomas. Addysgwyd ef yn Ysgol Gymraeg Dewi Sant ac Ysgol Ramadeg y Bechgyn, Llanelli. Mynychai eglwys Moriah, Llanelli ac yno y cafodd ei fedyddio. Treuliodd chwe blynedd yng Ngholeg y Bedyddwyr a Choleg Prifysgol Bangor. Ordeiniwyd ef yn weinidog ym mis Awst, 1974 yn eglwys hynafol y Bedyddwyr yn Rhydwilym, ac ehangwyd yr ofalaeth i gynnwys eglwys y Gelli yn 1979. Wedi un mlynedd ar ddeg o weinidogaeth yn y cylch hwnnw symudodd i Aberystwyth ym mis Awst 1985, i weinidogaethu ym Methel, Aberystwyth a Horeb, Penrhyn-coch hyd ddiwedd 2004; ehangwyd ei ofalaeth yn 1994 i gynnwys eglwysi Carmel, Pontrhydfendigaid a Bethel, Swyddffynnon. Yn 2004, penodwyd ef yn Ysgrifennydd Cyffredinol Undeb Bedyddwyr Cymru, ac arhosodd yn y swydd nes iddo ymddeol ddiwedd 2014. Y mae'n briod â Meryl ac y mae ganddynt ddau o blant, Owain a Nia, a dwy wyres, Zara Fflur ac Emily Haf.

'Dyma fi, anfon fi … Dos …'

Amaethwr oedd fy nhad. Roedd yn gampster ar aredig; a byddai'n fy siarsio, cyn cychwyn ar gamp o'r fath, i fesur y maes a gosod pegiau yn eu lle er mwyn sicrhau wrth agor grwn a threiglo'r gŵys gyntaf ei bod yn syth a chywir ac yn batrwm ac yn drywydd i'r gweddill ei dilyn. Ond yr oedd yr un mor ofalus fod y talyrnau'r un mor daclus, 'rhag ofn' chwedl yntau, 'y byddai cymdogion yn digwydd dringo i ben cloddie a bwrw golwg ar y gwneud'. Rwy'n ddyledus i'r rhai a'm gosododd ar ben ffordd ac a fu'n gymorth i mi osod pegiau cyn mentro cydio yng nghyrn yr arad a braenaru maes fy ngweinidogaeth. Bu eu dylanwad a'u hanogaeth yn fodd i'm cyfeirio a'm calonogi, a bu'r fagwraeth Gristnogol a gefais ar yr aelwyd yng Nghilaugwyn yn waddol hynod a gwerthfawr. Mawr yw fy nyled i'm rhieni a'm teulu, i'm gweinidog y Parchg Dewi Davies ac i athrawon ymroddedig yr Ysgol Sul ym Moreia, Llanelli. Roedd arweiniad a dylanwad athrawon a phrifathrawon ysgol a choleg yr un mor bwysig, a bu'r cyfnod a dreuliais ym Mangor yn ymbaratoi ar gyfer y Weinidogaeth yn werthfawr a chofiadwy.

Wrth wraidd y cymhelliad i'r Weinidogaeth yr oedd yr argyhoeddiad syml mai *galwad Duw* ydoedd, ac mai braint bennaf fy mywyd oedd ymateb i'r alwad gan ymroi i ddangos Iesu yn ei gyfoeth anchwiliadwy a'i brydferthwch digymar, a'i arddel yn Arglwydd a Gwaredwr fy mywyd. Gall yr alwad honno gael ei mynegi mewn amrywiol ffurf – mewn llais distaw main, mewn ymateb i gymhelliad taer neu anogaeth. Yn hanes rhai, bydd yn cyniwair yn araf, ond i eraill mae'n llawn fflachiadau, goleuni a drama. Ond mae'r modd yr ymatebwn i'r alwad honno'n datgelu dyfnder ein hymroddiad a mesur ein ffydd.

Yn y chweched bennod o broffwydoliaeth Eseia, gwelwn sut yr ymatebodd yntau i'r alwad hon: 'Yna clywais yr Arglwydd yn dweud: "Pwy a anfonaf? Pwy a â drosom ni?" Atebais innau, "Dyma fi, anfon fi". Dywedodd, "Dos, dywed wrth y bobl hyn …"' Yn y penodau blaenorol, cyflwynodd Eseia bob math o esgusodion dros beidio â bod yn broffwyd: ei annheilyngdod, ei gyflwr a'i ddiffygion. Ond profwyd fod galwad Duw'n rhagori ar gymwysterau ac addasrwydd. Nid profiad nac arbenigedd na dawn cyfathrebu sy'n cyfrif, ond ein hymateb syml: 'Dyma fi, anfon fi'. Y parodrwydd i fynd a gwneud a dweud yn ei enw, gan weld wrth wneud fod Duw wedi darparu ar ein cyfer stôr o brofiadau anhygoel sydd y tu hwnt i bob dirnadaeth.

Roeddwn newydd ddathlu fy mhen-blwydd yn bymtheg oed pan ddaeth gŵr saith troedfedd o Dexas yn yr Unol Daleithiau i gynnal crwsâd efengylaidd yn Llanelli. Cynhaliwyd y cyfarfodydd yn fy mam eglwys, Moreia. Roedd y capel dan ei sang trwy'r wythnos. Perry Ellis y pregethwr, ac mewn ymateb i genadwri rymus Gair Duw yr ymdeimlais innau â galwad Duw ar fy mywyd a 'dewis Iesu a'i farwol glwy' yn Frawd a Phrynwr i mi mwy'.

Nid ymateb sydyn ydoedd; nid yn gymaint follt o argyhoeddiad, ond penllanw ymdeimlad ac argyhoeddiad tawel a fu'n cyniwair ynof ers amser mewn gwirionedd. Ac fel yn hanes Timotheus s'lawer dydd, cefais innau hefyd brofi o'r 'ffydd ddiffuant' a fu'n eiddo i'm rhieni ac i'm mam-gu ac a amlygwyd ynof finnau.

Roeddwn i, yr hynaf o dri brawd, yn tybio fod fy nhad yn disgwyl i mi aros gartref ar y fferm. Rwy'n cofio dod nôl o'r ysgol un prynhawn a holi mam, 'Ble ma' Dad?' 'Yng ngha' Ffynnon wrth y gwair,' meddai hithau. Wedi newid o'm dillad ysgol, euthum i'r cae ym mhen draw'r ffarm, lle'r oedd fy nhad yn eistedd ar fêl o wair. Yn betrus, eisteddais wrth ei ochr a dweud wrtho, 'Mae'n siŵr y daw hyn yn siom i chi, ond rwy'n credu fod Duw yn fy ngalw i fod yn weinidog ac nid yn ffarmwr'.

'Rwy'n gwbod,' medde'n nhad.
'Beth ychi'n feddwl, "Rwy'n gwbod"?' meddwn.
'Fe ddwedodd yr angel wrtha i.'
'Angel! Pa angel?' meddwn innau.

'Yr angel dda'th i'r llofft pan roeddet ti'n faban bach mewn crud wrth ochr y gwely. Fe ddihunais yn sydyn, ac yno wrth droed y gwely ro'dd yna anferth o angel; ro'dd e'n crymu o dan nenfwd yr ystafell wely, a dyna i gyd a ddwedodd yr angel gan gyfeirio'i law at y crud lle'r oeddet ti'n cysgu, "Mae gen i waith ar ei gyfer e".'

Do'dd fy nhad heb ddweud yr un gair wrthyf, a phan ddwedodd e' wrth Mam, fe ddwedodd hi, 'Paid â dweud wrth neb, neu mi fyddant yn meddwl dy fod off dy ben'. Ond bu'r dweud hwnnw rywsut yn fodd i gadarnhau galwad Duw ar fy mywyd, ac mewn oriau unig – a'm hysbryd yn lleddf – byddaf yn ail fyw'r profiad a gefais yng Ngha' Ffynnon, a geiriau fy nhad am yr angel '*bod ganddo waith ar fy nghyfer*'.

Ar adegau, mae'r peth yn ddigon i godi gwallt fy mhen ac i'm cyfareddu'n llwyr, ac rwy'n gwbl argyhoeddedig taw dyna ydoedd 'bwriad Duw a'i alwad ef'. Byddaf yn rhyfeddu'n aml at y modd y bydd Duw'n defnyddio pob math o gyfryngau, gan gynnwys angylion ar dro, i gadarnhau'r hyn y mae am i ni ei gyflawni; a byddaf ar adegau wrth droi i'm taith yn dyheu am gael profi'r asbri a'r disgwyliad a oedd gennyf wrth i mi fwrw iddi'r tro cyntaf a thorri'r gŵys gyntaf honno yn fy ngweinidogaeth. Oherwydd yn ddi-os, mae i gychwyn pethe ei ramant a'i hynodrwydd, ei gyffro a'i wefr nodedig; a gall y man cychwyn hwnnw fod yn dyngedfennol. Ac y mae cofio'r profiad hwnnw'n fodd i ysgogi a chadarnhau ein taith yn gyson.

Fe dda'th mam-gu gyda fi i bregethu fy mhregeth brawf yn Rhydwilym ar noson Ffair Crymych yn haf 1973, gan aros yn y cwrdd eglwys a ddilynodd yr oedfa a hynny'n ddiarwybod i mi a'r Parchg Mathias Davies a fu'n llywio'r oedfa. Fe arhosodd mam-gu i wrando ar delerau'r alwad 'if you please', a rhannu'r cynnwys â mi ar ein taith tua thre.

Pam dewis Rhydwilym? Wel, do'dd dim dewis mewn gwirionedd am fy mod yn gwbl argyhoeddedig mai galwad Duw a barodd i mi fod yno'n weinidog i Iesu Grist. Rwy'n diolch i Dduw am ei alwad ar fy mywyd a'i ofal a'i arweiniad ar hyd y blynyddoedd. Diolch am y drysau cyfle a agorwyd a'r profiadau dwfn a gafwyd, ac am yr atgofion cysegredig sy'n rhedeg fel llinyn arian ac yn plethu'r digwydd i gyd.

Aeth yn agos i bump a deugain o flynyddoedd heibio bellach ers y prynhawn cyfareddol hwnnw, ddydd Mercher, Awst 28ain, 1974, pan gefais f'ordeinio yn weinidog i Iesu Grist ym mhulpud Rhydwilym, mewn paradwys o gwm ar y ffin rhwng siroedd Penfro a Chaerfyrddin. Roedd y capel dan ei sang, a llawn cymaint y tu allan yn ôl pob tebyg ag oedd y tu fewn. Os bu awr fawr erioed yn fy hanes, roedd honno'n sicr ymhlith y mwyaf. Roedd y Prifathro D. Eirwyn Morgan yn ei uchel fannau yn fy siarsio a'm cynghori ar gyfer fy ngweinidogaeth a'm gyrfa; ac mae'r cynghorion hynny'n dal i'm hysbrydoli. Euthum yno'n olynydd i'r diweddar Barchg Haydn John Thomas, a fagwyd ym Mhenygroes yn ardaloedd y glo caled. Roedd Eirwyn Morgan yn hanu o'r un ardal, ac roedd wedi dweud wrthyf, 'Pe bydde Haydn Thomas yn gwybod taw chi a fydde'n dod yn olynydd iddo mi fydde'n siŵr o ddweud yn ei ffraethineb arferol, "Who the hell does he think he is, that he can follow me?"' Ond i Rydwilym yr euthum, nid i ddilyn neb ond mewn ymateb i alwad Duw; ac rwy'n diolch am y fraint o gael cychwyn fy ngweinidogaeth yno a phrofi hynawsedd y bröydd hynny a'u pobl. Ac yr oedden nhw'n flynyddoedd da.

Fe gafwyd ambell gwrdd
a ddaeth a'i bwythau aur i'r patrwm,
a dwyn elfennau coeth i'r rhannu a'r dyheu,
a phrofwyd dwyster syn wrth dorri bara -
yn sŵn rhaeadrau dŵr a'r 'gwaed a lifodd ar y groes'.
A phrofais yno rin y glos-gymdeithas
yng ngoruwchystafell y Lofft fach –
a chael o gwmni'r Crist ar fore'r bedydd
yn nhrochion clir y Cleddau ar ei thaith.
A chyda'r hwyr ei gael yn camu wedyn
dros weundir Troed-y-rhiw i ardd Pensarn
a minne gyda Brynmor wrthi'n grac wrth Judas
am werthu'r Crist am bitans mewn shwd fan.
A fry ar fryncyn moel Dolfelfed
Fe godwyd croes a'i sigo yn ei lle.
Ac yno bu yn hongian do dan hoelion
Nes torrodd gwawr, a choncwest yn ei sgil;
A daeth y Pasg i gerdded Cwm Rhydwilym
Gan dreiglo maen y bedd a herio'n byd.

Dyna'r fan y cafodd Meryl a finne gychwyn ein byw. Yno y magwyd ein plant, Owain a Nia, ar aelwyd gynnes Bryngwilym. Ac os daeth unrhyw rinweddau i'r amlwg yn fy ngweinidogaeth ers i mi gamu oddi yno i wlad y Cardis, ac yna i'm swyddogaeth fel Ysgrifennydd Cyffredinol Undeb

Bedyddwyr Cymru, mae gen i ryw syniad y bu Rhydwilym rywsut yn gyfrwng i'w meithrin a'u cyfeirio.

Wedi un mlynedd ar ddeg ffarweliwyd â'r baradwys honno, a throi am Geredigion yn 1985 a dod yn weinidog i Horeb Penrhyn-coch a Bethel Aberystwyth, gan ymestyn fy ngweinidogaeth yn ddiweddarach a bwrw golwg dros eglwysi Bethel Swyddffynnon a Charmel Pontrhydfendigaid. Roedd symud i Aberystwyth yn gyfle i ehangu gorwelion ac i brofi bwrlwm y doniau a oedd yno yn y cyfnod hwnnw: doniau arweinyddol a cherddorol. Ac fel yng nghyfnodau cynharach fy ngweinidogaeth, cefais gyfarfod a chydweithio ag unigolion a lwyddai trwy eu dylanwad a'u crebwyll a'u gweledigaeth i sicrhau fod pethe ar gynnydd a bod y dystiolaeth yn egnïol o blaid Teyrnas yr Arglwydd Iesu Grist.

Mae edrych yn ôl dros ysgwydd y blynyddoedd hynny fel agor cist o ddrysorau, a chodi o'i chynnwys atgofion a phrofiadau am y rhannu a'r dyheu. Ymhlith y lliaws profiadau, bydd ambell un yn aros yn hir yn y cof, ambell awr fawr a'i gwefr yn dal i losgi'n eirias, fel Oedfa'r Steddfod Genedlaethol o Faes Gelli Angharad yn 1992 a'r cyflwyniadau mynych a'r dramâu cerdd. Ac yn y cofio, daw i'm meddwl ryw gymeriadau hynaws ac annwyl y cefais y fraint o'u hadnabod a rhannu cymdeithas â hwy: anwyliaid sydd bellach wedi'n blaenori ac wedi esgyn i rengoedd yr orymdaith honno 'ar y rhiwiau garw' y soniodd Llwyd amdanynt. 'Gorymdaith gain y gwŷr sy'n gwrthod marw.' Bob hyn a hyn, yn arbennig wrth i mi ddychwelyd i ambell fan neu lecyn cysegredig, byddaf yn synhwyro eu bod nhw yno o hyd ymhlith cwmnïaeth y cwmwl tystion ac yn rhannu yng ngorfoledd y digwydd. Rhai fel Sally Jenkins, y bu ei chyfraniad egnïol i'r Ysgol Sul yn Horeb yn nodedig. Hi oedd y gyntaf i mi ei chyfarfod pan es yno i bregethu ar brawf. Cyrraedd ar gyfer oedfa'r prynhawn, a digwydd bod yn gynnar am unwaith a sylwi ar hen wraig yn dod o gyfeiriad y festri. 'Prynhawn da,' meddai wrth gerdded heibio. 'Prynhawn da,' meddwn innau. Ac yna fe stopiodd yn stond. 'Chi yw Mr Thomas?' 'Ie,' meddwn i. 'Sefwch fanna; a'i nôl Defi nawr.' O ddeall, Defi oedd neb llai na'r Dr David Jenkins, y Cyn-lyfrgellydd Cenedlaethol ac ysgrifennydd eglwys Horeb; ac o fewn dim fe dda'th Defi (nid fy mod i wedi beiddio ei alw yn Defi erioed), a synhwyrais o'r foment honno fy mod yng nghwmni gŵr go arbennig a chryn athrylith.

Bu'r cyfarfyddiad hwnnw'n gychwyn cyfeillgarwch a ddyfnhaodd gyda'r blynyddoedd, ac a gyfoethogwyd gan fesur helaeth o edmygedd a pharch. Roedd yn ŵr o weledigaeth, a'r achos yn Horeb yn agos iawn at ei galon. Bu ef ac amryw o rai eraill yn deyrngar ac yn ddi-ildio eu cefnogaeth ac yn fawr eu dylanwad arnaf. Rwy'n diolch am y fraint o gael adnabod pob un ohonynt, ac mae'r atgofion amdanynt yn gysegredig.

Ar fur Capel Horeb Penrhyn-coch, mae borden ac arni restr o enwau'r gweinidogion a wasanaethodd yno dros y blynyddoedd: 'Heuwyr a Gweinidogion y Gair'. Ar waelod y rhestr honno, gosodwyd fy enw i ynghyd â'r dyddiad yn 1985 y deuthum yno'n weinidog. Yn dilyn y dyddiad rhoddwyd 'dash'. Fe groesodd fy meddwl lawer tro, pa ddyddiad tybed a fyddai'n ymddangos wedi'r 'dash?' Ac eto, wedi meddwl, nid y dyddiadau sy'n bwysig ond y 'dash'. Dyna'r peth arwyddocaol, gan mai hwnnw sy'n adrodd am yr hyn a gyflawnwyd rhwng y dyddiadau. Hwnnw'n sy'n nodi sylwedd y weinidogaeth, yn sôn am yr hyn a rannwyd a'r profiadau a gafwyd, am gyfnodau bwrlwm a chyfnodau tawel, y trai a'r llanw, y rhwystredigaethau a'r gobeithion. Erbyn hyn gosodwyd enw arall ar waelod y forden, a dyddiad a 'dash' gwahanol wedi i'r Parchg Judith Morris ymateb i alwad yr Un Arglwydd a dod yn olynydd i mi. Byddaf yn diolch i Dduw yn gyson amdani, a mawr fu'r bendithion a gafwyd dan ei gweinidogaeth egnïol. Wedi i mi ymddeol o'm swydd fel Ysgrifennydd Cyffredinol Undeb Bedyddwyr Cymru ar derfyn 2014, daeth Judith i ysgwyddo'r Ysgrifenyddiaeth, y ferch gyntaf a benodwyd i'r swydd; ac y mae ei gweledigaeth dreiddiol a'i harweiniad doeth eisoes yn dwyn ffrwyth o fewn ein henwad a thu hwnt.

Falle taw'r camgymeriad a wnawn yn aml yw meddwl bod modd i ni gyflawni bwriadau Duw yn ein nerth a'n gallu ein hunain. Rwy'n siŵr fod nifer wedi profi drysau'n cau'n glep yn ogystal â drysau'n agor. Nid yn unig y mae'n rhaid ymateb i alwad Duw ond rhaid hefyd ymddiried ynddo wrth i ni gyflawni ei fwriadau. Braint aruchel oedd cael camu trwy ddrws cyfle Duw ac ysgwyddo'r cyfrifoldeb o fod yn Ysgrifennydd Cyffredinol Undeb Bedyddwyr Cymru a chael rhannu gwaith gyda'm cyfaill, y Parchg Marc Owen a'r tîm egnïol a theyrngar yn Nhŷ Ilston, Abertawe ac yn y Llwyfan yng Nghaerfyrddin wedi hynny. O edrych dros ysgwydd y degawd hwnnw, yr hyn a fu'n fy nghynnal a'm calonogi oedd y modd y bu Duw ar waith trwy gydol y cyfnod yn gosod ei law ar unigolion a'u galw i'w waith. O ran niferoedd, fe ddechreuon nhw'n fychan - saith gweinidog, 'the Magnificent Seven' fel y cyfeiriwyd atynt yn un o'n cynadleddau blynyddol. Ond gyda'r blynyddoedd, fe brofwyd y wefr o weld y rhifau'n cynyddu i ddeugain o weinidogion, deugain nad o'dd yno yn 2005 pan gychwynnwyd ar bethe; ac rwyf wedi rhyfeddu at fendithion cyson Duw, am y storïau da a'r patrymau newydd a ddaeth i'r adwy wrth iddo ddatguddio'i gynlluniau anhygoel ar ein cyfer.

Mae gan dîm talwrn Crannog englyn godidog sy'n herio ein pesimistiaeth a'n diffyg menter yn oes y trai:

Mae llai yng nghyrddau Seion o'r hanner
Er hynny yn gyson
Fore Sul, heb fawr o sôn
Daw Efe i'r oedfaon.

A phan ddaw Efe, mae pethe'n digwydd, ac y mae ias ei gyffyrddiadau a grym ei atgyfodiad yn dwyn cyffro ac argyhoeddiad i ni.

Weithiau, caiff pobl yr argraff fod *galwad Duw* yn ecsgliwsif, ar gyfer pobl grefyddol a defosiynol, pobl sydd wedi byw'n gymeradwy ac o ganlyniad wedi derbyn ffafriaeth Duw. Ond eithriadau yw'r rheini mewn gwirionedd, gan mai pobl gyffredin yw trwch y rhai y mae Duw yn eu galw; pobl sy'n ymwybodol o'u gwendidau a'u methiannau ac yn aml yn teimlo'n gwbl annheilwng i ymateb i gomisiwn Duw. Ac aralleirio'r anogaeth a geir gan Paul yn ei lythyr at eglwys Philipi (3:13), 'Fy nghyfeillion annwyl gadewch i ni roi heibio'r hyn sydd o'r tu cefn inni ac ymestyn yn daer i'r hyn sydd eto i'w gyflawni gan afael yn gadarn yn y bwriad hwnnw a roes fynegiant i'n gwneud - sef galwad Duw ar ein bywyd ni'.

Mae gan rai'r ddawn i weld y darlun cyflawn o'r cychwyn, fel yr artist sy'n gweld y darlun gorffenedig o'r cychwyn. Nid un o'r bobl hynny ydw i. Mae fy ngwelediad i'n debyg i ddarlun 'polaroid'; yr hiraf yr edrychaf arno, y mwyaf clir y daw. Wrth i mi gychwyn fy ngweinidogaeth dros ddeugain mlynedd yn ôl doedd gen i ddim syniad lle y byddwn yn trin y talyrnau, a does gen i ddim syniad beth fydd gweddill y stori. Ond rwy'n dal i ymddiried a disgwyl am gyfeiriad a thrywydd Duw ynglŷn â hynny gan gredu fod gair yr angel yn parhau'n ddilys.

Ond rhag ofn i chi feddwl iddi fod yn fêl i gyd, a bod yr haul wedi disgleirio bob amser, a bod yr 'optimist' ynof yn gweld popeth ar i fyny, mae'n rhaid dweud y bu tywydd garw ac ambell storm ar adegau, a bod 'chwip o eiriau pigog llym' nawr ac eilwaith wedi dod â loes a chraith. Ond bob hyn a hyn dof ar draws rhyw eiriau sy'n llwyddo i siarad i mewn i'm sefyllfa ac i'm calonogi, fel petai Duw wedi peri i mi droi tudalen a'u canfod. *'Nid cri'r beirniad sy'n cyfrif, na'r rhai sy'n dilorni cwymp y cadarn neu'n dannod ymdrech y gellid fod wedi ei gwneud yn well. Fe berthyn clod i'r rhai drwy chwys eu hwyneb a wiredda eu gobeithion gwiw - sy'n gwyro, yn llithro dro ar ôl tro gan nad yw ymdrech heb ei siâr o fethiant nac o siom. Ond yn dal ati'n egnïol i ddringo'n uwch ac uwch a chanfod yn y gwneud yr hyn yw afiaith a boddhad - yn gwario'u heinioes i'r eithaf wrth ymestyn at y nod, ac os digwydd iddynt fethu'r copa o leiaf yn trengi wrth fentro. Nid gyda'r eiddil a'r gwachul fydd eu lle hwy gan na phrofodd y rhelyw beth oedd ennill na cholli chwaith'* (geiriau Theodore Roosevelt).

Rwy'n meddwl weithiau y byddai'n dda i ni ymgadw rhag gweddïo ar i Dduw ein bendithio yn yr hyn a wnawn ni, a gweddïo'n hytrach ar i ni wneud yr hyn y mae ef am ei fendithio. Gweddïo am gael bod i mewn yn y peth y mae Ef yn ei wneud ac yn ei fendithio, a chanfod ei weledigaeth ef ar gyfer ein bywyd ni a'i eglwys. Trwy gydol fy mywyd mae'r weledigaeth wedi bod yn allweddol i ddirnad ewyllys a bwriadau Duw.

Rai blynyddoedd yn ôl, cafwyd y ffilm 'Son of God' a oedd yn seiliedig ar fywyd Iesu. Mewn un olygfa, gwelir Iesu'n taenu gweledigaeth gyda'r fath afiaith nes bod y rhai sy'n ei derbyn yn gweld eu bywydau o bersbectif hollol wahanol. Mae Iesu yn y cwch gyda Pedr, ond caiff yr alwad i fynd i bysgota ymateb negyddol gan Pedr; ''Does dim pysgod allan yno'. Ond pan wêl Pedr drosto'i hun y gallu anhygoel hwn ar waith mae'n tynnu'r rhwydau llawn i'r cwch. Mae'n holi beth yw bwriad Iesu yn hyn i gyd; "Sut ddigwyddodd hyn?"

"Rwyf am roi i ti'r cyfle i newid dy fywyd Pedr - rho i mi awr ac fe roddaf i ti fywyd cwbl newydd."

"Pwy ddwedodd fy mod i am newid fy mywyd," yw ymateb Pedr.

"Pedr," medde Iesu wrtho – "dilyn fi – rho'r gorau i werthu pysgod ac fe'th wnaf yn bysgotwr dynion".

Yr unig beth y medrai Pedr weld oedd dyfodol o bysgota, ond dywed Iesu wrtho, "Na, na, gall dy ddyfodol di gyflawni cymaint mwy a chreu llawer mwy o argraff na'r hyn y medret ei gyflawni yn y cwch bach hwn. Dilyn fi – rydyn ni'n mynd i newid y byd."

Dyna mi gredaf yw galwad Iesu ar ein bywydau ni; dyna'r weledigaeth; dyna'r dystiolaeth; a dyna'r genhadaeth i'n heglwysi yn y cyfnod hwn. Mae angen mynd yn ôl at y pethau sylfaenol ynglŷn â'n ffydd a chynnig Efengyl sy'n newid bywydau pobl ac yn newid y byd.

Alun a Gwilym Tudur

Bywgraffiadau

Alun Tudur

Un o fechgyn Bangor yw Alun, a'i gartref ysbrydol oedd Eglwys Annibynnol Pendref Bangor. Derbyniodd ei addysg yn Ysgol St Paul ac Ysgol Uwchradd Friars ym Mangor a'i hyfforddiant diwinyddol yng Ngholeg Annibynnol Bala-Bangor, gan ennill graddau B.D. a Ph.D. Bu'n weinidog yn Eglwys Annibynnol Ebeneser, Wrecsam, ac ef ar hyn o bryd yw gweinidog Ebeneser, Caerdydd. Alun yw prif olygydd *Y Tyst*, wythnosolyn yr Annibynwyr. Mae'n briod â Vikki ac yn dad i Gwilym a Lowri.

Gwilym Tudur

Ganwyd a Magwyd Gwilym yng Nghaerdydd, ac yn Eglwys Annibynnol Ebeneser Caerdydd lle mae Alun, ei dad yn weinidog. Derbyniodd ei addysg yn Ysgol Mynydd Bychan ac Ysgol Gyfun Gymraeg Glantaf. Enillodd radd mewn Hanes a Chymraeg yng Ngholeg Prifysgol Cymru Aberystwyth, ac mae bellach yn astudio Diwinyddiaeth yn Wycliffe Hall, Prifysgol Rhydychen.

'Mi Glywaf Dyner Lais'

Mae ysgrifennu pennod ar y cyd fel tad a mab am hanes ein galwad i'r Weinidogaeth Gristnogol yn fraint aruthrol ac yn her eithriadol. Ar y naill law, braint yw cael dwyn tystiolaeth i'r modd y mae'r Arglwydd, yn ei ras a'i drugaredd - am ryw reswm - wedi dewis gweithio trwy ein teulu ar hyd y blynyddoedd, a galw rhai ohonom i weinidogaeth neilltuol yng Nghymru. Yn ddi-os, mae hanes gwaith Duw weithiau'n gorgyffwrdd â hanes teuluol. Mab i weinidog oedd Jonathan Edwards (1703-1758) ac ŵyr i weinidog oedd yr enwog C. H. Spurgeon (1834-1892). Yn wir, nid oes ond rhaid enwi'r brodyr Henry a William Rees neu Dr John ac Owen Thomas i ddwyn tystiolaeth i'r modd y mae'r Arglwydd yn ei ras ambell dro'n gweithio trwy deuluoedd. Er hynny, gall y fraint aruthrol hon gael ei chamddeall yn llwyr gan arwain at berygl eithriadol, sef her y bennod hon. Yr her yw pwysleisio'n gwbl glir nad yw'r alwad i'r Weinidogaeth yn 'draddodiad' teuluol nac yn 'grefft' deuluol chwaith. Yn wir, mae'r Beibl yn gwbl glir na chaiff neb ei eni'n Gristion nac ychwaith yn weinidog yr Efengyl. Nid yw cael eich geni'n blentyn i Gristion yn eich gwneud yn Gristion; nid yw cael eich geni'n fab i weinidog yn golygu y byddwch hefyd yn weinidog. Mae'r Arglwydd Iesu'n esbonio wrth Nicodemus yn Ioan 3:6 'Oni chaiff rhywun ei eni o ddŵr a'r Ysbryd ni all fynd i mewn i deyrnas Dduw'. Gan ein bod yn cael ein geni'n bechaduriaid (Salm 51:5), y mae'n rhaid i'r Arglwydd yn gyntaf ein 'galw' i edifeirwch a ffydd yn Iesu Grist a'i groes (1 Corinthiaid 1:9). Yn wir, mae Pedr, yn ei lythyr cyntaf, yn disgrifio iachawdwriaeth fel 'galwad' o dywyllwch ein pechod i oleuni'r Arglwydd Iesu (1 Pedr 2:9). Gras Duw - nid traddodiad teuluol - sy'n galw pechaduriaid i ffydd yn Iesu. Gras Duw - nid traddodiad - sy'n galw pechaduriaid i'w wasanaethu Ef fel gweinidogion yr Efengyl. Ond braint, er hynny, yw tystiolaethu i waith sofran gras Duw mewn teulu.

Hanes galwad Alun

Roeddwn yn sefyll yn y gynulleidfa yn oedfa olaf Gŵyl Llanw 2018, yn neuadd gymunedol Cydweli, yn addoli'r Arglwydd. Roedd hi'n oedfa wresog gydag ymdeimlad clir fod Ysbryd Duw ar waith yn eneinio'r moliant, yn donio'r arweinwyr ac yn tywys yr addolwyr i ganmol yr Arglwydd Iesu Grist. Dechreuodd y mawlweinydd Siân Rees, ganu'r geiriau cyfarwydd, 'Mi glywaf dyner lais, yn galw arnaf fi, i ddod a golchi meiau i gyd, yn afon Calfarî'. Geiriau a genais ganwaith o'r blaen, ond y noson honno roedd blas arbennig arnynt. Blas newydd. Canwyd y cytgan, a phwysleisiwyd dro ar ôl tro'r geiriau 'Arglwydd, dyma fi, ar dy alwad di'. Trodd y profiad o fod yn ganu torfol i fod yn ganu personol, a minnau unwaith eto'n fy nghyflwyno fy hun – fy mywyd a'm doniau – i'r Arglwydd ac i waith ei deyrnas. Profiad amheuthun yw addoliad bywiol. 'Arglwydd, dyma fi, ar dy alwad di,' meddwn i, o eigion dyfnaf fy nghalon gan gydnabod arglwyddiaeth Duw arnaf a'i alwad parhaus i'w waith. Trwy'r Iesu, fe'm prynodd; ei eiddo Ef ydwyf, a'm braint yw ei wasanaethu. Anogaeth Paul i'r Cristnogion yn Rhufain oedd: 'Felly, am fod Duw wedi bod mor drugarog wrthoch chi, frodyr a chwiorydd, dw i'n apelio ar i chi roi eich hunain yn llwyr i Dduw. Cyflwyno eich hunain iddo yn aberth byw – un sy'n lân ac yn dderbyniol ganddo' (Rhufeiniaid 12:1, Beibl.net).

Yn yr oedfa honno yng Nghydweli, cadarnhawyd eto alwad Duw arnaf, a brofais gyntaf yn f'arddegau hwyr ac a atgyfnerthwyd yn gyson dros y blynyddoedd. Dywedodd C. H. Spurgeon, 'Conversions are not run into molds,' ac mae'r un peth yn wir am y modd y mae Duw'n galw unigolion i'w waith. Nid oes patrwm rhagosodedig. Rhan amlaf, mae'r Arglwydd yn defnyddio trwp o bobl, yn gyfryngau a dylanwadau. Cymharwch hanesion yr Arglwydd yn galw Abraham (Genesis 12:1–3) Moses (Exodus 3), Eseia (Eseia 6) a'r Apostol Paul (Actau 9). Maent i gyd yn wahanol.

Teulu

Wrth fwrw golwg yn ôl tros ysgwydd y degawdau sylweddolaf bellach i mi gael magwraeth ddifyr, hapus a phur anarferol. Y cefndir oedd Bangor

Uchaf yng nghynnwrf gwleidyddol diwedd y 60au a dechrau'r 70au, a minnau'n byw yn Nhre Ddafydd a Choleg Bala-Bangor. Roedd dylanwad teulu a chymdeithas eglwys Pendref, Bangor yn fawr arnaf, a hynny'n aml yn ddiarwybod i mi fy hun.

Fi oedd y pumed plentyn yn y teulu, ac roedd gennyf ddwy chwaer, Nest a Meleri a dau frawd Rhys a Geraint. Roedd fy nhad Robert Tudur Jones yn ysgolhaig ac yn Brifathro Coleg Annibynnol Bala-Bangor, oedd yn hyfforddi pobl i fynd i'r Weinidogaeth Gristnogol. Er hynny, ni ofynnodd fy nhad erioed i mi os oeddwn am fynd i'r Weinidogaeth, heb sôn am roi pwysau o unrhyw fath arnaf. Roedd fy mam, Gwenllïan, yn gyfathrebwr, gwrandäwr a chynghorydd heb ei hail: darllenwr pobl oedd yn pwyso a mesur yn gywrain hyd a lled unigolion. Roeddwn ers fy mhlentyndod yn sŵn yr Efengyl. Byddai fy nhad weithiau'n cynnal oedfa deuluol ar yr aelwyd neu yn y babell yn ystod gwyliau'r haf. Byddwn yn mynd i gyfarfodydd a drefnwyd ar gyfer myfyrwyr yn y coleg, fel yr Ysgol Basg a chyfarfodydd nos Sul Bala-Bangor. Yn y cyfarfodydd hynny clywn yn gyson gan amrywiol siaradwyr am gariad rhyfeddol Duw tuag atom yn Iesu; am ei aberth trosom ar y groes a'i atgyfodiad; am yr angen i edifarhau a chredu ynddo; ac am y ffaith mai angen pennaf cenedl y Cymry oedd clywed y Newyddion Da a'i gredu. Aeth fy mrodyr hŷn Rhys a Geraint i'r Weinidogaeth, Rhys i eglwys Bethlehem, Gwaelod-y-garth a Geraint i eglwys Ebeneser, Caerdydd. Roedd dylanwad cartref a theulu yn drwm iawn arnaf, ond heb fod yn ormesol.

Eglwys

Yn Ysgol Sul eglwys Pendref o dan arweiniad y Parchg John Gwilym Jones, Nora Jones a Myfanwy Glyn Jones dysgais adnodau a phenodau o'r Beibl ar fy nghof, a dysgais am Iesu, ei berson, ei wyrthiau a'i wersi. Cefais fod yn rhan o deulu Iesu Grist gan dderbyn cartref ysbrydol cynnes a hyfforddiant sicr yn y Ffydd. Roedd yr holl bethau hyn yn ddylanwad mawr ar fy mhererindod ysbrydol. Yn f'arddegau hwyr y deuthum i ffydd yn yr Arglwydd Iesu. Trodd y wybodaeth oedd gennyf yn adnabyddiaeth o Iesu fel gwaredwr ac Arglwydd. Mae gwahaniaeth enbyd rhwng gwybod am Gristnogaeth ac adnabod Iesu. A rhywsut roedd pethau'n digwydd, blith drafflith, yn fy hanes, oedd yn cadarnhau fy ffydd ac yn fy ngalw i fod yn weinidog i Iesu Grist.

Trwy ddirgel ffyrdd mae'r uchel Iôr
yn dwyn ei waith i ben.

Gall rhai Cristnogion gyfeirio at un achlysur pryd y cawsant dröedigaeth, ond dod i argyhoeddiad a wneuthum i dros gyfnod hir a thrwy gyfres o ddigwyddiadau a dylanwadau. Ac onid fel hyn mae'r Arglwydd, trwy'r Ysbryd Glân, yn gweithio fynychaf yn ein calonnau gan barchu ein hamgylchiadau a'n personoliaethau fel unigolion? Dyma pam fod clywed tystiolaeth Cristnogion am waith Duw yn eu bywydau mor ddifyr ac amrywiol. Ac wrth gwrs, ynghlwm wrth gredu yn Iesu, yn ddieithriad, y mae galwad i'w wasanaethu. Gelwir pob Cristion yn ddiwahân i waith Ei Deyrnas, fel y dywed Pedr:

'*Ond dych chi'n bobl sydd wedi'ch dewis yn offeiriaid i wasanaethu'r Brenin, yn genedl sanctaidd, yn bobl sy'n perthyn i Dduw. Eich lle chi ydy dangos i eraill mor wych ydy Duw, yr Un alwodd chi allan o'r tywyllwch i mewn i'w olau bendigedig*' (1 Pedr 2:9, beibl.net).

Ond gelwir rhai ohonom i fod yn weinidogion llawn amser i eglwysi er mwyn cynorthwyo eraill i dyfu yn y ffydd ac i wasanaethu'r Arglwydd. Nid yw hon yn alwad uwch sy'n rhagori ar alwad Cristnogion eraill sy'n gweithio mewn ysgol a ffatri a swyddfa, neu fel saer neu gyfreithiwr, ond galwad i gyfeiriad neilltuol ac i gyfrifoldebau a breintiau arbennig. Mae gweinidog eglwys yn cael ei ryddhau gan ei gyd-aelodau i gyflawni gorchwylion na allant hwy eu cyflawni oherwydd cyfrifoldebau eraill.

Cadarnhawyd fy ngalwad i bregethu gan eglwysi Pendref, Bangor, Gerisim, Llanfairfechan a Charmel, Llanllechid. Mor bwysig yw bod unigolion sy'n teimlo galwad gan Dduw i waith Cristnogol yn cael barn Cristnogion ac eglwysi eraill am eu haddasrwydd neu eu hanaddasrwydd i'r gwaith. Mae'n rhaid i ymdeimlad o alwad yng nghalon unigolyn gael ei gadarnhau gan eglwys. Cadarnhawyd fy ngalwad i'r Weinidogaeth ymhellach trwy i mi gael fy ngwahodd i fod yn fugail eglwys Annibynnol, Ebeneser, Wrecsam.

Anaml iawn yr wyf wedi amau'r alwad gan Dduw i fod yn weinidog i'r Arglwydd Iesu. Unwaith neu ddwy dros y blynyddoedd – pan mae rhywun wedi cael llond bol – rwyf wedi edrych ar hysbysebion am swyddi eraill. Ond nid aeth ymhellach na hynny, oherwydd gwn yng nghrombil fy enaid mai tystio i Iesu a'i Efengyl yw bwriad yr Arglwydd ar fy nghyfer. Pennod yr wyf wedi troi ati'n fynych dros y blynyddoedd yw Jeremeia 20. Ynddi, mae'r proffwyd mewn gwewyr am ei fod wedi ei bwnio a'i garcharu am gyhoeddi neges Duw. Mae'n llyncu mul ac yn dweud na fydd byth eto'n cyhoeddi cenadwri'r Arglwydd. Ac yna ceir y geiriau trawiadol hyn:

'Yna y dywedais, Ni soniaf amdano ef, ac ni lefaraf yn ei enw ef mwyach: ond ei air ef oedd yn fy nghalon yn llosgi fel tân, wedi ei gau o fewn fy esgyrn, a mi a flinais yn ymatal, ac ni allwn beidio' (Jeremeia 20:9, BWM).

Mae'r tân hwn yn llosgi ynof finnau hefyd.

Yr hyn a deimlais yn aml, wyneb yn wyneb â'r alwad, yw f'annigonolrwydd a'm haneffeithiolrwydd yn y gwaith, a'r ffaith y dylwn fod yn well ac yn fwy effeithiol. Gofynnaf i mi fy hun, 'A oes gennyf y doniau a'r cymeriad cywir i fod yn weinidog?' Pan ddaw meddyliau fel hyn, rwy'n atgoffa fy hun nad fy ngwaith i ydyw ond gwaith yr Arglwydd hollalluog, ac y bydd Ef yn dwyn ei waith i ben, doed a ddelo. At hynny hefyd, cofiaf i Dduw, ar hyd y canrifoedd, weithio trwy bobl fregus, aneffeithiol ac amherffaith.

'Ond pethau ffôl y byd a ddewisodd Duw er mwyn cywilyddio'r doeth, a phethau gwan y byd a ddewisodd Duw i gywilyddio'r pethau cedyrn, a phethau distadl y byd, a phethau dirmygedig, a ddewisodd Duw, y pethau nid ydynt, i ddiddymu'r pethau sydd. Ac felly, ni all neb ymffrostio gerbron Duw' (1 Corinthiaid 1:27–29, BCND).

Un o'r cyfryw rai ydwyf fi, llestr bregus y gall yr Arglwydd ei ddefnyddio i gyhoeddi iachawdwriaeth yn enw Iesu ac i adeiladu ei eglwys.

Hanes galwad Gwilym

Rhaid cychwyn adrodd hanes fy ngalwad i'r Weinidogaeth trwy adrodd yn y lle cyntaf sut y cefais fy 'ngalw' gan yr Arglwydd i fod yn Gristion. Ni ellir deall yr 'alwad' i'r Weinidogaeth cyn deall yr 'alwad' i fod yn Gristion. Cefais fy magu ym mans Eglwys Annibynnol Ebeneser Caerdydd, ar aelwyd Gristnogol yn y brifddinas. Roedd fy rheini, Alun a Vikki Tudur, newydd symud o Wrecsam i Gaerdydd er mwyn i'm tad gychwyn ar ei waith fel gweinidog Ebeneser. Cefais fy nghyflwyno i'r newyddion da am Iesu Grist o'm dyddiau cyntaf. Yn wir, gallaf gofio fy nhad yn darllen y Beibl a gweddïo drosof fi a'm chwaer, Lowri, cyn mynd i'r gwely. Cofiaf ei lais cadarn yn darllen o dudalennau *Beibl Mawr y Plant* am groes ac atgyfodiad Iesu; am hanes y creu yn Genesis 1; am arch Noa a'r dilyw; am Moses a'r Deg Gorchymyn. Pan oeddwn yn ddigon hen i fynychu Ysgol Gynradd Mynydd Bychan, dechreuais fynychu Ysgol Sul Ebeneser o dan arweiniad amryw o athrawon gan gynnwys Rachel Jones ac Alison Jones, lle cefais gyfle i ddarllen a thrafod y Beibl gyda phobl ifanc eraill yr eglwys. Mae gennyf atgof o'r dyddiau cynnar hyn o'm hewythr, Geraint Tudur, yn pregethu o bulpud Ebeneser ar arwyddocâd y gair 'saint' yn un o lythyrau Paul. Ei neges oedd nad Cristnogion arbennig sydd wedi marw yw'r 'saint' ond pawb sydd yn *credu* yn Iesu Grist a'i groes. Yn y cyfnod hwn, fe'm hanogwyd gan dad i ddechrau dysgu ambell adnod o'r Beibl gan fod traddodiad cryf yn Ebeneser o roi cyfle i blant adrodd adnodau yn y gwasanaethau. Adnodau o'r Salmau oedd fwyaf poblogaidd i'w dysgu yn Ebeneser, a gallaf gofio adrodd Salm 23 o flaen y gynulleidfa. Cefais, yn wir, fagwraeth arbennig iawn lle soniwyd wrthyf am Iesu Grist yn aml ac y darllenwyd y Beibl yn gyson.

Er hynny, roeddwn yn fachgen diflas. Nid oeddwn yn mwynhau darllen y Beibl na mynd i'r capel ar y Sul. Bob tro yr awn i glywed dad yn pregethu neu y byddwn yn mynd i'r Ysgol Sul, roeddwn yn edrych ymlaen at gael gadael. Uchafbwynt y bregeth oedd y frawddeg glo, ac uchafbwynt yr Ysgol Sul oedd ei diwedd. Roeddwn yn edrych ymlaen at gael dychwelyd adre er mwyn chwarae â'm tegan newydd neu – yn ddiweddarach – cael dychwelyd at fy hoff gêm ar yr *Xbox 360*. Nid oedd gennyf ronyn o ddiddordeb yn Iesu Grist. Nid oedd gennyf syniad fy mod i'n bechadur o flaen Duw. Nid oeddwn yn sylwi fod Duw'r Tad – yn ei gariad anferthol – wedi anfon Iesu Grist ei Fab i dalu'r pris yr oeddwn i'n ei haeddu am fy mhechod ar y groes. Dichon y buaswn wedi fy ngalw fy hunan yn 'Gristion' bryd hynny, ond teitl gwag yn unig oedd hwnnw. Yn wir, roeddwn yn bell oddi wrth Dduw yn ystod y dyddiau cynnar hyn yng Nghaerdydd.

Galwad i'r Bywyd

Wedi i mi gychwyn addysg uwchradd yn Ysgol Gyfun Gymraeg Glantaf dechreuais gyfarfod â phobl ifanc eraill oedd yn eu galw eu hunain yn 'Gristnogion'. Ond roeddent yn bobl gwbl wahanol i mi. Roedd fel petai eu bod yn adnabod Duw, ac wrth weddïo roeddent yn ei gyfarch – nid yn unig fel Arglwydd – ond fel ffrind hefyd. Roedd croes ac atgyfodiad Iesu'n eithriadol o bwysig iddynt, ac roedd rhannu am Iesu trwy efengylu a chenhadu'n cael lle blaenllaw yn eu sgyrsiau. Mewn gair, roedd y criw yma o bobl ifanc yn Undeb Cristnogol Glantaf yn 'Gristnogion' mewn gwirionedd, lle dim ond mewn enw yr oeddwn i'n 'Gristion'. Iesu Grist oedd canolbwynt eu bywydau hwy, lle troednodyn yn unig oedd Iesu yn fy mywyd i. Roeddent yn darllen eu Beiblau yn ddyddiol; dim ond yn achlysurol yr agorwn i fy Meibl.

Sut felly y 'galwodd' yr Arglwydd fi i fod yn Gristion? Daeth tro ar fyd pan adfywiwyd gwaith ieuenctid Ebeneser Caerdydd dan arweiniad Alaw Rowlands – Alaw Rees bellach – ychydig cyn i mi sefyll f'arholiadau TGAU yng Nglantaf. Dechreuodd Alaw arwain Ysgol Sul yr Ieuenctid a'n tywys trwy'r *Cwrs Alffa* sy'n gyflwyniad syml i'r Ffydd Gristnogol. Euthum i'r Ysgol Sul gyda'm cyfaill mawr, Cai Maxwell, a oedd hefyd yn ddisgybl yn Ysgol Glantaf; a daeth yntau hefyd yn Gristion ymhen ychydig fisoedd yn dilyn y *Cwrs Alffa*. Yn ogystal â thywys yr Ysgol Sul trwy *Alffa*, trefnodd Alaw i rai o ieuenctid Ebeneser fynd i ddigwyddiad cenhadol mewn eglwys fawr yng Nghaerdydd. Ynddo, pregethodd Americanwr o'r enw Shaun mai angen pennaf Cymru oedd i bobl droi'n ôl at Iesu Grist. Trwy'r *Cwrs Alffa* a'r noson genhadol hon, clywais sôn unwaith eto am yr hen wirioneddau roedd dad wedi eu hadrodd wrthyf ers i mi gael fy ngeni. Ond, rywsut, roedd y gwirioneddau hyn nawr yn berthnasol; yn ddeniadol. Agorais fy Meibl a'i ddarllen yn iawn am y tro cyntaf. Darllenais yn gyflym trwy Efengyl Mathew a Llythyr Paul at yr Effesiaid gan sylwi ar ddau beth yn benodol.

Yn gyntaf, sylwais fy mod yn bechadur a oedd wedi byw fy holl fywyd mewn gwrthryfel yn erbyn Duw a'i ewyllys ar fy nghyfer. Roedd Iesu wedi cyhoeddi yn Mathew 22:37 mai'r gorchymyn mwyaf oedd: 'Câr yr Arglwydd dy Dduw â'th holl galon ac â'th holl enaid ac â'th holl feddwl'. Roeddwn wedi peidio â gwneud hynny gan goroni fy hunan yn frenin ar fy mywyd. Deallais mai pechadur oeddwn sy'n haeddu wynebu cosb am fy ngwrthryfel yn erbyn Duw. Yn ail, sylwais ar f'angen am Iesu Grist, Mab Duw, fel Gwaredwr personol. Cyn hynny, nid oeddwn yn meddwl fod Iesu'n berthnasol, bellach, ni allai fod yn fwy perthnasol. Wrth i mi ddarllen Mathew sylwais ar gymeriad arbennig Iesu wrth iddo ufuddhau'n llwyr i ewyllys ei Dad ym mhob dim, gan iachau'r cleifion, agor llygaid y deillion a phregethu'r newyddion da am Deyrnas Dduw. Sylwais fod Iesu wedi'i anfon gan Dduw'r Tad i farw yn fy lle ar y groes, gan dalu'r gosb eithriadol yr oeddwn innau'n ei haeddu am fy mhechod (Mat. 20:28). Trwy ddarllen Effesiaid sylwais mai trwy ei ras a'i gariad yr oedd Duw'n achub: roedd rhaid i mi gredu a rhoi fy ffydd yn Iesu a'i groes a'i atgyfodiad er mwyn cael heddwch â Duw. Ers hynny, mae Effesiaid 2:8 yn un o'm hoff adnodau: 'Trwy ras yr ydych wedi eich achub, trwy ffydd. Nid eich gwaith chwi yw hyn; rhodd Duw ydyw.' Yn ystod y cyfnod hwn, cefais fy ngalw gan yr Arglwydd trwy'r Ysbryd Glân o dywyllwch fy mhechod 'i'w ryfeddol oleuni ef' (1 Pedr 2:9). Yr 'alwad' gychwynnol, felly, yw'r 'alwad' i fod yn Gristion.

Galwad i'r Weinidogaeth

Beth felly am yr alwad i weinidogaeth neilltuol? Cyn trafod y pwnc hwn, rhaid pwysleisio fod pawb a alwyd i fod yn Gristnogion hefyd yn cael eu galw i fod yn offeiriaid a 'gweinidogion'. Sut felly mae mynd ati i ddisgrifio hanes fy ngalwad i'r Weinidogaeth?

Gellir cychwyn trwy ddweud fy mod wedi profi galwad 'fewnol' gan yr Arglwydd i'r Weinidogaeth yn ystod y blynyddoedd a dreuliais yng Nghaerdydd wedi i mi ddod yn Gristion. Beth a olygaf pan soniaf am alwad 'fewnol'? Yn syml, galwad 'fewnol' yw dyhead cryf i wneud gwaith gweinidog – awydd i bregethu Gair Duw, bugeilio pobl Dduw, rhannu'r newyddion da â'r colledig; a gwasanaethu'r eglwys leol. Dywedodd C. H. Spurgeon yn ei ddarlith enwog 'The Call to the Ministry', 'the first sign of the heavenly calling is an intense, all-absorbing desire for the work.' Yn yr un modd, y mae'r Apostol Paul yn dweud yn 1 Timotheus 3:1 mai peth da yw i'r rhai sydd â'u bryd ar fod yn arolygwyr i *ddyheu* am gael gwneud y gwaith hwnnw.

Wedi i mi ddod yn Gristion, fe newidiodd fy nyheadau yn llwyr. Lle gynt nid oeddwn eisiau siarad am bethau ysbrydol, yn awr ni allwn beidio â siarad am Iesu Grist a'r hyn roedd Duw wedi ei wneud drosof. Yn ystod ein cyfnod yn astudio ar gyfer ein Lefel A, dyma fi a Cai Maxwell yn rhedeg *Cwrs Alffa* yn Ysgol Glantaf er mwyn rhannu'r newyddion da am Iesu Grist gyda'm ffrindiau. Daeth 40 o'n cyd-ddisgyblion i'r sesiwn gyntaf lle cefais gyfle i siarad am ddeg munud am y newyddion da Cristnogol. Yn yr un cyfnod, dyma Cai, Alaw, dad a finnau'n trefnu nosweithiau 'Deffro' yn y brifddinas yng nghaffi theatr y *Gate* gyda'r bwriad o rannu'r newyddion da am Iesu gyda disgyblion ysgolion uwchradd Caerdydd. Yn ystod y blynyddoedd hyn hefyd euthum am y tro cyntaf i Goleg y Bala i gynadleddau *Souled Out* lle clywais Steffan Morris, Owain Edwards, John Derek Rees ac Andy Ollerton yn pregethu Gair Duw yn rymus gan wahodd pobl ifanc i gredu yn Iesu. Roedd yr holl brofiadau uchod yn cryfhau fy nyhead i dreulio fy mywyd yn pregethu Gair Duw ac edrych ar ôl pobl Dduw yn yr eglwys leol. Yn ystod fy astudiaethau TGAU, roeddwn wedi ystyried astudio meddygaeth er mwyn treulio fy mywyd fel meddyg. Ond, bellach, ni allwn wneud hynny. Roedd dyhead cryf ynof erbyn diwedd fy nghyfnod yn yr ysgol uwchradd i wneud gwaith gweinidog.

Y Coleg Ger y Lli

Wedi i mi orffen yn Nglantaf, cychwynnais astudio Cymraeg a Hanes Cymru ym Mhrifysgol Aberystwyth. Roedd y cyfnod hwn yn y Coleg ger y Lli' yn gyfnod o gadarnhau'r alwad 'fewnol' hon i'r Weinidogaeth. Yn ystod y blynyddoedd hyn, tyfodd y dyhead i weinidogaeth neilltuol wrth i mi gael cyfle i astudio'r Beibl yn fanylach a darllen llyfrau Cristnogol a fu'n ddylanwad pwysig araf. Yn Aberystwyth darganfûm am y tro cyntaf fawredd neges Duw yn Llythyr Paul at y Rhufeiniaid trwy astudio esboniadau Timothy Keller ar y llythyr hwnnw. Cefais fy nylanwadu'n fawr gan *Knowing God* (1973) J. I. Packer, *The Cross of Christ* (1986) John Stott, a *Desiring God* (1986) John Piper pan oeddwn yn aros yn Neuadd Pantycelyn. Yn Aberystwyth, hefyd, cryfhawyd fy nyhead i wasanaethu Duw yn y Weinidogaeth trwy astudio hanes yr Eglwys yng Nghymru. Trwy ddarlithoedd Dr Eryn M. White a Dr T. Robin Chapman dysgais am gyffro'r Diwygiad Methodistaidd a phregethu cadarn Howell Harris a Daniel Rowland ynghyd ag emynau Beiblaidd Williams Pantycelyn. Cefais hefyd fy nylanwadu'n fawr gan lyfrau fy nhaid, R. Tudur Jones, gan gynnwys *Hanes Annibynwyr Cymru* (1966) a *Ffydd ac Argyfwng Cenedl* (1981 & 1982). Wrth glywed am y modd yr oedd yr Arglwydd wedi gweithio'n rymus yng Nghymru yn y gorffennol, fy ngweddi a'm dyhead oedd cael bod yn rhan o waith yr Arglwydd yng Nghymru mewn gweinidogaeth neilltuol heddiw. Roedd hon yn alwad nad oeddwn yn gallu ei hysgwyd na'i diffodd.

Yn Aberystwyth hefyd profais alwad 'allanol' i'r Weinidogaeth Gristnogol. Beth yw'r alwad 'allanol' hon? Yr alwad hon yw bod Cristnogion eraill – yn benodol yr eglwys leol – yn cadarnhau eu bod nhw'n ystyried fod Duw'n galw rhywun i'r Weinidogaeth. Cefais y fraint yn Aberystwyth o fod yn rhan o Undeb Cristnogol Cymraeg Aberystwyth (UCCA). Bwriad UCCA oedd rhoi'r cyfle i bob myfyriwr yn y Brifysgol i glywed ac ymateb i'r newyddion da am Iesu Grist. Aethom ati i wneud hyn trwy gynnal nosweithiau Tecst-a-Toastie a thrwy gynnal *Cwrs Alffa* blynyddol. Cefais f'annog i ddilyn galwad i'r Weinidogaeth gan gyfeillion yn UCCA yn cynnwys Dyfan Graves, Robin Gronw Powell-Davies, Cynan Glyn a Gruffudd ac Angharad Jenkins. Yn ystod y blynyddoedd hyn yn

Aberystwyth, bu Eglwys Seion Baker Street yn deulu a chartref ysbrydol arbennig i mi. Yn eu plith, cefais gyfle i feithrin fy noniau pregethu trwy bregethu'n achlysurol ar y Sul a chael agor y Gair mewn oedfaon myfyrwyr. Yn Seion, cefais f'annog gan y gweinidog, y Parchg. Andrew Lenny, ei wraig Rosemary, ac Elizabeth James, i ystyried galwad i weinidogaeth neilltuol. Er mwyn profi'r alwad hon, euthum ar brofiad gwaith at Rhodri Glyn yn Llansannan a Rhun Murphy yn Wrecsam a Rhosllannerchrugog. Wrth bregethu yng Ngofalaeth Bro Aled a chael profiad o fugeilio aelodau gyda Rhun, cadarnhawyd fy nyhead i dreulio gweddill f'oes yn gwneud hyn. Yn wir, ni allai fy nghydwybod fod yn llonydd yn gwneud dim arall. Roedd fy mryd ar wasanaethu'r Arglwydd fel gweinidog yr Efengyl. Roedd hon yn alwad gan yr Arglwydd.

Ymgeisydd ar gyfer y Weinidogaeth

Wedi i mi raddio yn Aberystwyth, penderfynais roi gwybod i'm heglwys gartref, Ebeneser, fy mod yn ystyried dilyn galwad i weinidogaeth neilltuol. Cefais f'annog y diwrnod hwnnw gan nifer o aelodau Ebeneser gan gynnwys Malcolm Thomas, Eira Jones, Petra Bennett a Melora Parry. Cefais anogaeth eithriadol hefyd gan Arfon Jones, cyfieithydd *Beibl. net* ac aelod yn Ebeneser. Mae Arfon yn un o'r bobl brin hynny sydd wedi bod yn ffrindiau agos hefo tair cenhedlaeth o weinidogion teulu'r Tuduriaid! Mae ei gyngor doeth a'i sêl dros y Beibl wedi f'annog yn eithriadol ar hyd y blynyddoedd wrth i mi aeddfedu fel Cristion. Felly, yn dilyn trefn yr Annibynwyr, er mwyn cael fy nerbyn fel ymgeisydd ar gyfer y Weinidogaeth mae'n rhaid pregethu a chael cefnogaeth tair eglwys annibynnol yn y cymundeb annibynnol leol. Wedi i mi gael cefnogaeth Ebeneser ac Eglwys Minny Street Caerdydd, rwy'n disgwyl pregethu mewn un eglwys arall yng Nghyfundeb Dwyrain Morgannwg cyn cael fy nerbyn yn 'swyddogol' fel ymgeisydd ar gyfer y Weinidogaeth gyda'r Annibynwyr. Rwyf bellach wedi cychwyn astudiaethau diwinyddol yn Neuadd Wycliffe, Prifysgol Rhydychen, fel ffordd o baratoi ar gyfer gwasanaethu'r Arglwydd fel gweinidog yr Efengyl yng Nghymru. Yn Rhydychen, rwy'n cael hyfforddiant pregethu gan Vaughan Roberts sy'n weinidog ar f'eglwys leol yno, Eglwys St Ebbe's. Yn ychwanegol at hyn, rwyf wedi bod yn mynychu Ysgol Sadwrn Coleg yr Annibynwyr yn Aberystwyth i gael hyfforddiant pellach gan Euros Wyn Jones ac Aled Jones.

Diolch i'r Arglwydd ei fod yn galw pechaduriaid i ffydd yn Iesu Grist, a'i fod hefyd yn galw rhai i'w wasanaethu mewn gweinidogaeth neilltuol. Er bod dad wastad wedi rhannu'r newyddion da am Iesu Grist hefo fi a'm hannog i gredu ynddo, nid yw erioed wedi fy ngwthio i fod yn weinidog. Pan soniais wrtho fy mod yn credu fod Duw wedi fy ngalw i'r Weinidogaeth, roedd yn eithriadol o gefnogol a diolchgar. Mae dad yn diolch mai gwaith Duw – nid ei waith ef – oedd galw ei fab i weinidogaeth neilltuol. Yn wir, gras Duw –nid traddodiad teuluol – sy'n galw pobl i'r Weinidogaeth Gristnogol.

Megan Williams

Bywgraffiad

Ganwyd a magwyd Megan yn Nefyn ar Benrhyn Llŷn. Ei haelwyd ysbrydol oedd eglwys y Presbyteriaid Capel Isa', Nefyn. Derbyniodd ei haddysg yn Ysgol Gynradd Nefyn ac Ysgol Ramadeg Pwllheli. Astudiodd Ffrangeg a Saesneg yng Ngholeg Prifysgol Cymru, Aberystwyth gan arbenigo mewn Ffrangeg. Cafodd yrfa fel athrawes: dysgu Ffrangeg a Lladin am gyfnod cyn symud i Feirionnydd, lle bu'n yn gweithio yn y sector cynradd. Cwblhaodd radd mewn diwinyddiaeth yn Y Coleg Diwinyddol yn Aberystwyth a dilynodd ei ddiweddar briod, Dewi Wyn Williams yn weinidog Capel Salem (EBC) Dolgellau.

Yr Alwad

Cefais fy magu, fel y mwyafrif o'm cenhedlaeth, ar aelwyd Gristnogol yn hen dref Nefyn. Roedd addoliad a gweithgareddau Capel Isa', lle oedd fy nhad yn flaenor ac yn godwr canu ers yn ifanc, yn ganolog ac yn rhan naturiol bwysig o fywyd ein teulu. Dyma gyfnod pan oedd bri ar ddweud adnod bob bore Sul yn ddi-feth, dysgu adnodau ac emynau ar gyfer y Maes Llafur Cof, arholiadau sirol a Sasiwn y Plant pan fyddai plant holl ysgolion Sul Presbyteraidd Pen Llŷn yn gorymdeithio o'r Maes ym Mhwllheli i lenwi Capel enfawr Pen Mount. Roedd bri arbennig ar gymanfaoedd canu yn Llŷn y cyfnod hwnnw hefyd – ac yn ychwanegol at gymanfaoedd blynyddol y gwahanol Ddosbarthiadau (achlysuron i ni'r plant gael dillad newydd!) a Chymanfa'r Henaduriaeth, cynhelid 'Cymanfaoedd T.B.' fel y'u gelwid – i gasglu arian tuag at ddileu aflwydd creulon y diciâu – yn rhyw gapel neu'i gilydd o leiaf ddwywaith pob mis. Byddai'r capeli'n llawn, a'r cantorion yn gorfod sicrhau tocynnau i gael mynediad i'r oriel. Arferai llawer iawn o blant ac ieuenctid fynychu'r cymanfaoedd hyn hefyd, ac roedd emynau a thonau poblogaidd bron mor gyfarwydd â chaneuon pop i ni!

Cofiaf yn dda hefyd fel yr ymgasglem ar Y Groes yn Nefyn wedi ambell i oedfa nos Sul yn yr haf i wrando ar y Parchg Tom Nefyn Williams yn pregethu, a Tom Nefyn ei hun yn arwain y canu ac yn cyfeilio ar hen organ fach. Dro arall, byddai band Nefyn dan arweiniad 'nhad yn chwyddo'r gân. Wedi cyrraedd oedran uwchradd byddai Siân fy ffrind a minnau'n crwydro'r wlad ar gefn beic – hen feiciau trwm heb fod yn 'three speed' hyd yn oed – a chofiaf un achlysur yn arbennig pan ddaethom i gyfarfod â'r hynod Tom Nefyn yng nghyffiniau Llanfihangel Bachellaeth; yntau'n ein hannog i ymweld â'r eglwys fach ac yn adrodd cerdd Cynan i ni. Ninnau, blant Capel Isa, oedd wedi arfer ei weld yn pregethu yn y Capel neu ar y Groes, wedi gwirioni bod Tom Nefyn wedi stopio i siarad efo *ni*!

Oherwydd y cefndir delfrydol hwn roedd straeon y Beibl yn gyfarwydd i ni ac roedd gennym lu o adnodau ac emynau ar ein cof. Mae'n debyg mai plant pumdegau a chwe degau cynnar y ganrif ddiwethaf oedd y genhedlaeth olaf i gael y cefndir breintiedig hwn a thyfu i fyny wedi eu trwytho ym mywyd y capeli, tyfu i fyny, yng ngeiriau Gwenallt, yn 'gwybod y geiriau'.

Roedd dyddiau'r ysgol gynradd yn hapus a dibryder. Roeddwn wrth fy modd yn yr ysgol, a'm hunig ofid fyddai gwneud yn siŵr y byddwn yn cyrraedd Ysgol Nefyn mewn da bryd cyn i Du, ci bach piwis y prifathro, gael ei ollwng i'r iard i gyfarth ar yr hwyr ddyfodiaid. Roedd arnom ni'r plant ei ofn am ein bywydau! Symud wedyn i Ysgol Ramadeg Pwllheli, a mwynhau pob munud o'm hamser yno. Wel, bron bob munud: roedd gas gen i chwarae hoci a phêl rwyd! Mae gen i barch mawr a lle mawr i ddiolch i athrawon da a brwdfrydig y cyfnod pwysig hwnnw. Yna daeth cyfnod coleg. Dewisais fynd i Goleg Prifysgol Cymru, Aberystwyth i astudio Ffrangeg a Saesneg. Gan fy mod i am arbenigo mewn Ffrangeg roedd rhaid treulio blwyddyn fel 'assistante' mewn ysgol uwchradd yn Ffrainc, a bûm yn ffodus iawn i gael f'anfon i ardal hyfryd Provence, i dref o'r enw L'Isle sur la Sorgue, rhyw ddeg milltir o Avignon a'i phont enwog. Roedd ffrind coleg i mi wedi ei lleoli rhyw ddeugain milltir i'r gogledd, nid nepell o Orange; ac arferem gyfarfod bob yn ail ben wythnos a chrwydro i wahanol ardaloedd megis Marseille, Aix ên Provence, Nîmes, Arles, Saint Rémy de Provence a'r Camargue. Ac am wn i 'mod i wedi cael blas ar grwydro a gweld lleoedd newydd a diddorol byth er hynny!

Yn ystod fy mlwyddyn gyntaf yn Aber 'roeddwn wedi cyfarfod â Dewi Wyn o Gaergybi, a oedd yn astudio yn y Coleg Diwinyddol a'i fryd ar fynd i'r Weinidogaeth. Erbyn i mi fynd i Ffrainc roedd Dewi wedi derbyn galwad i fugeilio eglwysi Rhostryfan a Rhosgadfan yn Arfon; ac wedi dychwelyd i Aberystwyth a chwblhau fy ngradd fe briodwyd Dewi a minnau yng Nghapel Isa', Nefyn gan y diweddar Barchedig W. Gray Edwards. Ond yn gynnar iawn yn ein bywyd priodasol bu raid i ni wynebu storm go arw pan ddaeth yn amlwg bod ein bachgen bach, Dyfed Wyn, yn dioddef o Wurdnig Hoffman's Disease – afiechyd tebyg iawn i glefyd y motor neurone. Cawsom garedigrwydd mawr yn Rhostryfan, a throdd ein cartref yn ganolbwynt y pentref a phawb yn galw heibio i sgwrsio a chwarae efo Dyfed. Roedd yntau, er mor gorfforol anabl, yn gymeriad bach bywiog a llawen a hynod o ffraeth, a'i feddwl chwim a'i ddychymyg byw yn gwneud iawn am anabledd ei gorff bach bregus. Bu farw'n bump a hanner mlwydd oed, wedi byw ei fywyd yn llawn, wedi ennill llu o gyfeillion a dod â hapusrwydd mawr i'w ganlyn. Bu'n drysor amhrisiadwy ar ein haelwyd ni a bu'n fraint cael ei fagu.

Y brofedigaeth greulon hon yn sicr a barodd i mi sylweddoli fod 'gwybod y geiriau' yn wir wedi arwain at 'adnabod y Gair' ac at bwyso arno. Fe'n dysgwyd ein dau ers ein plentyndod fod Iesu'n fyw, a'i fod wedi addo peidio â'n gadael yn amddifad ond y byddai gyda ni bob amser 'hyd ddiwedd y byd'. Fe'n dysgwyd fod Duw yn gariad, yn noddfa ac yn nerth i'w blant, a'i fod yn 'gymorth hawdd ei gael ym mhob cyfyngder'. A chawsom brawf digamsyniol nad ystrydebau moel mo'r addewidion hyn. Gwireddwyd pob un ohonynt yn ein hanes ni'n dau, ac fe brofasom gariad Duw yn ein cynnal a'n nerthu; ac yn fwy na hynny, fe gawsom brofi'n helaeth o'r 'hedd na ŵyr y byd amdano', y tangnefedd rhyfedd, anesboniadwy hwnnw sy'n falm i'r enaid dolurus.

Mae'n sicr i'r profiad dirdynnol o golli Dyfed Wyn yn bum mlwydd oed gryfhau ffydd y ddau ohonom a chryfhau'r cwlwm tyn a oedd eisoes yn bodoli rhyngom, a chyfoethogi gweinidogaeth Dewi yn yr ystyr ei bod yn bosibl i ni uniaethu â'r trallodus a rhannu eu beichiau – a chynnig gobaith. A chawsom y fraint o rannu'r weinidogaeth honno am dros ddeng mlynedd ar hugain, gyda'r rhan fwyaf o'r cyfnod wedi ei dreulio yn hynod, hynod ddedwydd – a phrysur – yng ngofalaeth Salem, Dolgellau. Ac yna, ddydd Iau Cablyd 1998, yr ergyd greulonaf oll. Bu Dewi farw'n syfrdanol o sydyn a dirybudd yn anterth ei weinidogaeth. Arferwn ddweud yn aml nad oeddwn yn ofni marw, ond fy mod yn ofni cael fy ngwahanu oddi wrth 'fy enaid hoff cytûn'. A dyma'r hyn yr ofnwn yn fwy na dim arall yn y byd wedi digwydd.

Ond unwaith eto yn fy hanes, ar yr awr dduaf, gwireddwyd holl addewidion yr Efengyl yn fy mhrofiad. Cofiaf yn fyw iawn godi'r bore canlynol – bore Gwener y Groglith – ac agor llenni ein hystafell wely a methu â dirnad pam fod yr awyr mor las a'r haul mor llachar, a phobman mor hardd, a'm bywyd innau'n deilchion. Sut allwn i fyw heb Dewi? Pa bwrpas oedd i'm bywyd i hebddo fo? Ac yna'n ddisymwth fe deimlais ryw bresenoldeb yn f'amgylchynu, a chefais ymdeimlad dwys o gariad a chynhesrwydd mawr yn cau amdanaf. A daeth geiriau emyn gwych Cefni Jones i atseinio drosodd a throsodd yn fy mhen:

'Cododd Iesu! Cododd Iesu!
Nos eu trallod aeth yn ddydd.'

Unwaith eto, cefais brofi nerth a chynhaliaeth aruthrol a theimlo'r Presenoldeb Dwyfol yn lapio amdanaf. Unwaith eto, roeddwn yn ymwybodol iawn o gariad a gofal a chonsyrn teulu'r Ffydd ac yn gyson ymwybodol o gaer gweddïau'r saint yn f'amgylchynu ac yn fy nghynnal. A do, fe ddaeth 'yr hedd na ŵyr y byd amdano' dro ar ôl tro i roi balm ar enaid briw. Dwi'n dweud hyn i gyd i geisio dangos fel yr ydw i wedi profi drosodd a throsodd, ys dywed Cynan, mai 'Duw sy'n symud Gyda'i blant trwy'r ing i gyd' yw ein Duw ni. Mae O hefo ni ym mhopeth – yn y gwae a'r gwynfyd. Ac unwaith yn rhagor, dyma weld a phrofi cariad Duw ar waith trwy ei bobl. Fe brofais garedigrwydd di-ben-draw o du fy nghyd aelodau yn Salem. Enghraifft o hyn yw'r arfer a gychwynnodd y diweddar Alun Williams, ysgrifennydd hynaws yr eglwys bryd hynny, o alw'n ddyddiol, gyda'r esgus o ddanfon y papur newydd i mi, ond mewn gwirionedd er mwyn gweld sut oeddwn – ac yn fynych iawn, yn arbennig pe bai'n barnu fy mod yn o isel fy ysbryd, byddai galwad ffôn yn ddiweddarach yn y dydd i drefnu i mi fynd i gerdded efo Eira ei briod ac yntau a threulio gweddill y dydd gyda nhw.

Cafodd Dewi a minnau lawenydd a hapusrwydd di-ben-draw yn cyd-weithio ac yn tystio tros y Meistr mawr, ac fe ddois i sylweddoli fod gen i fwy fyth o reswm i gario 'mlaen ac i barhau ei weinidogaeth. Teimlwn fod gen i brawf dyddiol fod Iesu Grist yn fyw, yn cynnal, yn nerthu ac yn trawsnewid bywydau, a'i bod yn bwysig i bobl gael gwybod am y tangnefedd a'r serenedd y mae'n bosibl ei feddiannu yng nghanol rhyferthwy'r storm waethaf. Roeddwn eisiau dweud wrth eraill y gall Duw yn Iesu Grist droi hyd yn oed stormydd bywyd yn brofiadau ysbrydol cynhaliol. Mae o'n gallu dod i ganol nos bywyd, a dod a Goleuni i'w ganlyn. Ac mae cymaint o bobl o'n cwmpas yn chwilio'n ofer am dangnefedd yng nghanol nosau bywyd.

Wedi dod i'r fan yna, doedd gen i ddim dewis wedyn. Roedd yn gam naturiol, rywsut, gyda chefnogaeth gref swyddogion ac aelodau eglwys Salem a'r Henaduriaeth, i gario gwaith Dewi ymlaen ac i'm cymhwyso fy hun i waith y Weinidogaeth. A dyma gychwyn cyfnod o astudio am radd mewn diwinyddiaeth yn y Coleg Diwinyddol yn Aberystwyth, a gofalu am yr eglwys yr un pryd. Bu'n gyfnod anodd o geisio ymdopi unwaith eto â gwaith academaidd, a dygymod â'm galar dwys; ond yr oedd hefyd yn therapi a roes i mi nod a phwrpas i gario 'mlaen. Mae fy nyled yn fawr i athrawon y Coleg Diwinyddol, yn arbennig felly'r Prifathro John Tudno Williams a'r Parchedig Ddr Elwyn Richards, nid yn unig am eu cefnogaeth academaidd ardderchog ond am annog a gwrando a bugeilio! Roedd mynd i'r seremoni graddio yn brofiad rhyfedd iawn i mi gan fod yr hen Neuadd y Brenin, lle cynhaliwyd y seremoni graddio cyntaf i mi ei fynychu yn y Chwedegau wedi ei dymchwel, a fflatiau wedi eu codi yn ei lle. A doedd y Neuadd Fawr, lle cynhaliwyd y seremoni graddio'r tro hwn, ddim hyd yn oed wedi ei chodi bryd hynny! Doedd ryfedd mod i'n teimlo fel dinosor!

Cefais f'ordeinio ynghyd â'r Parchedigion Huw a Nan Powell Davies a Christopher Prew yn eglwys Mynydd Seion, Abergele ym mlwyddyn gyntaf y mileniwm newydd. Mae'n debyg fy mod i mewn sefyllfa go unigryw ... wedi dod o'r gynulleidfa i weinidogaethu i'r union gynulleidfa ... a minnau wedi derbyn gweinidogaeth a chynhaliaeth yr un gynulleidfa.

Treuliais flynyddoedd dedwydd a phrysur yn Salem, Dolgellau, a mwynheais innau, fel Dewi o'm blaen i, gyfeillgarwch triw a chefnogaeth gref, ddiwyro swyddogion a blaenoriaid yr eglwys yn ogystal ag anogaeth y diweddar annwyl Barchg W. Brothen Jones a fu, ynghyd â'i briod, yn gefn mawr ac yn gyfaill gwiw i ni'n dau trwy'r blynyddoedd. Ceisiais roi pwyslais mawr ar gyd-weithio fel tîm dros Deyrnas yr Arglwydd Iesu Grist, cyd-weithio fel teulu'r eglwys yn Salem. Drwy gydol fy ngweinidogaeth , rwyf wedi dod yn gynyddol argyhoeddedig o bwysigrwydd pwysleisio 'gweinidogaeth yr holl saint'. Mae gan bob un ohonom gyfraniad i'w wneud – mewn sawl gwahanol ffordd – i waith y deyrnas; a chredaf yn gryf fod yr alwad i dystio yn alwad i *bob un ohonom sy'n credu yn Iesu Grist*, nid i weinidogion a blaenoriaid yn unig. Mae O'n curo ar ddrws calon pob un ohonom, ac mae i fyny i bob un yn unigol i ymateb i'w alwad. Ymateb hefyd i'r her aruthrol o ddangos perthnasedd Efengyl Iesu Grist i fyd digon hunanol a garw, ond byd anghenus ac annigonol iawn wyneb yn wyneb â'i broblemau, serch hynny.

Yn y cyswllt hwn, ceisiais roi pwyslais ar gyfarfod i astudio'r Gair ac i gyd-drafod cwestiynau mawr y Ffydd a chwestiynau mawr y dydd. Rhoddais bwyslais hefyd ar annog rhai o'r aelodau eu hunain i baratoi a threfnu gwasanaethau; a ffurfiwyd llyfrgell o lyfrau gwasanaethau cyfoes i'w cynorthwyo i feithrin eu dawn gyhoeddus. Bu'n bleser mawr ar hyd y blynyddoedd i weithio gyda'r plant a'r ieuenctid; ac roedd derbyn pobl ifanc a fedyddiwyd gan Dewi yn gyflawn aelodau, neu fedyddio babanod cyplau y bu iddo fo eu derbyn a'u priodi, yn rhoi llawenydd mawr i mi ac ymdeimlad o barhad teulu Duw yn Salem. Fe'i hystyriwn yn fraint fawr cael ymweld ag aelwydydd yr aelodau a rhannu yn eu llawenydd a'u tristwch. Mae gweinidogaeth gwrando mor werthfawr. Pan ymddeolais o fugeilio Salem, rhwng y tair blynedd ar hugain o weinidogaeth Dewi a dorrwyd mor gynamserol a'r cyfnod y bûm i'n ei gwasanaethu, bu'r eglwys dan weinidogaeth y naill a'r llall ohonom am yn agos i bymtheng mlynedd ar hugain.

Ar gychwyn fy ngweinidogaeth, diolch i arbenigedd Dwyryd Williams, ysgrifennydd gweithgar yr eglwys, agorwyd safle i eglwys Salem ar y We fyd-eang. Mae'n debyg ein bod ymysg yr eglwysi Presbyteraidd cyntaf i wneud hyn yng Nghymru ar y pryd. Y bwriad oedd cadw mewn cyswllt ag aelodau a oedd wedi ymddieithrio, a hefyd y rhai a oedd yn bell i ffwrdd, a dyfnhau'r ymwybyddiaeth o berthyn i deulu Duw yn fyd-eang. Mae'r wefan yn parhau i gyhoeddi newyddion misol yr eglwys a bellach, a minnau wedi ymddeol i fyw ym Mhorthaethwy ac ymaelodi mewn eglwys arall, rydw i'n un o'r rhai sy'n cadw cyswllt o bell. Ond mi fyddaf wrth gwrs wrth fy modd yn dychwelyd yno i bregethu, ac rwy'n ei hystyried yn fraint mynd yn ôl 'adre' o bryd i'w gilydd i wasanaethu mewn bedydd, priodas neu angladd.

Rwy'n parhau i wasanaethu mewn gwahanol eglwysi o Sul i Sul; ac mae hynny'n rhoi pleser mawr i mi. Ond rwy'n colli'r cyswllt agos sydd rhwng bugail a'i braidd, yn colli'r ymdeimlad o fod yn adnabod fy nghynulleidfa a cheisio ymateb i'w hanghenion. Ac wrth fynd o amgylch o Sul i Sul rwy'n dod yn fwyfwy ymwybodol bod yna lawer wedi digalonni ac wedi cilio yn nhrymder y gaeaf ysbrydol sy'n ein parlysu yng Nghymru. Ond 'Y mae'r trysor hwn gennym mewn llestri pridd'. Mae ffordd Duw mor rhyfeddol!

Gwnaeth y Duw anfeidrol ei hun yn ddibynnol ar rai fel ni, ac ymddiried y trysor i lestri pridd! Allwn ni ddim gwneud fawr ddim o werth heb gymorth Duw, mae'n wir, ond all Duw chwaith – oherwydd y ffordd y mae wedi dewis gweithio yn y byd hwn – ddim gwneud heb ein cymorth ni.

Robin Gwyndaf ddywedodd yn ei emyn godidog:

'Ond rho in weld nad oes i Ti
Na thraed na dwylo
Ond ein traed a'n dwylo ni.'

Yr her i bob un ohonom ydy dal ati i dystio yn llawen ac yn argyhoeddedig; dal ati i gyhoeddi'r Ffydd, i gynnal y Gred ac i gynnig Gwaredwr a cheisio byw

'Fel bo i eraill, trwom ni
Adnabod cariad Duw.'

J Ronald Williams
a Mererid Mair

Bywgraffiad

J Ronald Williams

Un o blant pentref Glynarthen, Sir Aberteifi yw Ron. Treuliodd ei ieuenctid yn Llangadog, Sir Gaerfyrddin gan i'w dad, y diweddar Barchg T Alwyn Williams, gael ei alw i weinidogaethu yn eglwysi'r fro. Derbyniodd ei addysg yn Ysgol Gynradd Glynarthen, Ysgol Uwchradd Fodern Emlyn, Castell Newydd Emlyn, Ysgol Ramadeg Aberteifi ac Ysgol Pantycelyn, Llanymddyfri. Fel ei dad o'i flaen, dysgodd ei gref fel saer coed cyn ei ordeinio'n weinidog. Cafodd ei hyfforddi ar gyfer y Weinidogaeth yn y Coleg Coffa, Abertawe. Bu'n gweinidogaethu ym Methania, Cwmafon; Y Tabernacl, Pen-y-bont ar Ogwr; Salem, Caernarfon a'r Tabernacl, Porthaethwy. Mae'n briod â Rhian, yn dad i Mererid Mair, Ioan Peredur a Heddwen, ac yn datcu i bum ŵyr a dwy wyres.

Mererid Mair Williams

Ganwyd Mererid Mair yng Nghastell Nedd a'i magu yng Nghaernarfon, a Chapel Salem yn aelwyd ysbrydol iddi yno. Derbyniodd ei haddysg yn Ysgol y Gelli ac Ysgol Syr Hugh Owen, Caernarfon a Phrifysgol Bangor, a'i haddysg Ddiwinyddol ym Mhrifysgol Bangor a Choleg yr Annibynwyr. Bu'n gweinidogaethu mewn amrywiol swyddi: yn Salem, Tabernacl a Jerwsalem Penmaenmawr, Horeb a Chapel y Glyn, Dwygyfylchi; yng Nghyfundeb Annibynwyr Gogledd Arfon; yn eglwys Noddfa, Caernarfon; ac yn eglwys Salem, Caernarfon lle y mae'n cyd-weinidogaethu â'i thad, y Parchg Ron Williams. Mae'n briod â Richard ac yn fam i Dafydd Gwydion a Tomos Llywelyn.

Galwad y tad

Roedd symud fel teulu o Lynarthen i Langadog i ofalaeth gyntaf fy nhad yn golygu fy mod dros nos yn dod yn fab y mans. Digwyddodd hyn pan oeddwn yn f'arddegau; ac felly nid wyf yn fab y mans 'o'r crud', fel y cred amryw. Mab y saer oeddwn trwy ran helaethaf fy mhlentyndod. Wrth i'm tad gychwyn yn ei ofalaeth gyntaf yn eglwysi Providence, Llangadog a Bethlehem, Dyffryn Ceidrych roeddwn i'n symud i ysgol uwchradd newydd, Ysgol Pantycelyn, Llanymddyfri. Yno clywais am fachgen ifanc o Fyddfai a oedd yn awyddus i fod yn weinidog. Enw'r disgybl oedd Jeff, y Parchg T. Jeffrey Williams. Cofiaf fod gennyf edmygedd mawr o benderfyniad Jeff ac yr oeddwn wrth fy modd fod bachgen ifanc yn ddigon dewr i gymryd y cam i fod yn weinidog i Iesu Grist. Does gen i ddim cof a wnes i ddweud hynny wrtho ar y pryd: mwy na thebyg na wnes, ond rwyf wedi dweud wrtho erbyn hyn. Gwnaeth penderfyniad Jeff i minnau feddwl ymhellach am lwybr y Weinidogaeth.

Roeddwn wrth fy modd yn ymwneud â phob agwedd o fywyd capel, ac ers yn blentyn roedd y capel yn ganolog i fywyd y teulu. Daw sawl atgof o gyfnod plentyndod i'r meddwl, fel yr un byw iawn ohonof yn blentyn ifanc yn sticio lint ar gefn lluniau cymeriadau Beiblaidd pan oedd bwrdd fflanelgraff yn boblogaidd! Onid yw bywyd yn haws heddiw! Cefais fagwraeth Gristnogol, ac roeddwn innau ers peth amser wedi closio at y syniad o'r weinidogaeth fugeiliol fel llwybr, ond y gwir oedd nad oedd gen i ddigon o 'guts' i gymryd y cam. Roedd y gair 'galwad' yn troi yn fy meddwl yn gyson, a minnau'n ceisio darganfod be oedd 'galwad' wirioneddol yn ei olygu. Dyma ddechrau holi nifer o gwestiynau. A fyddai derbyn galwad gan Dduw yn golygu y cawn fy stopio ar foment neu le arbennig ac y byddai Iesu'n ymddangos i mi ac yn dweud yn glir – 'Dere, Ron, rydw i dy angen di'? Roedd nifer o hanesion yn yr Ysgrythurau yn troi yn fy meddwl, fel hanes Iesu'n galw disgyblion a'u gweld yn gadael eu rhwydi i'w ddilyn. Gan wybod fod yr Ysbryd Glân ar waith trwy'r amser, meddyliais ai fe sy'n gyfrifol am brocio fy meddwl, ynteu ysbryd arall?

Gan nad oeddwn yn dawel fy meddwl, teimlais fod rhaid meddwl beth arall yr hoffwn ei wneud? Dim ond un ateb oedd; 'unrhyw beth yn ymwneud â gwaith coed!' Ers yn blentyn, roeddwn wedi treulio oriau yng ngweithdy fy nhad ac wedi gweld gweithdy Glynarthen yn cael ei adeiladu. Treuliais oriau ynddo'n gwylio fy nhad a'i frawd Goronwy yn cyflawni gwahanol brosiectau. Roedd sŵn y lli mawr, a gorchymyn fy nhad i beidio â dod yn agos ati pan oedd yn troi yn orchymyn nad oeddech yn ei anwybyddu! Roedd y stôf gron a oedd yn llosgi coed yng nghornel y gweithdy wrth y drws yn gornel braf i droi eich cefn ato yn oerni'r gaeaf. Ac roedd cwmni ieuenctid y fro a ddeuai i ddosbarthiadau gwaith coed yn gwmni hwyliog. Doedd dim dewis arall; roedd pren yn fy ngwaed! Bu cwmni Dan Evans, Y Barri yn garedig iawn o gynnig cyfle i mi weithio a bod yn brentis i'w saer llawn amser. A phwy oedd y saer hwnnw ond f'ewythr Gron, brawd fy nhad, yr un a fu'n cydweithio â'm tad pan oedd y ddau'n seiri coed yng Nglynarthen. Ni fedrwn gael neb gwell. Trefnwyd i mi fynd gyda'r nos, ac un diwrnod o'r wythnos, i Goleg Technegol Y Barri i gychwyn ar y daith i fod y saer coed gorau yn y byd!

Ond yn ystod y cyfnod hwn, a'r gair 'galwad' yn parhau i droi yn fy meddwl, roedd geiriau fy nhad yn mynnu dod nôl ataf. Roedd yntau, pan oedd yr oed yr oeddwn ynddo ar y pryd, wedi mynegi awydd i fynd i'r Weinidogaeth, ond nid oedd yr amgylchiadau'n ffafriol iddo gymryd y llwybr. Ei eiriau i mi oedd, 'Os bydd yr alwad yn parhau, bydd rhaid i ti roi mewn iddi'. Dyna a ddigwyddodd iddo ef. Wedi sawl blwyddyn yn rhedeg busnes adeiladu, ei brofiad ef oedd na fedrai beidio ag ildio i'r alwad a oedd yn dwysau a chryfhau. A dyna'r rheswm iddo adael gyrfa lwyddiannus i fynd i'r Coleg Diwinyddol yn 34 oed.

A dyna fy mhrofiad innau, wrth i'w eiriau droi a throi nes i mi ddechrau gofyn yn amlach ac amlach i mi fy hun; 'Ai hon yw'r alwad?' Cofiaf yn glir resymu â mi fy hun: 'Os yw fy nhad yn dweud bydd rhaid ildio rhyw ddiwrnod, pam gadael hynny at rywbryd yn y dyfodol a ddim nawr? Oes modd i mi fod yn sicrach? Pam na fedraf gymryd cam mewn ffydd? Dyma benderfynu dweud wrth fy rhieni fod yr awydd i fynd i'r Weinidogaeth ynof o hyd. Ni ddangosodd fy nhad frwdfrydedd ar y pryd, ac os cofiaf yn iawn soniodd am nifer o brofiadau annymunol sy'n gallu codi yn y Weinidogaeth. Ar y pryd, doeddwn i ddim yn deall yn iawn pam ei fod yn sôn am bethau felly; ond rwy'n deall erbyn heddiw mai treiddio i ddyfnder f'argyhoeddiad yr oedd. Meddai wedyn, 'Cer i weld Glenville (sef y Parchg Glenville Rees, gweinidog Llansawel a Chrugybar a ffrind agos a chymydog i'm tad). Does gen i fawr o gof o'r cyfarfyddiad hwnnw; ond cofiaf ddau beth wedi i mi ddweud wrtho am y gwewyr yr oeddwn yn ei brofi. Yn gyntaf, ei wên lydan a oedd yn cyfleu i mi ddyfnder ei lawenydd. Ac yn ail, ei eiriau wedi i ni drafod sut allwn i fod yn hollol siŵr mai dyma'r alwad: 'Wel, bydd rhaid i ti fentro'.

Dyna gychwyn ar y daith o gael yr eglwys leol i'm cyflwyno, a chwrdd â gofynion y Cwrdd Chwarter a chael cymeradwyaeth eglwysi eraill. Yn ogystal â'n nhad a'r Parchg Glenville Rees, dau weinidog arall a fu'n rasol iawn yn gwrando ar fy mhregeth gyntaf oedd y diweddar Barchg Raymond Williams, Capel Newydd, Llandeilo a'r Parchg D. Morlais Jones, Tabernacl, Ffairfach. Dyma ddau a ddangosodd yn glir gymaint o fraint oedd hi iddynt gael gwasanaethu Iesu Grist, a pha mor hapus oeddent fy mod innau hefyd yn barod i wneud y penderfyniad. Y cam nesaf oedd cychwyn yng Ngholeg Coffa, Abertawe a chael arweiniad athrawon gwych, gyda Dr Pennar Davies yn brifathro.

Wedi cychwyn yn y coleg roedd y cwestiwn 'Ai hon yw'r alwad?' yn dal i'm poeni. Ac yn ystod fy mlwyddyn gyntaf cefais gyfle i geisio ateb rhai o'r cwestiynau a oedd yn dal i droi trwy ymateb i wahoddiad a ddaeth oddi wrth eglwys Bethlehem, Gwaelod y Garth i fod yn fugail fyfyriwr dros fisoedd yr Haf. Dyna'r union beth yr oeddwn yn chwilio amdano er mwyn cadarnhau'r alwad neu ei gwthio i'r ochr. Gweledigaeth aelod o'r eglwys, y diweddar Barchedig Ifor Rees a fu'n weinidog am gyfnod yng Ngwynfe, oedd gwahodd bugail fyfyriwr atynt, a fi oedd y cyntaf o nifer o fyfyrwyr a gafodd y profiad hwn. Mae copi o'r 'alwad' dal yn fy meddiant:

1. *Cyfnod y Fugeiliaeth – Mehefin 29ain hyd at Fedi 21ain.*

2. *Cydnabyddiaeth – £10 yr wythnos, a'r eglwys yn talu stamp. Fe gewch hefyd gyfraniad tuag at gostau teithio.*

3. *Y Mans – i'w baratoi fel lle i chi roi eich pen i lawr dros y tri mis – gyda rhai manion eraill.*

Mae'r llythyr yn gorffen gyda'r geiriau 'Gyda Phob Dymuniad Da'.

Dyma ddechrau meddwl; bod yn yr un lle am dri mis? Golygai hynny ddwy bregeth newydd bob wythnos, neu bedair pregeth ar hugain dros yr haf, ynghyd â bugeilio! Cofiaf feddwl ar y pryd, 'Ar ddiwedd y cyfnod hwn byddaf yn gliriach fy meddwl ynghylch yr 'alwad'. Symudais i fyw yn y mans a chael profiadau gwerthfawr ac amhrisiadwy ymysg ffrindiau Iesu ym Methlehem. Ac wrth i'r wythnosau fynd heibio cadarnhawyd i mi mai yn y Weinidogaeth fugeiliol yr oeddwn i fod. Cofiaf un oedfa yn arbennig, a minnau'n teimlo ar ei diwedd na fu'r cyfan yn deilwng o'm Harglwydd ac i'r bregeth a draddodais, yn fy nhyb i, fod yn warthus. Dweud cryf, ond felly'r oeddwn yn teimlo'r wythnos honno. Rwy'n cyfaddef fy mod ar y pryd yn cael anhawster i ganolbwyntio ar ail neges wedi i mi orffen paratoi'r bregeth gyntaf. Os na fyddwn wedi gorffen un bregeth erbyn nos Fercher a chychwyn ar neges newydd fore Iau byddwn yn cynhyrfu'n lân. Fwy na thebyg fod rhwystrau wedi codi yn ystod yr wythnos flaenorol, a hynny'n golygu bod y bregeth wedi dioddef. Ond ar ddiwedd yr oedfa, wrth ysgwyd llaw â'r addolwyr, meddai un wraig, 'Diolch o galon am yr oedfa heno; doeddwn i ddim wedi bwriadu dod am wahanol resymau, ond yn yr oedfa mi gefais yr hyn yr oeddwn ei angen'.

Cadarnhaodd geiriau'r wraig mai'r Ysbryd Glân oedd yn bendithio, ac 'nid dim rhinweddau ynom ni'. Erbyn diwedd fy nghyfnod ym Methlehem roeddwn yn barod i ddweud wrth y gŵr a aned ym Methlem fy mod yn barod i wneud fy ngorau i'w wasanaethu. Erbyn hyn, mae dros bedwar deg saith mlynedd ers diwrnod f'ordeinio, a'r alwad dal mor fyw heddiw ag yr oedd bryd hynny. Fe'i teimlaf yn fraint aruchel fy mod wedi cael cyfle i ymateb i'r alwad trwy wasanaethu fy Arglwydd ym Methania, Cwmafan, Tabernacl Pen-y-bont yr Ogwr, Salem Caernarfon a Tabernacl, Porthaethwy.

Mererid Mair Williams

Mae'n debyg nad oes llawer o dadau a'u merched wedi ymateb i'r alwad o fynd yn weinidogion i Iesu Grist. Ond rwy'n siŵr nad ydan ni'n hollol unigryw chwaith! Clywais yn aml y geiriau 'dilyn ei thad' yng nghyd-destun fy ngalwad. Dwi'n gwybod mai dad fyddai'r cyntaf i ddweud 'ti'n dilyn Un llawer mwy na mi!' Ac er deall yn iawn beth mae'n ei olygu wrth ddweud hynny, dwi hefyd yn teimlo'n gryf fy mod yn freintiedig iawn o gael dilyn dad wrth i mi gerdded y llwybr hwn o gael fy ngalw i'r Weinidogaeth. Sylwch na ddefnyddiais y term 'gweinidogaeth ordeiniedig' yma. Oherwydd er mai gweinidog ordeiniedig ifanc iawn ydw i o ystyried nifer sy'n cyfrannu i'r gyfrol hon, teimlaf fy mod yn gweinidogaethu f'Arglwydd yn llawn amser ers 1998 pan gefais fy nghomisiynu yn Weithwraig Ieuenctid a Chymunedol gyda Chynllun Eglwysi Penmaenmawr. Efallai hefyd, gan i mi gael fy magu o fewn teulu'r eglwysi cynulleidfaol lle nad oes yr un pwyslais ar fod yn ordeiniedig, o'i gymharu â'r traddodiad Anglicanaidd a Phresbyteraidd, roedd ymdeimlad cryf nad galwad i weinidogaeth ordeiniedig oedd yr unig alwad i weinidogaethu.

Yn wahanol i dad, plentyn y mans oeddwn i o'r cychwyn. Yn fwy na hynny, roeddwn yn wyres y mans a'r ficerdy hefyd, efo Tad-cu, y Parchg T. Alwyn Williams a Taid, y Parchg E. T. Roberts wedi eu hordeinio. Ond yn debyg i dad, gwerthfawrogaf y fagwraeth a gefais lle oedd ffydd a'r capel yn ganolog i'n bywyd fel teulu. Ond cafodd y tri ohonom, Peredur, Heddwen a minnau, gyfle i dorri ein cwysi ein hunain. Doedd neb gwell na mam, Rhian, am ysgogi trafodaeth neu 'ddadl'! Dim un ffordd gul i bawb oedd ffordd Iesu Grist yn ein cartref ni, ond cyfle i ystyried beth oedd dilyn Iesu yn ei olygu i ni, os oeddem am ddilyn y ffordd honno yn ein bywydau. Wrth edrych yn ôl, roedd y rhyddid hwnnw'n holl bwysig i'm gwneud yr hyn ydw i heddiw ac yn rhan mor bwysig o'm taith ffydd.

O oedran ifanc iawn, roedd gen i deimlad cryf fod ffordd Iesu Grist yn bwysig ac yn golygu llawer i mi. Ond wrth gwrs, nid oeddwn yn meddwl am 'alwad' na dim o'r fath. Cofiaf fod yng Nghlwb AnniMeth un nos Fawrth yn f'arddegau, a ninnau'n actio stori Saul ar Ffordd Damascus, a minnau'n meddwl am y tro cyntaf fy mod i am wneud yr un penderfyniad â Paul i ymrwymo i ddilyn Crist yn fy mywyd i. Yn ystod yr un cyfnod roeddwn yn ymwelydd cyson â Choleg y Bala; ac yno dan arweiniad y Parchg Jim Clarke, Delyth Wyn, Gaenor Williams, Anna Jane Evans a Nan Wyn cefais gyfle i wirioneddol ystyried sut oedd byw a gweithredu'r ffydd oedd yn dod yn gynyddol bwysig yn fy mywyd. Unwaith eto, roedd rhyw ryddid cyfoethog yng Ngholeg y Bala yn y 1990au: cyflwynwyd Efengyl Iesu Grist i bobl ifanc gan adael i ni ystyried a stilio. Roedd neges ganolog yr Efengyl am gariad Duw yng Nghrist yn neges amlwg a phwysig i ni, a'r addoliad yn ganolog.

Wedi cyrraedd un ar bymtheg oed, daeth cyfle i fod yn 'swog' ar gyrsiau plant. Byddwn yn swogio rhyw dair i bedair gwaith y flwyddyn, a wironeddol wrth fy modd. Dyma pryd y daeth y teimlad cryf hwnnw am y tro cyntaf fy mod yn cael f'arwain i ystyried 'gweithio' o fewn yr Eglwys. Dwi'n defnyddio'r gair 'teimlad' am mai dyna oedd o i mi; yr awydd a'r teimlad mai dyma'r llwybr yr oeddwn i'w gymryd mewn bywyd. O edrych yn ôl; dyna'r alwad yn ymddangos am y tro cyntaf. Dwi'n rhoi 'gweithio' mewn dyfynodau am mai dyna'r ffordd yr oeddwn yn ystyried y teimlad; rhyw dynfa ac awydd i feddwl pan fyddwn yn gorffen fy addysg mai dyna yr oeddwn i am ei wneud. Ond roedd hefyd yn deimlad mai dyna'r llwybr roedd Duw am i mi ei gymryd.

Unwaith y deuthum i'r fan honno, roedd brwdfrydedd a chyffro ieuenctid yn fy sbarduno ymlaen. Dywedais wrth fy rhieni fy mod am fynd i'r Coleg Diwinyddol yn Aberystwyth a mynd yn weinidog. Disgwyliais y byddent yn ymlawenhau gyda mi. Ond nid oedd yr ymateb cweit beth oeddwn wedi ei ddisgwyl. Cofiaf eu cyngor doeth i gymryd amser i feddwl ac ystyried. Hyd at y foment honno, roedd fy mryd wedi bod ar astudio cerddoriaeth, ac mae'n debyg fod y newid mawr wedi dod yn syndod iddynt. Nid oeddent yn dweud wrthyf am beidio mynd i'r Coleg Diwinyddol, dim ond i gymryd amser i ystyried a meddwl am y llwybrau o'm blaen. Cofiaf hefyd eiriau doeth dad y gallai profiad bywyd a mynychu sefydliad addysgiadol seciwlar fod yr un mor werthfawr i ddarpar weinidog â mynd i Goleg Diwinyddol. Roedd y gwynt wedi mynd o'm hwyliau braidd, os wyf yn onest. Ond gall cyfnodau tawel a llonydd ar y môr fod yr un mor bwysig. Beth ddilynodd oedd cyfle i feddwl a myfyrio ac unwaith eto geisio darganfod sut oedd yr 'alwad' yn mynd i'm harwain. Nid oedd gennyf amheuaeth o'r alwad, ond nid oeddwn yn siŵr o'r llwybr yr oedd yn mynd i'm harwain arno.

I Fangor yr euthum, i astudio cerddoriaeth gan dreulio tair blynedd hapus dros ben yn Neuadd J.M.J. Roedd yn syndod i rai i mi benderfynu gwneud y Gaplaniaeth Anglicanaidd dan arweiniad y caplan Parchg John

Butler yn gartref ysbrydol i mi ym Mangor. Ond i'r rhai a adnabu fy nhaid y Parchg E. T. Roberts a'm hewythr y Parchg Geraint Ap Iorwerth, y ddau yn offeiriaid yn yr Eglwys yng Nghymru, mae'n debyg nad oedd yn syndod. Wedi peth misoedd, roedd atyniad arall hefyd yn Ffordd y Dywysoges, Bangor, sef llanc ifanc o'r enw Richard oedd yn byw yno!

Roedd fy nghyfnod ym Mangor yn dirwyn i ben, ac roedd yn bryd i benderfynu natur yr alwad a oedd yn parhau'n gryf. Ond er cryfed yr alwad, doedd ei llwybr dal ddim yn eglur i mi. Ac yna daeth cyfle amhrisiadwy: *Training in Mission* dan nawdd C.W.M. Cwrs deg mis i bobl ifanc rhwng 18 a 30 oed: o fis Awst hyd fis Rhagfyr ym Mirmingham, ac o fis Rhagfyr i fis Mehefin yn Tamil Nadu, De India. Cefais fy nerbyn ar y cwrs, a dyna ddechrau antur anhygoel. Ond yn ogystal â bod yn antur, roedd yn gyfle gwych i wirioneddol ystyried y llwybr yr oeddwn am ei gymryd ac y teimlwn fod Duw yn f'arwain i'w gymryd. Roedd TIM yn un o brofiadau mwyaf gwerthfawr fy mywyd. Nid yn unig y profiad o fod mewn gwlad arall, ond cael treulio deg mis yn byw mewn cymuned gyda naw Cristion ifanc arall o wledydd a thraddodiadau gwahanol. Unwaith eto, dyma gadarnhau nad un math o Gristion sy'n bod ac nid un math o fynegiant o ffydd. Mae Eglwys Iesu Grist ym mhedwar ban y byd yn eang ac amrywiol a phrydferth yn ei hamrywiaeth. Cadarnhawyd i mi yn ystod y flwyddyn mai dim ond un ffordd yr oeddwn am dreulio fy mywyd, sef gwasanaethu Iesu Grist yn fy mywyd a'm gwaith.

Ac am unwaith, doedd y ffaith nad oeddwn yn gwybod yn union sut byddai hynny'n digwydd ddim yn broblem. Ac yna, dyma dderbyn llythyr gan dad (nid oedd e-bost yn bodoli yn 1998!) Hysbyseb oedd hi am swydd gyd-enwadol gyda'r Annibynwyr a'r Presbyteriaid ym Mhenmaenmawr. Ond roedd y dyddiad cau fisoedd cyn i mi ddod adref. Llenwais y ffurflen gais gan egluro'r 'broblem', fy mod ym mhendraw'r byd! Ni fedraf gofio'r union amgylchiadau, ond credaf na chafwyd ymgeisydd addas i'r swydd a chytunwyd i roi cyfweliad i mi pan fyddwn wedi dod adref. Ychydig fisoedd ar ôl dychwelyd o'r India roeddwn yng Nghapel y Tabernacl, Penmaenmawr yn cael fy nghomisiynu. Mae gen i atgofion melys iawn o'r cyfnod: roedd arweiniad a chefnogaeth Hywel a Gwen Evans yn amhrisiadwy i ferch ifanc yn cychwyn gweithio mewn maes sy'n gallu bod yn heriol ac unig ar adegau.

Gallech feddwl mai dyna ddiwedd y stori. Ond, coeliwch neu beidio, mae mwy! Roedd llawer yn ei chael yn anodd credu nad oeddwn erioed wedi astudio Addysg Grefyddol na Diwinyddiaeth o fath yn y byd – ar wahân i'r Ysgol Sul. Nid oedd gennym athro Addysg Grefyddol am flwyddyn yn Ysgol Syr Hugh Owen pan oeddwn yn gwneud T.G.A.U ac felly nid oedd yn opsiwn. Ni ellid gwneud Lefel A heb gael T.G.A.U. a cherddoriaeth oedd yn mynd â'm bryd yn y Brifysgol. Ac eto, roedd rhan ohonof yn awyddus i astudio'r maes ac roedd y 'teimlad' yma'n dod 'nôl dro ar ôl tro. Soniais am hyn wrth Geraint Tudur, ac meddai yntau, 'Wel, gwna fo!' Wedi misoedd o feddwl sut byddai hyn yn bosib a minnau'n gweithio llawn amser dyma wneud cais i gael astudio yn rhan amser ar gyfer M.A. mewn Astudiaethau Crefyddol ym Mhrifysgol Bangor. Bûm yn ddigon ffodus, diolch i help y Parchg Dewi Myrddin Hughes, Ysgrifennydd Undeb yr Annibynwyr ar y pryd, i dderbyn ysgoloriaeth drwy C.W.M. i ddilyn cwrs.

Ac yna byddai pobl yn holi, 'Pryd wyt ti am fynd i'r Weinidogaeth?' F'ateb 'haerllug' fel arfer oedd, 'Be da chi'n feddwl? Dwi *yn* y Weinidogaeth!' 'Nage, y Weinidogaeth *go iawn.*' Doeddwn i ddim yn hoffi'r agwedd yma mewn gwirionedd. Ac er bod rhan ohonof yn teimlo galwad i'r Weinidogaeth ordeiniedig nid oeddwn yn gwbl siŵr chwaith, a theimlwn yn anghyfforddus nad oedd pobl yn ystyried gweinidogaeth ieuenctid neu gymunedol yn weinidogaeth 'go iawn'. Ond allwn i ddim gwadu fod yr alwad yn gryf, a gwneuthum gais i'm heglwys, Salem, i'm cyflwyno fel ymgeisydd i Gwrdd Chwarter Gogledd Arfon. Wedi cael fy nerbyn, cefais ddilyn cwrs gweinidogaeth gyda'r Athro Euros Wyn Jones a'r Parchg John Gwilym Jones, gan gwblhau'r cwrs yn 2006. Cwblhau ar wahân i'r traethawd hir – roedd gen i dri mis i gyflwyno hwnnw! Ar yr un pryd, daeth swydd Gweithiwr Cymunedol Eglwysig yn Eglwys Noddfa (EBC) yn wag. Ac unwaith eto, dyma deimlo'r tyndra. I ble'r oedd yr alwad yn mynd â mi? I Noddfa! Ond beth am y traethawd hir anorffenedig? Gallaf ddweud fod y diweddar Athro Euros Wyn Jones yn un o'r darlithwyr mwyaf amyneddgar, gan ei bod yn 2015 arnaf yn cwblhau'r traethawd. Ond wedi gwneud hynny, roeddwn wedi cwblhau'r gofynion ar gyfer bod yn agored i alwad i'r Weinidogaeth ordeiniedig gyda'r Annibynwyr.

Heddiw rydw i'n parhau i weinidogaethu yn eglwys Noddfa, ond ers 2016 rwyf hefyd yn gyd-weinidog yn Salem, Caernarfon gyda dad. Mae'n deimlad arbennig cael gweinidogaethu yn yr eglwys sydd wedi fy magu. Mi fydd nifer yn gofyn, 'Sut mae hynny'n gweithio?' A'r ateb gen i bob tro, ac yn hollol ddidwyll, ydy, 'Da iawn diolch!' Pa ffordd well o gychwyn ar y daith o fod yn Weinidog ordeiniedig na thrwy gyd-gerdded â gweinidog sydd wedi ac sy'n parhau i roi popeth i'w braidd lle bynnag mae wedi bod. I mi, bonws yw'r ffaith mai dad ydi o. Rydym yn deall ein gilydd i'r dim.

Daeth llwybrau gwahanol â ni i'r un lle, ac eto mae tebygrwydd i'w weld ar hyd llwybrau'r ddau ohonom. Yr ansicrwydd ar adegau, y teimlad dwfn na ellir ei anwybyddu, yr amser i ystyried a myfyrio. Ond yna'r ymroddiad o roi popeth i ymateb i alwad yr Un sy'n parhau i alw.